Barbara Zollinger Spracherwerbsstörungen

: Haupt

Barbara Zollinger

Spracherwerbs-störungen

Grundlagen zur Früherfassung und Frühtherapie

7. Auflage

Haupt Verlag
Bern · Stuttgart · Wien

Barbara Zollinger, Dr. phil., dipl. Logopädin, führt in Winterthur zusammen mit drei Kolleginnen das *Zentrum für kleine Kinder*, mit Logopädischer Praxis, Forschungs- und Fortbildungsbereich.

Dieses Buch erschien bis zur 6. Auflage in der Reihe «Beiträge zur Heil- und Sonderpädagogik», herausgegeben von Urs Haeberlin.

1. Auflage: 1987
2. Auflage: 1988
3. Auflage: 1991
4. Auflage: 1994
5. Auflage: 1997
6. Auflage: 2000

Bibliografische Information der *Deutschen Bibliothek*

Die Deutsche Bibliothek verzeichnet diese Publikation in der Deutschen Nationalbibliografie; detaillierte bibliografische Angaben sind im Internet über http://dnb.ddb.de abrufbar.

ISBN 3-258-06843-7

Alle Rechte vorbehalten
Copyright © 2004 by Haupt Berne
Jede Art der Vervielfältigung ohne Genehmigung des Verlages ist unzulässig
Umschlaggestaltung: René Tschirren
Dieses Papier ist umweltverträglich, weil chlorfrei hergestellt
Printed in Germany

www.haupt.ch

Vorwort

> «Esistono parole presimboliche
> e parole simboliche, parole
> precomunicative e comunicative,
> parole che hanno un tu e altre
> che vanno nel vuoto...»
>
> (Gabriel Levi)

Diese Arbeit ist das Resultat meiner fünfjährigen klinischen Tätigkeit am Kinderneuropsychiatrischen Institut der Universität Rom.

Alle theoretischen und klinischen Daten wurden im Rahmen dieser Tätigkeit gesammelt, diskutiert und verarbeitet.

Diese Arbeit hat deshalb nicht zuletzt das Ziel, den Praktiker dazu zu ermutigen, seine Erkenntnisse und Probleme zu formulieren und damit seine Erfahrungen vermehrt auch anderen Personen zugänglich zu machen.

Mein Dank gilt in erster Linie dem Team der Abteilung Neuropsychologie und Psychopathologie von Entwicklungsstörungen, im speziellen seinem Leiter, Prof. Gabriel Levi, welcher an der Reflexion neuer theoretischer Erkenntnisse sowie klinischer Erfahrungen entscheidend beteiligt war.

Für die kritischen Anmerkungen bei der Ausarbeitung dieser Arbeit möchte ich auch den Professoren Urs Häberlin und Reinhard Fatke meinen Dank aussprechen.

Zürich, Mai 1986   Barbara Zollinger

Inhaltsverzeichnis

I. Einleitung 11

II. Theoretischer Teil: Spracherwerbsbestimmende Prozesse

1. **Ausgangslage** 15

2. **Neurolinguistische Prozesse** 18
2.1 Entwicklung der Lateralität 18
2.2 Hemisphärendominanz und Spracherwerb 20
2.3 Neurolinguistische Prozesse und Spracherwerbsstörungen 22
2.4 Zusammenfassung und Diskussion 23

3. **Kognitive Prozesse** 25
3.1 Sensomotorik als Ursprung sprachlicher Handlung 25
3.2 Kausalität und kommunikative Absicht 27
3.3 Semiotische Funktionen und sprachliche Repräsentation 29
3.31 Vorstellungsbilder 29
3.32 Nachahmung 30
3.33 Symbolspiel 32
3.4 Kognitive Prozesse und Spracherwerbsstörungen 35
3.5 Zusammenfassung und Diskussion 37

4. **Kommunikativ-interaktive Prozesse** 40
4.1 Vorsprachliche Kommunikation 40
4.11 Soziale Prädisposition 40
4.12 Synchronie und Reziprozität 41
4.2 Vom vorsprachlichen Austausch zur sprachlichen Kommunikation 43
4.21 Blickaustausch und Gestik 43
4.22 Vorsprachliche Routinespiele 44
4.23 Austausch von Vokalisationen 45
4.3 Erwerb sprachlicher Funktionen 46
4.4 Sprachliche Mutter-Kind-Interaktion 48
4.41 Merkmale und Funktionen der Motherese 48
4.42 Motherese als sprachliche Anpassung 50
4.43 Bedeutung der Motherese für den Spracherwerb 51
4.5 Kommunikativ-interaktive Prozesse und Spracherwerbsstörungen 53
4.6 Zusammenfassung und Diskussion 55

5.	Ich-Entwicklung	58
5.1	Primäre Mütterlichkeit	58
5.2	Symbiotische Phase	59
5.3	Loslösung	60
5.4	Individuation	60
5.5	Ich-Entwicklung und Spracherwerbsstörungen	62
5.6	Zusammenfassung	63
6.	Sprachverständnis	65
6.1	Sprachverständnis als mehrdimensionaler Prozess	66
6.2	Entwicklung des Sprachverständnisses	67
6.3	Sprachverständnis als Integration kognitiver und kommunikativer Prozesse	69
6.4	Sprachverständnis und Spracherwerb	72
6.5	Sprachverständnis und Spracherwerbsstörungen	74
6.6	Zusammenfassung	75
7.	Integration der spracherwerbsbestimmenden Prozesse	77
7.1	Spracherwerb als mehrdimensionaler Prozess	77
7.2	Spracherwerb als Koordinationsprozess	79
7.3	Spracherwerbsstrategien	81
7.4	Spracherwerb als komplementäre Interaktion	84

III. Klinischer Teil: Dynamik von Spracherwerbs- und Interaktionsstörungen

8.	Klinische Daten und Analysen von Spracherwerbsstörungen	89
8.1	Arbeitshypothesen	89
8.2	Erstellung eines Entwicklungsprofils	90
8.3	Analyse und Diskussion der Entwicklungsprofile spracherwerbsgestörter Kinder	96
8.4	Planung und Durchführung therapeutischer Prozesse	101
8.41	Begründung früher therapeutischer Interventionen	101
8.42	Differentialdiagnostische Kriterien	102
8.43	Methodik und Organisation	103
8.44	Merkmale der Gruppentherapie	104
8.45	Ziele und Planung therapeutischer Prozesse	106
8.46	Durchführung	107
8.5	Verlauf von Spracherwerbsstörungen mit und ohne therapeutische Intervention	111
8.6	Zusammenfassung und Diskussion	114

9.	**Daten und Analysen von Interaktionsstörungen**	119
9.1	Arbeitshypothesen	119
9.2	Beobachtungsdaten von Mutter-Kind-Interaktionen im klinischen Bereich	120
9.21	Material und Methode	120
9.22	Analyse und Diskussion der Beobachtungsdaten	122
9.23	Fallbeispiel	126
9.3	Erarbeitung und Verarbeitung von Entwicklungsstörungen durch die Eltern	129
9.31	Inhalt und Ablauf von Elterngruppen	130
9.32	Fallbeispiel	132
9.4	Zusammenfassung und Diskussion	135

IV. Schluss: Zusammenfassung 139

Tabellen 143

Literaturverzeichnis 149

I. Einleitung

Der Spracherwerb wird heute als kontinuierlicher Prozess beschrieben, welcher seinen Ursprung gleich nach der Geburt im Rahmen der ersten Mutter-Kind-Interaktionen hat und sich bezüglich seiner komplexesten Form bis ins Erwachsenenalter hineinzieht.

Dies bedeutet, dass das Kind schon eine Menge Dinge über die sprachliche Kommunikation weiss, wenn es Mitte des zweiten Lebensjahres zu sprechen beginnt, und obwohl es mit drei bis vier Jahren seine Gedanken, Absichten und Gefühle sprachlich ausdrücken kann, dauert es noch viele Jahre, bis es das System Sprache sowie dessen vielfache Anwendungsmöglichkeiten in der menschlichen Kommunikation wirklich kennt.

Grundsätzlich kann dieser Prozess des Erwerbs der Sprache als menschliches Kommunikationsmittel in jeder Entwicklungsphase mehr oder weniger ausgeprägten Störungen unterliegen.

Da das Kind die wichtigsten Regeln des sprachlichen sowie des kommunikativen Systems jedoch in den ersten drei bis vier Lebensjahren erwirbt, kann man davon ausgehen, dass die meisten Spracherwerbsstörungen in dieser Entwicklungsphase entstehen.

Dabei können im ersten und zweiten Lebensjahr diejenigen Prozesse einer Störung unterliegen, welche zur Entdeckung der Sprache führen, was sich meist in Form eines verzögerten Sprechbeginns manifestiert.

Ab dem dritten Lebensjahr können Störungen der Systeme selbst in Form von Verzögerungen oder Abweichungen der phonologischen, semantischen und syntaktischen Fähigkeiten oder in Form von Rede- oder Kommunikationsstörungen beobachtet werden.

Diese grundlegenden theoretischen Ausführungen zum Auftreten und zu den Formen von Spracherwerbsstörungen können als allgemein bekannt vorausgesetzt werden – umso mehr erstaunt es, dass die klinische Realität ein ganz anderes Bild zeigt:

Eine Untersuchung in der Schweiz anfangs der achziger Jahre ergab, dass das Durchschnittsalter logopädisch behandelter Kinder bei etwa 8 Jahren lag; der Anteil von Kindern zwischen ein und fünf Jahren betrug lediglich etwa 3 % (MOTSCH 1981).

Der oft zitierte Mangel an finanzieller Unterstützung von logopädischen Behandlungen im Vorschulalter gibt eine wenig plausible Erklärung für diese Situation ab – insbesondere deshalb, als solche finanzpolitischen Probleme immer auch Ausdruck des theoretischen und praktischen Wissensstands sind.

Unbefriedigend ist auch die Erklärung, Eltern würden ihre spracherwerbsgestörten Kinder nicht oder zu spät abklären lassen. Fast alle Eltern spracherwerbsgestörter Kinder betonen, dass sie sich schon früh wegen der mangelnden oder verzögerten sprachlichen Entwicklung ihres Kindes Sorgen gemacht und entsprechenden fachlichen Rat gesucht hätten.

Näher kommt man dem Grundproblem über die Frage, welche Vorteile eine Abklärung und Behandlung im Kindergarten- oder Schulalter bringt.

Zwischen 5 und 7 Jahren sollten Kinder die Sprache, wie wir sie als Erwachsene kennen, beherrschen. Zeigen sie diesbezüglich stärkere oder schwächere Abweichungen, können diese einfach und sicher beurteilt, d. h. diagnostiziert werden.

Die Diagnose wird zudem dadurch vereinfacht, dass Störungen, welche sich in den ersten drei Lebensjahren gebildet haben, zwei bis drei Jahre später stärker ausgebildet sind und oft schon zu sekundären Auswirkungen geführt haben.

Schliesslich ist auch zu berücksichtigen, dass Kinder in diesem Alter fähig sind, während der Abklärung und der Behandlung die von ihnen verlangten Aufgaben auszuführen, d. h. zu «kollaborieren».

Entsprechend schwieriger gestalten sich Diagnose und Therapie jüngerer Kinder. Bis zum Alter von drei bis vier Jahren kann sich eine Beurteilung der sprachlichen Kompetenzen nicht auf die Erwachsenensprache beziehen, sondern sie müsste sich an den Prozessen des normalen Spracherwerbs orientieren.

Da diese Prozesse nicht nur in sprachlicher Form beobachtbar sind und zudem individuell ziemlich unterschiedlich verlaufen, erweist sich die Beurteilung, ob ein bestimmtes sprachliches Verhalten normal, verzögert oder abweichend ist, als besonders schwierig. Diagnostische Probleme in dieser Entwicklungsphase entstehen deshalb nicht deswegen, weil die Spracherwerbsstörungen jüngerer Kinder allgemein weniger stark ausgeprägt, d. h. weniger schwer sind, sondern weil sie mangels Kenntnis der Normalität schlecht von dieser abgegrenzt werden können.

Die Erklärung für den Umstand, dass spracherwerbsgestörte Kinder durchschnittlich zwei bis drei Jahre nach dem Auftreten ihrer Störung abgeklärt und behandelt werden, liegt folglich primär in den mangelnden Kenntnissen des normalen Spracherwerbsprozesses und der damit verbundenen Unsicherheit bezüglich Diagnose, Prognose und entsprechenden therapeutischen Möglichkeiten.

Das Ziel dieser Arbeit besteht darin, die den Spracherwerb bestimmenden Prozesse umfassend zu beschreiben, um auf dieser Basis die Frage zu beantworten, wie sich Spracherwerbsstörungen in frühen Entwicklungsphasen manifestieren und wie sie abgeklärt und behandelt werden können.

Da der Mutter-Kind-Interaktion in bezug auf normale und gestörte Entwicklungsprozesse, vor allem aber auch im Rahmen der Therapie in den letzten Jahren eine besondere Funktion zugeschrieben wurde, wird diese Thematik in theoretischer wie in praktischer Hinsicht speziell berücksichtigt.

II. Theoretischer Teil: Spracherwerbsbestimmende Prozesse

1. Ausgangslage

Die Frage, wie das Kind Sprache erwirbt, hat in den letzten 30 Jahren zu verschiedenen theoretischen Ansätzen geführt und entsprechende Kontroversen ausgelöst.

Für die psycholinguistische Forschung waren die theoretischen Grundpositionen des Sprachnativismus, des Kognitivismus und des Interaktionismus entscheidend.

Die **sprachnativistische Position**, begründet durch CHOMSKYs Theorien über die Natur der Sprache («Syntactic Structures» 1957 und «Aspects of the Theory of Syntax» 1965), hatte einen enormen Einfluss auf die Spracherwerbsforschung während der sechziger Jahre.

Nach CHOMSKY besteht die offenbarste und kennzeichnendste Eigenschaft formalen Sprachverhaltens in der *Kreativität*. Jedes sprechende Individuum ist fähig, eine unendliche Anzahl von Sätzen zu produzieren und zu verstehen, wobei jeder Satz als neu, d. h. durch den Sprecher wie durch den Hörer kreiert und rekreiert, bezeichnet werden kann.

Nach CHOMSKY zeugt nun dieses sprachliche Verhalten von der Existenz einer angeborenen «generativen Grammatik».

Die Sprachlernfähigkeit des Kindes bezeichnet er als LAD («Language Acquisition Device») oder *Spracherwerbsmechanismus*.

Der LAD ermöglicht dem Kind, Hypothesen bezüglich des Regelsystems zu bilden, welches der an es gerichteten Sprache zugrundeliegt. Es ist damit fähig, jede beliebige Sprache zu erwerben.

Immer frustrierter und skeptischer gegenüber einer Theorie, welche die Sprache in radikaler Weise von den anderen kognitiven Fähigkeiten trennt, begannen viele Forscher anfangs der siebziger Jahre, die **Rolle der kognitiven Entwicklung für den Spracherwerb** zu untersuchen. Viele kamen zum Schluss, dass das Kind nicht nur zu beträchtlichen kognitiven Leistungen fähig sei, welche von der Sprache unabhängig sind, sondern dass der Spracherwerb grösstenteils selbst von der kognitiven Entwicklung *abhängig* sei.

Die Basis vieler dieser Forschungsarbeiten bildete die Theorie der kognitiven Entwicklung von PIAGET.

Die Grundhypothese PIAGETs, was den Ursprung der Sprache anbelangt, ist diejenige der *funktionellen Kontinuität*. Das Kind konstruiert sich zuerst geistige Bilder, dann Symbole und schliesslich sprachliche Zeichen. Die Sprachentwicklung ist damit untrennbar von der kognitiven Entwicklung. Die Mechanismen des Spracherwerbs folgen den allgemeinen kognitiven Mechanismen wie Assimilation, Akkommodation, Generalisation und Abstraktion, Mechanismen, die den eigentlichen Motor der Entwicklung bilden (PIAGET, INHELDER 1966).

Seit Beginn der siebziger Jahre sind Stimmen laut geworden, dass aufgrund der Diskussionen über die Angeborenheit oder Abhängigkeit der Sprache ihr wohl unbestreitbar wichtigster Aspekt vernachlässigt worden sei, nämlich dass sie der **Interaktion und Kommunikation dient** (LIST 1973; ENGELKAMP 1974).

Bereits 1977 stellte GRIMM fest, dass sich die Entwicklungspsychologie der Sprache von einem formal-kategorialen Ansatz zu einem funktional-kommunikativen Ansatz gewandelt habe, dessen relevante Untersuchungsfragen darin bestehen, wie das Kind Formen und Regeln des *Dialogs* lernt und wie es im und über den Dialog Sprache erwirbt.

Innerhalb dieser neuen Fragestellung lassen sich zwei vorerst parallel laufende Forschungsfelder unterscheiden: Die **vorsprachliche Kommunikation** wurde mit der Hypothese untersucht, dass der Spracherwerb durch das Konzept der *Kontinuität* zwischen vorsprachlicher und sprachlicher Kommunikation erklärt werden könnte; das Studium des **Sprachinputs** zeigte, dass Erwachsene mit sprachlernenden Kindern ein ganz spezifisches, klar umschreibbares Register gebrauchen, dem eine kommunikative, sprachverständniserleichternde und folglich *sprachlernende* Funktion zugeordnet werden kann.

Vergleicht man die verschiedenen Spracherwerbstheorien miteinander, wird deutlich, dass sie von sehr *unterschiedlichen Grundannahmen* ausgehen, sich aber auch mit sehr *unterschiedlichen Aspekten und Entwicklungsphasen der Sprache* befassen.

Die auf dem **Sprachnativismus** beruhenden Forschungen befassen sich mit der Struktur des sprachlichen Systems, d. h. hauptsächlich mit der *syntaktischen Ebene* der Sprache. Entsprechend erstrecken sich die Untersuchungen auf ein Stadium, in dem solche syntaktischen Strukturen beobachtbar sind.

Die **Kognitivisten** konzentrieren sich auf die Tatsache, dass Sprache der Repräsentation von Realitäten dient. In diesem Sinne beschäftigen sie sich hauptsächlich mit der *semantischen Ebene* der Sprache, insbesondere mit dem Auftauchen erster Wörter und Wortkombinationen.

Die **Interaktionisten** befassen sich mit dem kommunikativen Aspekt der Sprache und damit mit der *pragmatischen Ebene*. Die auf dieser theoretischen Position basierenden Untersuchungen konzentrieren sich grösstenteils auf das vorsprachliche Stadium.

Auf der Basis dieses Vergleichs kann folgende Hypothese abgeleitet werden:

In Abhängigkeit davon, welches sprachliche Stadium beobachtet wird, scheinen verschiedenartige Prozesse *im Vordergrund* zu stehen. Man könnte deshalb annehmen, dass in einer ersten Phase hauptsächlich interaktionale Faktoren, in einer zweiten Phase mehr kognitive Prozesse eine Rolle spielen. Die dritte Phase wäre dann durch ein stärkeres Hervortreten neurolinguistischer Prozesse gekennzeichnet.

Ein solches **mehrdimensionales Erklärungsmodell** könnte vor allem auch der klinischen Realität besser Rechnung tragen, als die verschiedenen Spracherwerbsmodelle für sich allein.

Spracherwerbsgestörte Kinder zeigen grosse *interindividuelle Unterschiede* bezüglich Ausmass und Art ihrer Störung sowie bezüglich Qualität und Quantität ihres sprachlichen und nichtsprachlichen Inputs. Spracherwerbsstörungen scheinen überdies nicht alle zum selben Zeitpunkt aufzutreten oder zumindest beobachtbar zu werden. Die Annahme eines mehrdimensionalen Entwicklungsmodells könnte die Grundlage zur Erklärung solcher interindividueller Unterschiede bilden.

2. Neurolinguistische Prozesse

Während sich die Neuropsychologie mit den Zusammenhängen zwischen Gehirn und Verhalten beschäftigt, interessiert sich die **Neurolinguistik** als Teilgebiet der Neuropsychologie für den *Zusammenhang von Sprache und deren Repräsentation im Gehirn*. Sie basiert auf der systematischen Analyse von Störungen der Sprachproduktion und des Sprachverständnisses, die durch pathologische oder experimentell induzierte Abweichungen von normalen Hirnfunktionen entstehen (FRIEDERICI 1984).

Während die Erwachsenen-Neurolinguistik in den letzten Jahren insbesondere durch Untersuchungen der Aphasie einige wichtige Fortschritte erzielt hat, bildet die **Entwicklungsneurolinguistik** nach wie vor den Ausgangspunkt zahlreicher *Kontroversen* und *Unsicherheiten*, was sich in einem Mangel an Basisliteratur widerspiegelt.

2.1 Entwicklung der Lateralität

Die ursprünglich bekannteste, meist zitierte – und kritisierte – Theorie zur Entwicklung der Hemisphärendominanz stammt von LENNEBERG (1967). Er geht von der Annahme aus, dass sich durch langsam vermindernde Dominanz der rechten Hemisphäre die Dominanz der linken entwickeln kann. Ist die linksseitige Dominanz manifest, ist das Kind soweit gereift, dass der Spracherwerb möglich wird. Der Zeitpunkt der vollständigen Lateralisierung wird mit der Pubertät erreicht. LENNEBERG nimmt an, dass die Periode zwischen dem dritten Lebensjahr und der Pubertät durch eine *zerebrale Plastizität* gekennzeichnet ist.

Diese Annahmen LENNEBERGs wurden durch neuere Untersuchungen in verschiedener Hinsicht in Frage gestellt:

1. Verschiedene Untersuchungsdaten weisen darauf hin, dass Anfänge einer **kortikalen Spezialisierung bereits im Säuglingsalter** nachweisbar sind. So riefen bspw. sprachliche Reize bei Neugeborenen in der linken Hemisphäre stärker ausgeprägte Potenziale hervor als nicht-sprachliche (MOLFESE et al., 1975). Auch EEG-Messungen belegen schon in frühstem Alter entsprechende hemisphärische Unterschiede (GARDNER, WALTER 1976).
Auf der Basis der Diskussion einer ganzen Reihe von Untersuchungen versuchte MOSCOVITCH (1977) ebenfalls zu belegen, dass eine Asymmetrie der beiden Gehirnhälften bereits bei der Geburt oder zumindest schon lange vor dem Anfang der Sprachentwicklung vorhanden ist. Er kam zu den interessanten Schlussfolgerungen, dass einige kognitive Repräsentationen anfangs rechts und später links lokalisiert werden und dass die syntaktischen und semantischen Prozesse

möglicherweise von Anfang an von der linken Hemisphäre vermittelt werden. Lateralisierung bedeutet nach MOSCOVITCH, dass die kognitiven Systeme, die der Sprachentwicklung zugrunde liegen, allmählich links lateralisiert werden.

2. Die zweite Kritik an den Annahmen LENNEBERGs betrifft den **Zeitpunkt der definitiven Spezialisierung der linken Hemisphäre.** Untersuchungsergebnisse zeigen, dass die linke Hemisphäre schon im Alter von drei Jahren verantwortlich ist für die Verarbeitung sprachlichen Materials und dass nicht die Pubertät, sondern bereits das Alter von fünf Jahren für die Spezialisierung der beiden Gehirnhälften entscheidend ist.

Bei Kindern nach dem Alter von fünf Jahren treten Aphasien aufgrund rechtsseitiger Läsionen ebenso selten auf wie bei Erwachsenen (ALAJOUANINE, LHERMITTE 1965, KRASHEN 1972 u. a.). WITELSON (1977) berichtet in einem Überblick, dass in 83 % aller Untersuchungen zum dichotischen Hören eine Rechts-Ohr-Überlegenheit und somit eine Dominanz der linken Hemisphäre für linguistische Aspekte schon für die jüngsten Untersuchungsgruppen gefunden wurde.

VAN DER VLUGT (1975) fand ähnliche Werte, fügt jedoch hinzu, dass bezüglich des weiteren Entwicklungsverlaufes die Ergebnisse sehr unterschiedlich sind; einige Untersuchungsdaten zeigen eine Zunahme der Differenz der Leistungen beider Ohren, andere eine Abnahme oder keine Veränderung.

3. Nach LENNEBERG geht der **Zeitpunkt der definitiven Lateralisierung und Irreversibilität** mit dem Abschluss der Sprachentwicklung einher.

Aufgrund neuerer Untersuchungsdaten kann die Annahme einer so direkten Beziehung nicht mehr aufrechterhalten werden.

Psycholinguistische Daten zeigen, dass das Kind auch noch nach dem 12. Lebensjahr wichtige sprachliche Fähigkeiten entwickelt. So scheint bspw. die Zeit nach dem 12. Lebensjahr ein Optimum für die Fähigkeit der Zweitsprachenentwicklung darzustellen.

VAN DER GEEST (1981) schliesst aufgrund dieser und anderer Untersuchungen, «dass mit Anfang der Pubertät die Sprachentwicklungsfähigkeit nicht notwendigerweise zu Ende ist und dass auch nicht zwangsläufig die interhemisphärische Plastizität zu Ende und die Irreversibilität nicht eingetreten zu sein braucht».(77)

Die Untersuchungen zur Lateralitätsentwicklung können folgendermassen **zusammengefasst** werden:

1. Eine bestimmte linkshemisphärische Spezialisierung für Sprache ist schon bei der *Geburt* zu beobachten; nach MOSCOVITCH (1977) besteht die Dominanzentwicklung hauptsächlich darin, dass die der Sprache zugrundeliegenden kognitiven Fähigkeiten lateralisiert werden.

2. Die Entwicklung der Dominanz der linken Hemisphäre erreicht im Alter von etwa *fünf Jahren* ihren Höhepunkt.

3. Die interhemisphärische Plastizität wird zunehmend kleiner, scheint aber mit der Pubertät *nicht unbedingt abgeschlossen* zu sein.

2.2 Hemisphärendominanz und Spracherwerb

Den folgenden Ausführungen muss vorausgeschickt werden, dass das Wissen bezüglich dieser Thematik noch äusserst karg und oberflächlich ist. Eines der bedeutendsten Untersuchungsergebnisse bezüglich der Erklärung des Spracherwerbsprozesses ist sicher der Nachweis einer kortikalen Spezialisierung bereits bei der Geburt. HUBER (1978) folgerte aus dieser Tatsache, dass der neugeborene Mensch «mit spezifischen sprachlichen, oder sagen wir vorsichtiger vor-sprachlichen Fähigkeiten ausgestattet (ist), die eine der Voraussetzungen für den erst 12 Monate später beobachtbar werdenden Spracherwerbsprozess sind». (72)

Die Fähigkeit des Kindes, schon bei der Geburt zwischen sprachlichen und nichtsprachlichen Reizen zu unterscheiden, hat einen wichtigen Einfluss auf die frühe *Mutter-Kind-Beziehung*. Spezifische Reaktionen von seiten des Kindes auf die sprachlichen Interaktionen der Mutter unterstützen und erleichtern den frühen kommunikativen Austausch zwischen Mutter und Kind. Bevor das Kind aber fähig ist, die von der linken Hemisphäre kontrollierten syntaktischen Strukturen der Sprache zu verarbeiten und zu produzieren, vergehen weitere zwei bis drei Jahre. Welche neurolinguistischen Funktionen sich in dieser Zeit entwickeln, wie sie sich entwickeln und wie sie zu beobachten wären, ist vorläufig ungeklärt.

Interessanterweise sind mehr Daten bezüglich der Funktionen der **rechten «globalen» Hemisphäre** verfügbar.

> Untersuchungen zum dichotischen Hören haben gezeigt, dass die rechte Hemisphäre für die Verarbeitung von Geräuschen und Musik zuständig ist. ASSAL (1973) fand bei Patienten mit rechtshemisphärischen Läsionen eine Störung der Unterscheidungsfähigkeit von Stimme und Intonation. ZAIDEL (1977) konnte in Untersuchungen mit «Split-Brain-Patienten» zeigen, dass die rechte Hemisphäre zwar keine expressiven Fähigkeiten zu besitzen scheint, aber über ein strukturiertes Lexikon verfügt. Bezüglich der Art dieser Strukturierung konnten HEESCHEN und ROTHENBERGER (1979) aufzeigen, dass die rechte Hemisphäre besonders sensibel für assoziative Bezüge zwischen den Wörtern ist, während sie überhaupt nicht auf logisch-linguistische Beziehungen anspricht.

Die von der rechten Hemisphäre kontrollierten Funktionen, wie die *Analyse der Stimme, der Intonation und des Kontextes* sowie die Herstellung *assoziativer Beziehungen*, spielen insbesondere für das Sprachverständnis eine entscheidende Rolle (s. Kap. 6). So ist das Kind bis gegen das 4. Lebensjahr unfähig, die syntaktischen Strukturen der Sprache ohne Zuhilfenahme des Kontextes und seines globalen Wissens über die Welt zu analysieren.

Die Funktion der rechten Hemisphäre verliert zwar mit der Zunahme logisch-linguistischer Analysen (Funktionen der linken Hemisphäre) an Gewicht; indem sie die pragmatischen Faktoren kontrolliert, behält sie jedoch im Rahmen sämtlicher kommunikativer Prozesse eine entscheidende Bedeutung. Nach POECK (1981) kann deshalb davon ausgegangen werden, dass dem **Sprachverständnis** eine *diffuse, bilaterale Organisation* des neuralen Apparates zugrundeliegt. Diese Feststellung ist insofern von grossem Interesse, als das Sprachverständnis für den Spracherwerb eine wichtige, leider oft unterschätzte Rolle spielt.

Wenn nun die Dominanz der linken Hemisphäre mit etwa fünf Jahren ihren Höhepunkt erreicht, sollte sich dies in der Entwicklung des Kindes im Gebrauch vermehrt linkshemisphärischer, d. h. logisch-analytischer Strategien widerspiegeln. VAN DER GEESTs (1981) Zusammenstellung von Forschungsdaten und seine schlussfolgernden Überlegungen sind in diesem Zusammenhang von grossem Interesse. Er stellte fest, dass sich das Stadium zwischen dem **5. und 7. Lebensjahr als besondere Periode** in der Entwicklung des Kindes kennzeichnet.

> Die *kognitive Entwicklung* ist durch den Abbau des Egozentrismus, die Entwicklung des «role-taking», des Invarianz- und Irreversibilitätsbegriffs und des Gruppierungsvermögens charakterisiert (vgl. PIAGET 1937); das Kind erreicht ein bestimmtes Optimum bezüglich der *Entwicklung der sprachlichen Strukturformen:* Die Sprachproduktion ist von einer zunehmenden Fähigkeit gekennzeichnet, linguistische Elemente flexibel miteinander zu kombinieren; in der Satzverarbeitung verlieren kontextuelle Beurteilung, Alltagswissen und Ereigniswahrscheinlichkeit ihre Wirkung zugunsten syntaktischer Analysen. Solche rein syntaktischen Strategien scheinen aber nur für eine bestimmte Zeit zu wirken; später werden sie sinnvollerweise wieder mit den pragmatischen kombiniert.

Auf der Basis dieser Daten sowie aufgrund der Feststellung, dass sich gewisse sprachliche Fähigkeiten auch noch nach dem 12. Lebensjahr entwickeln, stellte VAN DER GEEST die Hypothese auf, «dass der Prozess der endgültigen irreversiblen Lateralisierung als *Mehrstufenrakete* aufzufassen ist, die grob gesagt mehr oder weniger mit den Sprach- und kognitiven Entwicklungsstufen zusammenfallen. (1981, 74)

Die Daten zusammenfassend, können folgende **Schlussfolgerungen** aufgestellt werden:

1. Eine gewisse «angeborene» Hemisphärenspezialisierung für Sprache ermöglicht dem Kind schon in den ersten Lebenstagen, zwischen sprachlichen und nichtsprachlichen Lauten zu unterscheiden. Welche Funktion die linke Hemisphäre von der Geburt bis zum Auftauchen erster syntaktischer Analysen gegen das dritte Lebensjahr hat, ist noch *ungeklärt.*

2. Indem die rechte Hemisphäre die Verarbeitung extralinguistischer Variablen (bspw. des Kontextes) übernimmt, bildet sie eine wichtige *Unterstützung* der linken Hemisphäre, im speziellen bei der Entwicklung des Sprachverständnisses.

3. Die Funktion der rechten Hemisphäre scheint in der Altersphase zwischen fünf und sieben Jahren *momentan zurückzutreten,* zugunsten von analytischen, systematischen, digitalen Verarbeitungsweisen, welche von der linken Hemisphäre kontrolliert werden. Erst wenn die Funktionen der rechten Hemisphäre wieder integriert werden und das Zusammenspiel beider Hemisphären automatisch verläuft, ist das Kind jedoch fähig, Sprache im kommunikativen Austausch adäquat zu verarbeiten und zu produzieren.

4. Leider muss die zentrale Frage nach dem *Einfluss* der Sprachlernprozesse selbst auf die Lateralitätsentwicklung als kaum erforscht und deshalb nach wie vor als ungeklärt betrachtet werden.

2.3 Neurolinguistische Prozesse und Spracherwerbsstörungen

Es ist anzunehmen, dass bestimmte Störungen des Spracherwerbs ihre Ursache in Störungen der neurolinguistischen Prozesse haben.

Grundsätzlich wird davon ausgegangen, dass solche Störungen bei den «zentralen» Spracherwerbsstörungen, d. h. im Rahmen von Entwicklungsdysphasien[1] beobachtbar sein sollten. Die Resultate entsprechender Untersuchungen, bspw. zur Kapazität des auditiven Kurzzeitgedächtnisses (MENYUK, LOONEY 1972; CLAUSEN et al. 1975; BLOOM, LAHEY 1978) oder zur temporellen/sequenziellen Verarbeitung sprachlicher Informationen (LOVAAS et al. 1971; EISENSON, INGRAM 1972; DE VILLIERS, DE VILLIERS 1978; TALLAL, PIERCY 1974, 1978) zeigten aber *keine* signifikanten Unterschiede zwischen den als entwicklungsdysphasisch diagnostizierten und anderen sprachlichen Störungsbildern (zur Darstellung der Untersuchungen s. DANNENBAUER 1983).

Damit kann nun aber die Hypothese, dass bestimmte sprachliche Störungen ihren Ursprung in Störungen oder Veränderungen neurolinguistischer Prozesse haben, nicht einfach verworfen werden. Die Problematik liegt vielmehr in der Definition sogenannt zentraler Sprachstörungen.

So wird die **Entwicklungsdysphasie** als sprachliche Störung aufgrund *neurologischer Dysfunktionen* definiert.

Tatsächlich erfolgt die Diagnose Entwicklungsdysphasie jedoch meist dann, wenn Kinder ausgeprägte Störungen auf der *morphologisch-syntaktischen Sprachebene* aufweisen.

Damit wird implizit davon ausgegangen, dass sich neurologische Dysfunktionen primär im morphologisch-syntaktischen Bereich manifestieren, bzw. dass der Aufbau der syntaktischen Ebene in erster Linie von neurolinguistischen Prozessen bestimmt wird.

Zeigen nun bestimmte Kinder mit Störungen der morphologisch-syntaktischen Ebene keine Abweichungen im Rahmen der beobachteten neurolinguistischen Verarbeitungsprozesse, gibt es dafür folgende Erklärungsmöglichkeiten:

a) Eine Störung der morphologisch-syntaktischen Ebene kann, aber muss ihren Ursprung nicht in einer Störung neurolinguistischer Prozesse haben.

---

[1] Mit wenigen Ausnahmen hat man sich darauf geeinigt, spezifische Sprachausfälle aufgrund neurologischer Dysfunktionen *vor oder während* der Sprachentwicklung mit dem Begriff «**Entwicklungsdysphasie**» zu umschreiben.
Hirnorganisch bedingte Sprachausfälle *nach* Vollzug der Sprachentwicklung werden «**kindliche Aphasien**» genannt.

b) Störungen neurolinguistischer Prozesse könnten sich auch in anderen sprachlichen Störungsbildern manifestieren.

c) Die vorhandenen Mess- und Beobachtungsmethoden reichen nicht aus, um alle möglichen neurologischen Dysfunktionen aufzudecken.

Die ersten beiden Erklärungsmöglichkeiten werden im klinischen Teil dieser Arbeit wieder aufgegriffen und diskutiert. Der Ursprung vieler Unklarheiten und Unsicherheiten liegt aber sicher in der dritten Erklärung.

2.4 Zusammenfassung und Diskussion

Aus den neuropsychologischen und neurolinguistischen Untersuchungen geht hervor, dass die anatomisch-funktionelle Entwicklung des Gehirns in enger Beziehung zum Spracherwerb steht. So zeigen bspw. Daten aus der Sprachpathologie, dass die **Lateralitätsentwicklung** mit *fünf Jahren ihren Höhepunkt* erreicht; dieser Befund kann anhand psychologischer und psycholinguistischer Untersuchungsresultate bestätigt werden: Kinder in dieser Altersphase scheinen sowohl im kognitiven, wie im sprachlichen Bereich logisch-analytische Er- und Verarbeitungsstrategien zu privilegieren.

Während eine gewisse linkshemisphärische Dominanz für Sprache schon bei der Geburt zu beobachten ist, stellt sich die Frage, wie die Entwicklung bis zum fünften Lebensjahr, wo diese am ausgeprägtesten ist, verläuft.
  Insbesondere in den ersten zwei bis drei Jahren entsprechen die Kommunikationsstrategien des Kindes deutlich mehr den der **rechten Hemisphäre** zugeschriebenen Funktionen. Damit stellt sich jedoch die Frage, wie sich die Funktionen der rechten Hemisphäre entwickeln. Kontrolliert sie von Anfang an allein die für den Spracherwerb wichtigen Variablen wie bspw. Intonation und Kontextbezug?
  Wo und wie wäre in diesem Falle die doch schon bei der Geburt vorhandene Linkslateralisierung zu beobachten?
  Auch die Daten aus der Sprachpathologie geben bezüglich dieser Fragen vorläufig keinen Aufschluss.
  So wird zwar grundsätzlich davon ausgegangen, dass es sogenannt **zentral bedingte Spracherwerbsstörungen** gibt; werden aber die der linken Hemisphäre zugeschriebenen Verarbeitungsstrategien dieser zentral spracherwerbsgestörten Kinder mit den Verarbeitungsstrategien von Kindern mit anderen sprachlichen Störungsbildern verglichen, lassen sich *keine* signifikanten Unterschiede finden.
  Dabei muss jedoch berücksichtigt werden, dass meistens dann von einer zentralen Bedingtheit gesprochen wird, wenn ein Kind ausgeprägte Probleme auf der *morphologisch-syntaktischen Sprachebene* aufweist.

Man kann sich nun vorstellen, dass die **Entwicklung der syntaktischen Ebene** *nicht ausschliesslich* von neurolinguistischen Prozessen bestimmt wird, bzw. dass allgemeine Lernprozesse einen Einfluss auf die Hirnreifungsprozesse haben.

Einige Kinder könnten folglich syntaktische Probleme aufweisen, *ohne* dass diese zentraler Natur wären; ihr Ursprung könnte bspw. in einer *Verzögerung anderer Lernprozesse* liegen, welche ihrerseits eine Verzögerung der Hirnreifungsprozesse hervorgerufen hätte.

Die Tatsache, dass die Diagnose einer zentral bedingten Spracherwerbsstörung primär aufgrund von spezifischen Problemen im morphologisch-syntaktischen Bereich erfolgt, bedeutet aber auch, dass solche Diagnosen frühestens im vierten Lebensjahr gestellt werden können. Dies führt unter anderem dazu, dass neurolinguistische Untersuchungen spracherwerbsgestörter Kinder *in frühen Entwicklungsphasen* fehlen.

Das Hauptproblem im Rahmen der Diskussion der zentralen Bedingtheit von Spracherwerbsstörungen besteht aber wohl darin, dass die **Mess- und Beobachtungsmethoden** noch nicht ausreichend differenziert sind, um alle möglichen neurolinguistischen Dysfunktionen aufzudecken.

Zusammenfassend muss deshalb vorerst davon ausgegangen werden, dass neurolinguistische Prozesse einen wichtigen Einfluss insbesondere auf die syntaktische Entwicklung haben und damit bei deren Störung ursächlich beteiligt sein *können*.

Bevor jedoch nähere Angaben über die Art dieses Einflusses sowie über entsprechende diagnostisch-therapeutische Implikationen gemacht werden können, müssen weitere Forschungsarbeiten abgewartet werden.

3. Kognitive Prozesse

Die Frage nach der Beziehung zwischen kognitiver und sprachlicher Entwicklung ist eines der Hauptthemen der Entwicklungspsycholinguistik. Während sich die theoretische Diskussion hauptsächlich um die Frage dreht, ob und in welchem Ausmass der Spracherwerb von der kognitiven Entwicklung abhängt, wird im folgenden direkt von der Annahme ausgegangen, dass der Spracherwerb in bestimmter Weise von der kognitiven Entwicklung beeinflusst wird, und versucht, die **Art dieser Abhängigkeit** zu beschreiben. Die Diskussion der Daten wird im Rahmen der Theorie der kognitiven Entwicklung von PIAGET geführt.

3.1 Sensomotorik als Ursprung sprachlicher Handlung

In der sensomotorischen Phase erarbeitet das Kind die kognitiven Substrukturen, welche ihm als Ausgangspunkte seiner Wahrnehmung und Intelligenz, sowie einer Anzahl elementarer affektiver Reaktionen dienen. Das typische, diese Entwicklungsphase qualifizierende Verhalten ist die **Handlung**.

Die Eigenschaften, welche PIAGET der Handlung, oder besser dem *Handlungsschema* zuschreibt, sind denn auch von grosser Komplexität. Sie können mit den Begriffen «Organisation und Sequenzialität», «Repetibilität und Generalisation», «Tendenz zur Koordination und hierarchischer Integration» umschrieben werden (PIAGET 1936, 1937, 1947).

a) Die Aspekte **«Organisation und Sequenzialität»** bedeuten, dass es *keine isolierten Handlungen* gibt, oder besser, dass jede Handlung als Funktion der vorhergehenden und der nachfolgenden gesehen werden muss. Das Schema als Totalität beinhaltet eine Richtung, die Organisation einer Sequenz von sensomotorischen Elementen, welche voneinander abhängig sind.
Bsp: Die Handlung «Gegenstand ergreifen» verlangt, dass das entsprechende Schema, das Greifschema, die einzelnen Elemente (Strecken des Armes, Öffnen der Hand, Nehmen des Gegenstandes, Schliessen der Hand und Zurücknehmen des Armes) in der richtigen Reihenfolge organisiert.

b) Die Aspekte **«Repetibilität und Generalisation»** beinhalten, dass das Schema sich nicht in einer einzelnen Beziehung Handlung/Gegenstand erschöpft, sondern auf eine *Vielfalt von Gegenständen* angewendet, d. h. generalisiert werden kann.
Bsp: Saugen an der Brust, am Daumen, an Gegenständen.

c) Die Aspekte der **«Koordination und hierarchischen Integration»** beinhalten die Tatsache, dass die Schemata dazu tendieren, sich zu koordinieren, wodurch *Schemata höherer Ordnung* entstehen können. Dies bedeutet, dass ein Schema, bspw. das Greifschema, immer über ein anderes, bspw. das Sehschema geregelt wird, und systematisch von einem anderen, bspw. dem Saugschema gefolgt wird. Die Beziehungen, die sich so zwischen den primären Schemata stabilisieren, werden dadurch hierarchisch integriert.

Nach PIAGET (1936) liegt das **Instrument zum ersten Austausch zwischen Organismus und Umwelt** folglich weniger in der Wahrnehmung als in der **Handlung**. Auf ihrer Basis werden die allgemeinen Kategorien wie Objektpermanenz, Raum, Zeit und Kausalität, die symbolischen Schemata sowie später die operationalen Strukturen konstruiert.

Der *Spracherwerb* ist im Rahmen dieses umfassenden Komplexes von Prozessen zu betrachten; er stellt einen Teil der semiotischen Funktion dar.

Die **semiotische Funktion** wird im wesentlichen durch die Fähigkeit des Kindes definiert, sich die Wirklichkeit mit Hilfe von Symbolen *vorzustellen*, welche losgelöst sind von dem, was sie bedeuten (SINCLAIR 1978). Im Laufe des sechsten sensomotorischen Stadiums, d. h. gegen Ende des zweiten Lebensjahres, erscheinen einige Verhaltensweisen, welche die Vorstellung eines abwesenden Gegenstandes implizieren und folglich die Konstruktion und den Gebrauch von differenzierten Bedeutungsträgern (Signifikanten) verlangen.

PIAGET unterscheidet fünf solcher an der Entwicklung der Repräsentation beteiligter Verhaltensweisen:

1. Ein erster Anfang von Repräsentation liegt in der verschobenen **Nachahmung**; der Beginn eines differenzierten Bedeutungsträgers liegt damit in der imitativen Gestik.

2. Eine wichtige Form direkter Repräsentation ist das **Symbolspiel**, d. h. das «tun als ob»; der Bedeutungsträger besteht ebenfalls in der imitativen Gestik. Im Symbolspiel ist diese jedoch verbunden mit Gegenständen, welche symbolischen Wert bekommen.

3. In der **Zeichnung** oder dem graphischen Bild sieht PIAGET wenigstens zu Beginn eine Zwischenform von Spiel und innerem Bild.

4. Früher oder später folgt das **innere Bild**, welches als verinnerlichte Form der Nachahmung erscheint.

5. Schliesslich erlaubt die Entwicklung der **Sprache** das verbale Hervorrufen von nicht aktuellen Ereignissen. (PIAGET, INHELDER 1966)

Durch das Zusammenwirken dieser Verhaltensweisen entsteht die **Repräsentation**, welche eine *Ablösung des Denkens von der Handlung* ermöglicht. Nach PIAGET vollzieht sich die Sprachentwicklung im Rahmen dieses Prozesses und ist folglich als Teil der kognitiven Entwicklung zu betrachten.

Während offensteht, ob der Spracherwerb durch dieses Modell ausreichend erklärt werden kann, stellt sich vorerst die Frage, *welche* Errungenschaften der sensomotorischen Phase mit *welchen* sprachlichen Fähigkeiten in Verbindung gebracht werden können.

3.2 Kausalität und kommunikative Absicht

PIAGET definiert die Kausalität als die Fähigkeit des Kindes, zwischen Mittel und Zweck zu unterscheiden und für das Erreichen eines Zieles neue Mittel einsetzen zu können (PIAGET, INHELDER 1966). Dabei unterscheidet er zwischen einer **physikalischen** und einer **psychologischen Kausalität** (1937). Erstere bezieht sich darauf, dass das Kind entdeckt, dass die Handlung mit einem Gegenstand etwas bei einem anderen Gegenstand bewirkt (Bsp. Das Ziehen an einer Schnur bewirkt die Bewegungen des Hampelmanns).

Die psychologische Kausalität bezieht sich auf die Erkenntnis, dass Personen Verursacher und Empfänger von Handlungen sein können.

Die Entwicklung der Kausalität ist vor allem durch *fortlaufende Dezentrierung* gekennzeichnet.

In der ersten Phase kennt das Kind als einzigen Verursacher seine *eigene Handlung*.

Mit der Entwicklung der räumlich-zeitlichen Organisation und des permanenten Gegenstandes objektiviert sich die Kausalität, d. h. der Verursacher wird nicht mehr nur in der eigenen Handlung, sondern in *irgendeinem Objekt oder einer Person* gesehen. Das Kind erreicht das Schema der Kausalität im fünften sensomotorischen Stadium, d. h. zwischen dem 12. und 15. Monat.

Die **Beziehung** zwischen Kausalität und Sprachentwicklung kann theoretisch folgendermassen beschrieben werden: Wenn das Kind neue Mittel zur Erreichung eines Ziels einsetzen kann, und wenn es erkennt, dass Handlungen mit Absicht verbunden sind, sollte es fähig sein, vorsprachliche oder sprachliche Mittel zur Erreichung eines Ziels einzusetzen, d. h. *absichtlich zu kommunizieren*.

Einer der ersten interessanten Versuche, die Entwicklung der kommunikativen Intentionalität und deren Verbindung zur kognitiven Entwicklung zu beschreiben, stammt von BATES, CAMAIONI und VOLTERRA (1975).

Auf der Basis der Sprechakt-Theorie von AUSTIN (1962) entwickelten die Autoren das Konzept des «Performativs», welches den absichtlichen Gebrauch von kommunikativen Mitteln zur Erreichung eines Ziels beschreibt. Die Daten einer Longitudinalstudie von drei Kindern führten die Autoren zur Unterscheidung von drei Stadien in der **Entwicklung der Intentionalität**: Im *perlokutiven Stadium* produziert das Kind Effekte beim Partner, ohne dies absichtlich zu wollen; im *illokutiven Stadium* gebraucht das Kind nonverbale Mittel, um die Aufmerksamkeit des Erwachsenen auf Gegenstände und Ereignisse zu lenken; das *lokutive Stadium* tritt dann ein, wenn das Kind die Performative, die es zuerst nicht sprachlich ausdrückt, durch sprachliche Äusserungen ersetzt.
Eine Analyse der kognitiven Voraussetzungen für das Erreichen dieser Stadien ergab, dass das fünfte sensomotorische Stadium, d. h. die Fähigkeit, neue Mittel für bekannte Ziele erfinden zu können, für das Erscheinen illokutiver Handlungen verantwortlich war. Der Gebrauch von Wörtern im Rahmen performativer Handlungen schien hingegen mit den typischen Verhaltensweisen des sechsten sensomotorischen Stadiums in Beziehung zu stehen.

Obwohl die Autoren in einer späteren Arbeit (BATES et al. 1977) versuchten, die Hypothese der kognitiven Voraussetzungen für die Sprache abzuändern und die neue Hypothese entwickelten, dass die soziale, sprachliche und kognitive Entwicklung eine gemeinsame Basis hätten, blieb ihre erste Arbeit für die folgenden Untersuchungen entscheidend.

SUGARMAN BELL (1976) konzentrierte das Interesse ihrer Untersuchung auf die **Koordinationen**, welche das Kind zwischen Handlungen und Vokalisationen bezüglich eines Gegenstandes einerseits und bezüglich Personen andererseits, entwickelt.

> Sie fand ein erstes Stadium, in dem das Kind seine Handlungen *entweder* auf Gegenstände *oder* auf Personen richtet; ein zweites, in dem zwar diese Handlungen komplexer, aber immer noch einseitig ausgerichtet waren. Erst in einem dritten Stadium konnte das Kind Gegenstand *und* Person in einer Handlung integrieren (Bsp. Der Erwachsene klingelt mit einer Glocke, das Kind beugt sich gegen die Glocke, lacht den Erwachsenen an und zieht ihn am Arm). Auch SUGARMAN BELL findet die Voraussetzung für das Erreichen dieses dritten Stadiums in der Entwicklung der Kausalität.

In ihrer Untersuchung des **Gebrauchs intentionaler Vokalisationen** von 46 Kindern im vierten und fünften sensomotorischen Stadium fanden auch HARDING und GOLINKOFF (1979) eine direkte Korrelation zwischen der Entwicklung der Kausalität (5. Stadium) und dem Erscheinen illokutiver Handlungen oder intentionaler Vokalisationen.

Zusammenfassend kann aufgrund dieser Untersuchungen die Annahme bestätigt werden, dass die Kausalität eine Bedingung für die Entwicklung der kommunikativen Absicht darstellt. Die Untersuchungen zeigen aber auch, dass die Entwicklung der Kommunikation von Absichten ein *komplexer Prozess* ist, welcher nicht allein durch den Erwerb der Kausalität erklärt werden kann.

Folgendes Beispiel soll die Vielschichtigkeit dieses Prozesses verdeutlichen:

> Beispiel: Das Kind möchte Bonbons, welche in einer Büchse aufbewahrt sind, die es selbst nicht öffnen kann. Es muss die Mutter bitten, die Büchse zu öffnen. Die Kommunikation dieser Absicht verlangt folgende Kompetenzen:
> 1. Das Kind muss eine Art *Vorstellung* dessen haben, was es erreichen will (Bonbons).
> 2. Es muss zwischen *Mittel und Zweck* unterscheiden können (ich will ein Bonbon – dazu muss man die Büchse öffnen).
> 3. Es muss sich einen *Handlungsplan* zur Erreichung des Ziels erarbeiten (ich kann die Büchse nicht öffnen, die Mutter kann es).
> 4. Das Kind muss einen gewissen Grad an *Dezentrierung* erreicht haben, d. h. die Erkenntnis, dass nicht alle zur gleichen Zeit dieselben Absichten haben (die Mutter weiss nicht, dass ich Bonbons will).
> 5. Es muss den Handlungsplan *realisieren*, d. h. seinen Wunsch bezüglich des Gegenstandes mit dem Wunsch, dass die Mutter etwas damit macht, *kombinieren* (ich muss der Mutter mitteilen, dass ich Bonbons will, d. h. ich muss sie am Ärmel ziehen, ihr die Büchse zeigen, usw.).

Mit Personen über Gegenstände kommunizieren, heisst folglich primär, das **Dreieck «Ich-Du-Gegenstand»** herstellen zu können. Mit Personen *sprachlich* über Gegenstände kommunizieren verlangt jedoch zudem die Erkenntnis, dass **Gegenstände durch Wörter** *repräsentiert* werden können, d. h. die Entwicklung der semiotischen Funktionen.

3.3 Semiotische Funktionen und sprachliche Repräsentation

3.31 Vorstellungsbilder

Die geistige **Vorstellungs- oder Repräsentationsfähigkeit** wird von vielen Autoren als primäre Voraussetzung für den Spracherwerb postuliert (SINCLAIR 1971; BLOOM 1973; MOREHEAD, MOREHEAD 1974; BOWERMAN 1978 u. a.). Dabei wird davon ausgegangen, dass das Kind eine Vorstellung der Realität haben muss, bevor es Wörter gebrauchen kann, welche sich auf diese beziehen. Anhand vieler Forschungsarbeiten wurde deshalb versucht, die Hypothese der Beziehung zwischen geistiger Repräsentationsfähigkeit und dem Gebrauch von Wörtern zu prüfen.

Für die Tatsache, dass die Resultate sehr *unterschiedlich*, oft *widersprüchlich* ausfielen, können folgende Erklärungen gefunden werden (für eine detaillierte Darstellung und Diskussion s. CORRIGAN 1979).

Die **Begriffe** *Repräsentation, sechstes sensomotorisches* Stadium und *Objektpermanenz* werden oft überhaupt nicht, oft in sehr unterschiedlicher Weise definiert und operationalisiert.

Mit dem Begriff der Objektpermanenz beschreibt PIAGET die Erkenntnis des Kindes, dass Gegenstände, die es nicht mehr wahrnehmen kann, weiterhin existieren (PIAGET, INHELDER 1966). Lässt man einen Gegenstand vor den Augen eines noch fünfmonatigen Kindes verschwinden, verhält es sich so, als ob sich dieser aufgelöst hätte. Erst im Alter von etwa sieben Monaten beginnt es, den Gegenstand dort zu suchen, wo er versteckt wurde. Hat es diesen gefunden, und wird er neuerdings versteckt, sucht es in diesem Alter zuerst dort, wo es ihn vorher gefunden hat, als ob die Position des Gegenstandes von seiner vorhergehenden Handlung abhängig wäre.

Erst mit neun, zehn Monaten ist es fähig, den Gegenstand in Funktion seiner Plazierung zu suchen, sofern diese sichtbar und nicht zu komplex sind. Damit hat es das **Schema des permanenten Gegenstandes** erworben. Dies bedeutet aber *nicht*, dass es ein abwesendes Objekt evozieren, bzw. an ein abwesendes Objekt «denken» kann. Wie PIAGET selbst betont, sucht das Kind den Gegenstand, weil es ihn eben noch wahrgenommen hat; das Suchen erfolgt folglich im Rahmen einer *Handlungsabfolge* (wahrnehmen – nicht mehr wahrnehmen – suchen) (PIAGET, INHELDER 1966).

Erst wenn das Kind zu Beginn des sechsten sensomotorischen Stadiums eine Folge unsichtbarer Ortswechsel rekonstruieren kann, d. h. wenn es den Gegenstand nicht dort sucht, wo es ihn zuerst verschwinden sah (bspw. in der Hand des Examinators), sondern dort, wo die Hand zuletzt verschwunden war, kann man davon ausgehen, dass es ein erstes **Vorstellungsbild** oder eine erste **Repräsentation** des Gegenstandes entwickelt hat (PIAGET 1937).

Unklar sind aber nicht nur die Definitionen der zu beobachtenden kognitiven Fähigkeiten, sondern auch diejenige der sprachlichen Fähigkeiten.

PIAGET (1945) selbst beschreibt bspw. den Gebrauch **erster Wörter** schon im fünften sensomotorischen Stadium. Diese sind aber als *Handlungsschemata* aufzufassen und haben keine repräsentative Funktion. Erst wenn sich Wörter auf vergangene Situationen oder auf nicht anwesende Gegenstände beziehen, kann ihnen *echter Symbolwert* zugeschrieben werden. Das Auftauchen solcher sprachlicher Äusserungen kann denn auch erst beim Übergang vom 6. sensomotorischen Stadium zur präoperationalen Phase beobachtet werden (PIAGET 1945; CORRIGAN 1978, 1979).

Das Problem besteht folglich weniger darin, die zu beobachtenden sprachlichen Fähigkeiten auf Objektwörter zu reduzieren (BLOOM 1973), sondern sich vermehrt auf deren *Kontextunabhängigkeit* zu konzentrieren. Solche kontextunabhängige Äusserungen wären dann aber nicht mit der Objektpermanenz in Beziehung zu bringen, sondern mit den semiotischen Funktionen.

Zusammenfassend scheinen vor allem Untersuchungen, welche die Objektpermanenz mit der Entwicklung sprachlicher Fähigkeiten in Verbindung bringen, wenig zur Klärung der Beziehung zwischen sprachlicher und kognitiver Entwicklung beizutragen.

PIAGET (1937) brauchte die Objektpermanenz als Konstrukt, um die Stadien zu beschreiben, welche Kinder in der Entwicklung der Idee durchlaufen, dass Gegenstände weiter existieren, auch wenn sie ausser Sicht sind. Objektpermanenz ist für PIAGET nicht gleichbedeutend mit geistiger Repräsentation.

Entsprechend bringt er die Entwicklung der sprachlichen Fähigkeiten nicht mit der Objektpermanenz, sondern mit der Entwicklung der semiotischen Fähigkeiten, d. h. unter anderem mit dem Vorstellungsbild in Verbindung (PIAGET, INHELDER 1966).

3.32 Nachahmung

Das Konzept der **Nachahmung** spielt in allen Spracherwerbstheorien eine mehr oder weniger *zentrale Rolle.*

Grundsätzlich kann zwischen Definitionen der *Nachahmung als passivem oder aktivem Prozess* unterschieden werden.

Aus lerntheoretischer Sicht besteht **sprachliches Imitationslernen** hauptsächlich darin, dass das Kind Äusserungen, für deren Produktion es verstärkt wurde, mit einer grossen Wahrscheinlichkeit wiederholen wird.

Den aktiven Teil in diesem Prozess hat folglich der verstärkende Erwachsene, während das Kind in passiver Weise wieder-holt, wofür es verstärkt wurde.

(Eine Zusammenfassung zum sprachlichen Imitationslernen aus lerntheoretischer Sicht findet sich bei BRACK 1977.)

Dieser Sichtweise steht die Auffassung PIAGETs der Nachahmung als aktivem kognitivem Prozess diametral gegenüber.

Er beschreibt die **Nachahmung** als **Entwicklung**, welche in den ersten Monaten beginnt und ihren Höhepunkt in der verinnerlichten Nachahmung, der geistigen Repräsentation erreicht.

In den ersten Monaten assimiliert das Kind in einer Art *Echopraxie* gewisse einfache Gesten an seine eigenen Schemata.

Schon bald beginnt es jedoch, aus Interesse einfache Handlungen zu *reproduzieren*, d. h. es akkommodiert seine eigenen Schemata an ein bestimmtes Modell. Nach PIAGET hat die Nachahmung schon auf dieser Ebene eine vor-repräsentative Funktion.

Ein wichtiger Schritt geschieht, wenn das Kind beginnt, z. B. das Öffnen und Schliessen der Augen oder des Mundes nachzuahmen. Da es das Gesicht des Modells hauptsächlich über den visuellen, sein eigenes jedoch nur über den taktil-kinästhetischen Kanal erfährt, muss es eine Korrespondenz zwischen visuellen und taktil-kinästhetischen Eindrücken erarbeiten.

Hat es diese Beziehung konstruiert, kann die Nachahmung *generalisiert* werden. Dabei wird die wichtige Rolle deutlich, welche sie bezüglich des Kennenlernens des eigenen Körpers in Analogie zu demjenigen des anderen spielt.

Gegen Ende der sensomotorischen Periode kommt es zur *verschobenen Nachahmung*. Das Kind ist nicht mehr daran gebunden, die Realität direkt zu kopieren; seine Handlung löst sich vom Kontext. Am Ende des zweiten Lebensjahres wird die Nachahmung verinnerlicht, womit sich die Vorstellung von der äusseren Handlung befreien kann. (PIAGET, INHELDER 1966).

PIAGET unterscheidet folglich zwischen der **direkten**, der **verschobenen** und der **verinnerlichten Nachahmung**.

Was den Spracherwerb anbelangt, ist diese Unterscheidung insofern von Bedeutung, als im **Gebrauch der direkten Nachahmung** immer wieder grosse interindividuelle Unterschiede beobachtet wurden. Es gibt Kinder, die in relativ konstanter Weise sprachliche Äusserungen imitieren, während andere dies nicht tun (BLOOM, HOOD, LIGHTBOWN 1974). NELSON (1973) beobachtete, dass Kinder, die im Alter von zwei Jahren einen häufigen Gebrauch der direkten sprachlichen Imitation machen, im Vergleich zu anderen Kindern eine wenig fortgeschrittene Sprachentwicklung haben.

Aufgrund der Ausführungen PIAGETs zur Entwicklung der Imitation, scheint es wenig sinnvoll, diese Daten so zu interpretieren, dass die Imitation keine für den Spracherwerb notwendige Strategie sei. Es scheint vielmehr zuzutreffen, dass einige Kinder *weniger Gebrauch von der direkten als von der verschobenen Nachahmung machen*. Da das normale Kind letztere im Alter von zwei Jahren beherrscht, gibt es keinen Grund, weshalb es die direkte Form der Nachahmung anwenden sollte [1]. In demselben Sinn können auch die Daten von RONDAL (1980) interpretiert werden.

---

1 Die Daten von NELSON könnten im Gegenteil so interpretiert werden, dass gerade der häufige Gebrauch direkter sprachlicher Imitation einen Rückstand in der Sprachentwicklung im Sinne eines «kognitiven» Problems *erklärt*.

Auf der Einwortstufe fand er, dass 50 % aller Äusserungen aus direkten Imitationen bestanden, während diese auf der Stufe der Zwei- und Dreiwortsätze auf 5-10 % absanken.

Eine Frage, die eng mit dem Prozess der Nachahmung verbunden ist, betrifft die *Qualität* des nachzuahmenden Materials, d. h. des **sprachlichen Inputs**. Mit der «Entdeckung der Motherese (s. Kap. 4.4.) hat diese Frage einen neuen Stellenwert erhalten. Konzentrierte sich die Forschung lange Zeit auf die Beschreibung der aktiven Strategien des Kindes, die Sprache zu konstruieren, führte die Entdeckung der Motherese wieder vermehrt zur Untersuchung des Konzepts «*angepasstes Sprachmodell*»; dies mit der Hypothese, dass das Kind nur aktiv imitiere, wenn das Modell seiner Entwicklungsstufe angepasst sei.

Diese Annahme widerspricht insofern dem Konzept der aktiven Imitation als dieses *einschliesst*, dass das Kind über die Prozesse der Akkomodation und Assimilation fähig ist, sich die «passenden» Modelle selbst auszusuchen, bzw. die Modelle seinen Schemata «anzupassen».

Zusammenfassend kann die Nachahmung als aktiver Prozess beschrieben werden: anfangs erfolgt sie in direkter, später in verschobener Weise; im Alter von etwa zwei Jahren wird sie verinnerlicht und entspricht damit der geistigen Vorstellung.

Für den Spracherwerb bedeutet dies, dass die Nachahmung in *jeder Phase* eine Rolle spielt, auch wenn sie bei vielen Kindern nur im Stadium der ersten Laute oder Wörter *direkt* beobachtet werden kann.

3.33 Symbolspiel

Die Bedeutung des Spiels für den Spracherwerb und seine mögliche Rolle im Rahmen von Spracherwerbsstörungen wurde jedoch erst vor etwa zehn Jahren «wiederentdeckt» und untersucht.

Ausgehend von den Annahmen PIAGETs bestand die **zentrale Fragestellung** dieser Untersuchungen darin, ob die Sprachentwicklung tatsächlich Parallelen zum Symbolspiel aufweise, bzw. ob eine Spracherwerbsstörung mit einer allgemeinen Störung der semiotischen Funktionen einhergehe oder sogar über diese erklärt werden könnte.

Beobachtungen und Beschreibungen des kindlichen Spiels sind aber nicht nur im Hinblick auf seine möglichen Beziehungen zur Sprache interessant, sondern sie geben wertvolle Hinweise insbesondere zur **affektiven Entwicklung** des Kindes.

Im Spiel hat das Kind die Möglichkeit, die *Realität zu verändern*, sie seinen Wünschen und Bedürfnissen *anzupassen, Träume zu realisieren* sowie seine Probleme und Schwierigkeiten *auszutragen* [1].

Auf diese Aspekte des Spiels wird in den folgenden Ausführungen weniger eingegangen; es muss aber betont werden, dass sie auch im Rahmen der Sprachpathologie wertvolle differentialdiagnostische Hinweise und Grundlagen zu entsprechenden therapeutischen Ansätzen liefern können (zu einer ausführlichen Darstellung s. bspw. FLITNER 1972, 1973).

Die **Entwicklung des Spielverhaltens** wurde von verschiedenen Autoren auf der Basis ausgedehnter Beobachtungsstudien analysiert [2].

Mit etwa neun Monaten zeigt das Kind ein einfaches *exploratives Spielverhalten*. Unabhängig von ihrer Funktion nimmt es die Gegenstände in den Mund, schlägt sie auf den Tisch, wirft sie auf den Boden oder bewegt sie vor sich in der Luft. Dieses Spielverhalten nimmt in den nächsten sechs Monaten rapid ab und kann später kaum mehr beobachtet werden.

Im Alter von etwa 12 Monaten spielt die *visuelle Exploration* eine wichtige Rolle. Auch diese nimmt nach 18 Monaten stark ab, obwohl sie nie ganz verschwindet.

Das dominante Spielverhalten im Alter von 15 Monaten ist das *Funktionsspiel*. Die Kenntnis der Funktion realer Gegenstände in realen Situationen bildet die Basis für dieses Spielverhalten. Wenn das Kind eine konventionale Gestik mit einem Gegenstand ausführt, zeigt es, dass es die Bedeutung dieses Gegenstandes versteht (bspw. bürsten mit einer Bürste, bügeln mit einem Bügeleisen, Hörer ans Ohr mit einem Telephon). Diese Bedeutung ist aber auf dieser Ebene noch untrennbar mit der Handlung und/oder mit dem Gegenstand verknüpft.

Als nächste Stufe kann das *autosymbolische Spiel* beobachtet werden. Die «Bedeutung» der Schemata ist jetzt allgemeiner, sie beginnen sich vom Gegenstand oder von der Situation zu lösen. Wie der Ausdruck «autosymbolisch» jedoch besagt, können sie nur bezüglich des eigenen Körpers eingesetzt werden (bspw. das Kind tut, als ob es selbst schlafe, trinke, esse).

Mit etwa 18 Monaten, in der Phase des *dezentrierten Symbolspiels*, werden die Schemata noch abstrakter und distanzieren sich vom Gegenstand und von der realen Situation. Das Kind kann nun die vorher nur auf sich selbst ausgeführten Handlungen mit anderen Gegenständen (bspw. mit der Puppe) durchführen. Der Dezentrierungsprozess erlaubt ihm zudem, sein Repertoire an Schemata zu vergrössern. Es bleibt jedoch darauf beschränkt, ein Schema aufs Mal zu spielen.

Einen wichtigen Entwicklungsschritt, die Phase des *kombinatorischen Symbolspiels* erreicht das Kind mit etwa 21 Monaten. Diese Phase ist dadurch gekennzeichnet, dass das Kind verschiedene Schemata linear aneinanderreiht (bspw. der Puppe die Haare waschen, Haare trocknen, kämmen).

Solche Handlungssequenzen können dann entstehen, wenn sich die symbolischen Handlungen definitiv vom Gegenstand befreit haben. Das Kind kann sich damit auf die Veränderungen

---

1 Von vielen Spieltheoretikern wird gerade PIAGET vorgeworfen, er sehe das Spiel zu einseitig als Mittel zur Bewältigung von kognitiven Funktionen und beschäftige sich zuwenig mit dessen kreativen Aspekten (vgl. insbesondere SUTTON-SMITH 1966).
2 Die folgenden Ausführungen basieren auf den Beobachtungsdaten von PIAGET 1946; LOWE 1975; FENSON et al. 1976, 1980; LARGO, HOWARD 1979; MC CUNE NICOLICH 1981.

(Transformationen) konzentrieren, welche durch seine Handlungen bewirkt werden. Die Vorstellung dieser Veränderung führt das Kind dazu, der ersten symbolischen Handlung eine zweite hinzuzufügen.

Beispiel: Erst wenn sich das Kind das Resultat seines symbolischen Haarewaschens vorstellen kann, nämlich, dass die Haare jetzt nass sein müssten, wird es dieser Handlung eine nächste, das Trocknen der Haare, hinzufügen.

Der grundlegende Schritt zum eigentlichen Symbolspiel geschieht jedoch dann, wenn das Kind mit etwa zwei Jahren fähig ist, das Spiel vor dessen Ausführung zu planen.
Durch die innerliche Planung wird das Spiel von der Linearität, von direkt an den Kontext gebundenen Sequenzen gelöst und kann eine *hierarchische Struktur* annehmen.

Diese widerspiegelt sich bspw. in der Substitution eines Gegenstandes durch einen anderen. Gebraucht das Kind einen Stecken anstelle eines Pferdes, impliziert dies eine innerliche Definition (Stecken = Pferd), welche die folgende Handlung mit dem Stecken bestimmt (Stecken füttern bedeutet jetzt Pferd füttern). Ebenso deutet aktives Suchen nach einem fehlenden Gegenstand auf Planung der zu spielenden Handlung hin.

Schliesslich impliziert auch solches Spielverhalten, in dem Gegenstände als unabhängige Agenten behandelt werden, eine hierarchische Struktur oder innere Planung (bspw. tun, als ob die Puppe selbst esse).

MC CUNE NICOLICH (1981) hat auf der Basis einer Literaturanalyse versucht, die **strukturellen Beziehungen zwischen frühen sprachlichen Äusserungen und Ebenen des Symbolspiels** aufzuzeigen.

> Beim Übergang zwischen sensomotorischem und frühem symbolischem Verhalten ist die *Bedeutung* sowohl im Spiel wie in der Sprache *mit der Handlung untrennbar verbunden*. Im Funktionsspiel bekommen die Gegenstände Bedeutung, indem das Kind die entsprechenden konventionellen Gesten ausführt (Tasse – zum Mund bringen). Auf sprachlicher Ebene vokalisiert das Kind, während es auf bestimmte Gegenstände zeigt oder mit ihnen spielt.
>
> Autosymbolisches Verhalten und erste referentielle Wörter zeigen den Anfang einer *Trennung zwischen den Mitteln, mit denen eine Bedeutung ausgedrückt wird und der Bedeutung selbst*. Im Spiel ist sich das Kind einer bedeutungsvollen Handlung (schlafen, essen) bewusst, zentriert sie aber noch auf sich selbst. In der Sprache entdeckt es, dass Wörter Bedeutung haben und in der Kommunikation gebraucht werden können; die ersten referentiellen Wörter beziehen sich aber noch auf eine breite, vom Kind geschaffene Kategorie von Gegenständen («Wauwau» für alle Vierbeiner, alles Pelzige).
>
> Auf der Ebene des dezentrierten Spiels erkennt das Kind Handlungen als *unabhängig* von Objekt und vom Handelnden. Es sieht die Welt damit in differenzierterer, «objektiverer» Art und Weise. Auf der Einwortstufe zeigt sich dies in einer Differenzierung des Wortschatzes sowie im Gebrauch von Wörtern für Körperteile oder Kleider (denn um einen Körperteil benennen zu können, muss das Kind diesen als Objekt, unabhängig von sich selbst, erkennen können).
>
> Sowohl Sprache als auch Symbolspiel entwickeln sich von *Einheiten zu deren Kombinationen*. Im Spiel zeigen sich symbolische Handlungssequenzen; in der Sprache finden sich lineare oder prä-syntaktische Wortkombinationen. Diese können in Phrasen bestehen, die sich auf ein einzelnes Konzept beziehen, (bspw. Tante Marie, Orangensaft), wie auch in zusammenhängenden Elementen, die für einen bestimmten Kontext stehen (Baby-Bad, tschau-tschau – Nase).

Auf der Stufe des innerlich geplanten Symbolspiels ist das Kind schliesslich auch fähig, auf «Regeln» basierende Äusserungen zu produzieren. Da ein innerer Plan die Elemente aufeinander bezieht, können sowohl sprachliche Äusserungen wie das Symbolspiel eine *hierarchische Struktur* annehmen.

Diese Analyse zeigt, dass Symbolspiel- und Sprachentwicklung als **gemeinsame Entwicklungslinie** dargestellt werden können.

Verschiedene Autoren haben versucht, diese Parallelen anhand experimenteller Daten abzustützen.

BATES et al. (1979) fanden, dass zwischen neun und dreizehn Monaten das Spielniveau der beste Indikator für die Entwicklung sprachlicher Äusserungen darstellte.

CASBY und RUDER (1983) konnten hohe Korrelationen zwischen Symbolspiel und MLU beobachten.

ROSENBLATT (1977) fand, dass sich Kinder, deren Spracherwerb ihrem Alter entsprechend weit fortgeschritten war, häufiger in Symbolspielen engagierten, als Kinder, deren Sprache weniger weit entwickelt war.

Auf der anderen Seite konnten weder LARGO und HOWARD (1975), noch FOLGER und LEONARD (1978) Korrelationen zwischen Symbolspielniveau und dem Gebrauch von Ein- und Zweitwortsätzen beobachten. LARGO und HOWARD, wie auch FEIN (1975, 1981) fanden hingegen, dass das Symbolspielniveau in positiver Beziehung zur *Sprachverständnisentwicklung* stand.

Zusammenfassend können zwar auf theoretischer Ebene einige interessante Parallelen zwischen Symbolspiel- und Sprachentwicklung aufgestellt werden, auf experimenteller Ebene kann eine solche direkte Beziehung jedoch nicht durchwegs bestätigt werden. Nach BATES et al. (1979) ist es nicht erstaunlich, dass gewisse sensomotorische Fähigkeiten in einer Beziehung mit bestimmten sprachlichen Fähigkeiten stehen, während bei anderen solche Parallelen nicht gefunden werden können. Die Autoren gehen davon aus, dass alle diese Kompetenzen eine *gemeinsame zugrundeliegende kognitive Struktur* aufweisen; dieses tiefere kognitive Wissen kann sich zuerst in sprachlichen oder nichtsprachlichen Fähigkeiten oder aber gleichzeitig in beiden manifestieren. CURTISS (1981) betrachtet eine solche Annahme als *Artefaktum*, da bestimmte positive Korrelationen nicht gemeinsame Grundprinzipien oder -strukturen, sondern ganz einfach die allgemeine kortikale Reifung reflektieren.

3.4 Kognitive Prozesse und Spracherwerbsstörungen

Hinsichtlich der Beantwortung der Frage nach der Beziehung zwischen kognitiven Prozessen und Spracherwerbsstörungen müssen vorerst folgende «banalen» Aspekte berücksichtigt werden:

1. Die *Spezifität einer Spracherwerbsstörung* wird gerade dadurch definiert, dass die entsprechenden Kinder sogenannt normale Intelligenzleistungen aufweisen.

2. Die sprachlichen Kompetenzen geistigbehinderter Kinder entsprechen normalerweise mehr ihrem *kognitiven Entwicklungsalter* als ihrem chronologischen Alter; oft liegen sie aber noch *unter* ersterem.

Diese beiden klinischen Tatsachen führen zu folgenden grundlegenden Aussagen:

a) Es muss kognitive Fähigkeiten geben, welche sich *unabhängig* vom Spracherwerb entwickeln, d. h. weder diesen beeinflussen, noch von dessen Störungen beeinflusst werden können.

b) Gewisse kognitive Fähigkeiten scheinen für den Spracherwerb *unerlässlich*, da sich die Sprache bei deren Behinderung nicht normal entwickeln kann.

c) Es gibt gewisse sprachliche Kompetenzen, welche sich ihrerseits *eigenständig* entwickeln und entsprechend in spezifischer Art und Weise gestört sein können.

Diese Aussagen implizieren, dass einer Spracherwerbsstörung Störungen bestimmter kognitiver Faktoren zugrundeliegen *können, aber nicht müssen*.

Es erstaunt deshalb nicht, dass Untersuchungen zur Beziehung von Störungen kognitiver und sprachlicher Kompetenzen keine klaren Resultate zeigen.

SNYDER (1978) fand eine gute Korrelation zwischen den Tests zur **Kausalität** und den kommunikativen Fähigkeiten sprachentwicklungsgestörter Kinder im Einwortstadium. BATES (1976) und BATES et al. (1979) fanden eine solche Beziehung jedoch nur gerade während des Übergangs von performativer Gestik zu einzelnen Wörtern. Diesem Resultat entsprechen die Beobachtungen von FOLGER und LEONARD (1978), dass sprachgestörte Kinder im Ein- oder Zweiwortstadium keine unterschiedlichen Leistungen in den Tests zu Kausalität aufweisen.

TERRELL et al. (1984) verglichen das **Symbolspiel** drei- bis vierjähriger sprachgestörter Kinder mit den symbolischen Fähigkeiten normaler Kinder in demselben sprachlichen Alter (Einwortstadium).
Sie fanden, dass die sprachgestörten Kinder zwar bessere symbolische Fähigkeiten aufwiesen als die normalen jüngeren Kinder; bezüglich ihrer Altersnorm zeigten sie hingegen ein deutliches Symbolspiel-Defizit.

LOVELL, HOYLE und SIDDALL (1968) verglichen das Symbolspielniveau normaler und sprachgestörter Kinder im Alter von drei und vier Jahren. Bezüglich der jüngeren Kinder fanden sie keine Unterschiede, die *älteren* normalen Kinder verbrachten jedoch mehr Zeit mit Symbolspielen als die gleichaltrigen sprachgestörten Kinder.

UDWIN und YULE (1983) kamen aufgrund ihrer Untersuchung von normalen und sprachgestörten Kindern mit einem Durchschnittsalter von 4; 5 Jahren zu demselben Ergebnis.
UDWIN und YULE betonen jedoch selbst, dass auf der Basis dieser Resultate die Hypothese einer Abhängigkeit des Spracherwerbs von der Symbolspielentwicklung nicht bestätigt werden kann. Es könnte im Gegenteil davon ausgegangen werden, dass das sprachliche Defizit zu einer Beschränkung der *spielerischen Möglichkeiten mit anderen Kindern* geführt hat, so dass das tiefere Symbolspielniveau als sekundärer Effekt der Spracherwerbsstörung zu betrachten wäre. In dieser Weise könnten auch die Daten von TERRELL et al. und von LOVELL, HOYLE und SIDDALL interpretiert werden.

SARIMSKI, HOFFMANN und SÜSS (1985) verglichen das Symbolspiel von 8 dysphasischen und 8 geistigbehinderten Kindern mit einem durchschnittlichen Alter von 5 Jahren und einem durchschnittlichen sprachlichen Entwicklungsalter von 33 Monaten.
Das Symbolspielalter der geistigbehinderten Kinder betrug 26 Monate, dasjenige der dysphasischen Kinder 35 Monate, wobei 5 dysphasische Kinder die Testgrenze von 36 Monaten erreicht hatten.
Die Autoren folgern aufgrund dieser Beobachtungsdaten, dass sich nur bei den geistigbehinderten Kindern eine Beziehung zwischen Symbol- und Sprachgebrauch nachweisen lasse, während die Sprachentwicklungsverzögerung der dysphasischen Kinder auf *Mängel spezifisch linguistischer Fähigkeiten* zurückgeführt werden müsse.

Zusammenfassend bedürfen diese Untersuchungsresultate in zweierlei Hinsicht einer **kritischen Beurteilung**:

1. Theoretisch werden Zusammenhänge zwischen Symbolspiel- und Sprachentwicklung vor allem bezüglich der Entdeckung der repräsentativen Funktionen der Sprache postuliert, d. h. im Rahmen der Wort- oder *semantischen Entwicklung*.
   Die experimentellen Untersuchungen beziehen sich jedoch meist auf ältere Kinder, deren sprachliche Störung primär durch *syntaktische Probleme* gekennzeichnet ist.
   Eine direkte Beziehung zwischen Symbolspiel und Entwicklung der syntaktischen Fähigkeiten nach dem Alter von 2 Jahren wurde aber auch von theoretischer Seite selten postuliert.

2. Sprache erwerben impliziert nicht nur, dass Gegenstände und Symbole, z. B. Wörter repräsentiert werden können, sondern auch die Absicht, etwas über diese Gegenstände aussagen zu wollen und schliesslich die Erkenntnis, dass die Wörter im anderen dieselbe Repräsentation hervorrufen können.
   Man kann deshalb annehmen, dass Beobachtungen der *linearen Beziehung* zwischen sprachlichen und kognitiven Fähigkeiten durch einen dritten Faktor gestört werden: **die Bedeutung des anderen oder der Interaktion**.
   Aus dieser Sicht würden vielleicht Untersuchungen der Beziehung «*nicht* **miteinander** *spielen können*» – «*nicht* **miteinander** *sprechen können*» zu klareren Resultaten führen und damit der Komplexität der kindlichen Entwicklung und deren Störungen gerechter werden.

3.5 Zusammenfassung und Diskussion

PIAGET sieht die Sprachentwicklung als integrierten Teil der Entwicklung der semiotischen Funktionen, welche ihren Ursprung in der Sensomotorik haben. Viele Autoren haben nun versucht, bestimmte Etappen der sensomotorischen Entwicklung mit dem Erwerb bestimmter sprachlicher Fähigkeiten in **Verbindung** zu bringen. *Theoretisch* können solche Verbindungen relativ einfach hergestellt werden. So beginnt das Kind bspw. etwa gleichzeitig mit dem Erwerb der Kausalität nonverbale und verbale Mittel zu gebrauchen, um ein Ziel zu erreichen; sprachliche Äusserungen, welche sich auf vergangene Situationen oder abwesende Gegenstände beziehen, tauchen zwischen 18 und 24 Monaten auf, gerade in der Zeit also, in der es nach PIAGET die geistige Repräsentationsfähigkeit erwirbt. Werden nun diese Beziehungen *experimentell* überprüft, können entsprechende Korrelationen selten erreicht werden. Dasselbe gilt für Untersuchungen, welche nach Störungen kognitiver Fähigkeiten im Rahmen von Spracherwerbsstörungen suchten.

Es ist sicher voreilig, aufgrund des Fehlens solcher Korrelationen zu schliessen, die Sprache entwickle sich völlig unabhängig von der geistigen Entwicklung.

Vorerst muss berücksichtigt werden, dass viele dieser Untersuchungen den Mangel aufweisen, die zu untersuchenden Variablen schlecht oder gar nicht operationalisiert zu haben. So dauert bspw. das «**Einwortstadium**» einige Monate, während denen sich vor allem die *Qualität* der einzelnen Wörter stark verändert.

Anfangs werden solche Wörter nur während der Handlung mit dem Gegenstand gebraucht, bspw. «tschutschu» während der Manipulation mit dem Spielzeug. Dann lernt das Kind, »tschutschu» zu sagen, wenn der Zug heruntergefallen ist, und es möchte, dass die Mutter ihn aufhebt. Noch später kann es «tschutschu» sagen, wenn dieser im Schrank ist und schliesslich äussert es «tschutschu», um zu erzählen, dass es gestern Zug gefahren ist.

Es ist offensichtlich, dass diese *verschiedenen Phasen des Einwortstadiums ganz verschiedene kognitive und interaktive Fähigkeiten widerspiegeln* und folglich die Gesamtheit «Einwortstadium» weder direkt mit der Kausalität, noch mit dem Vorstellungsbild oder dem Symbolspiel in Verbindung steht.

Schliesslich können Kinder in einem frühen Entwicklungsstadium «tschutschu», «Mond» oder «Pyjama» sagen, ohne zu wissen, wovon und dass sie sprechen. Sie ahmen einfach Wörter oder auch ganze Satzteile nach. Dass solche **direkten sprachlichen Imitationen** keine Beziehung zu den erwähnten kognitiven Fähigkeiten haben, scheint klar. Sie «verfälschen» aber die entsprechenden statistischen Werte.

Andererseits haben solche direkten sprachlichen Imitationen solange keine oder nur eine beschränkte Bedeutung, bis das Kind *entdeckt*, worauf sie sich tatsächlich beziehen. Das Kind kann das Wort «tschutschu» imitieren, wenn es bspw. mit der Mutter im Zug fährt. Bevor es aber «tschutschu» sagen kann, um von diesem Erlebnis zu erzählen, muss es eine Vorstellung dieser Zugfahrt entwickelt haben.

Schliesslich besteht auch die Möglichkeit, dass ein Kind wohl die Vorstellung von Zug hat, aber nicht «tschutschu» sagen kann, oder nicht weiss, dass das Wort «tschutschu» *beim anderen* die Vorstellung Zug auslöst.

Aus diesen Beispielen wird deutlich, dass zwar bestimmte kognitive Fähigkeiten für den Spracherwerb unerlässlich sind, dass sie diesen aber nicht allein bestimmen.

Man kann deshalb davon ausgehen, dass direkte Verbindungslinien zwischen sprachlichen und kognitiven Fähigkeiten bestehen; diese treten jedoch von Entwicklungsphase zu Entwicklungsphase stärker oder schwächer hervor, je nachdem, welche Rolle gerade andere Faktoren, wie neurolinguistische oder interaktive Prozesse spielen. Aus dieser Sicht erklärt sich leicht, weshalb hohe Korrelationen zwischen bestimmten sprachlichen und kognitiven Fähigkeiten selten zustande kommen.

Die Annahme einer zusätzlichen, *allen Entwicklungslinien zugrundeliegenden Kompetenz* wird durch diese Sichtweise zwar *nicht mehr gerechtfertigt*, aber auch nicht ausgeschlossen.

Was nun die Frage betrifft, ob Spracherwerbsstörungen mit Störungen kognitiver Kompetenzen einhergehen oder gar durch solche verursacht werden, muss davon ausgegangen werden, dass dies der Fall sein kann, aber nicht muss.

Spricht ein Kind verspätet oder gar nicht, kann der Grund dafür in einer Repräsentationsstörung oder -verzögerung liegen. Es besteht aber auch die Möglichkeit, dass es sehr wohl eine Vorstellung der Realität hat, dass es die sich darauf beziehenden **Wörter** aber **nicht kennt, nicht aussprechen kann, nicht aussprechen will** oder es **nicht für nötig hält**, dies zu tun.

4. Kommunikativ-interaktive Prozesse

4.1 Vorsprachliche Kommunikation

4.11 Soziale Prädisposition

Während langer Zeit wurde das **Neugeborene** als «tabula rasa», als «a-soziale» Kreatur betrachtet, welche die Umwelt in ein soziales Wesen verwandelt. Vor allem dank differenzierterer Forschungsmethoden machte die Entwicklungspsychologie der siebziger Jahre eine interessante Entdeckung: die Daten über die Natur der ersten sozialen Interaktionen lassen vermuten, dass Kinder *genetisch auf die Interaktion* mit anderen Individuen *vorbereitet* sind (AINSWORTH, BELL, STAYTON 1972; RICHARDS 1977). Nach SCHAFFER (1977) ist dies insofern nicht erstaunlich als das Kind mit einem Verdauungsapparat zur Sicherung der Nahrungsaufnahme sowie mit einem der Luft um es herum angepassten Atemapparat zur Welt kommt – weshalb sollte es folglich nicht auch auf eine weitere wichtige Eigenschaft seiner Umgebung, auf Personen, vorbereitet sein?

Tatsächlich reagiert das Neugeborene schon in der ersten Woche auf das menschliche Gesicht, ob dieses nun echt ist (STECHLER, LATZ 1966) oder aus einer Zeichnung besteht (FANTZ 1963). Dabei scheint es der normalen Konfiguration gegenüber einer Zeichnung, in der Nase, Mund und Augen zufällig verteilt sind (FREEDMAN 1971) sowie generell geometrischen Formen gegenüber (KAGAN 1967) den Vorzug zu geben.

Im speziellen zeigt es eine klare Bevorzugung von sich bewegenden Elementen mit hohem Kontrast, ein Merkmal, welches das menschliche Auge besitzt (RICHARDS 1977).

Schon mit zwei Wochen scheint das Baby auch fähig zu sein, den Erwachsenen beim Öffnen des Mundes und Herausstrecken der Zunge nachzuahmen (MELTZOFF, MOORE 1977).

BRAZELTON, KOSLOWSKI und MAIN (1974) zeigten, dass sich das Kind im Alter von drei Wochen in Anwesenheit eines Gegenstandes oder der Mutter völlig unterschiedlich verhält. Entsprechend fand KAGAN (1967), dass Kinder viel häufiger gesichtsähnliche, als geometrische Formen anlächeln.

MORSE (1972) konnte schliesslich nachweisen, dass schon das Neugeborene zwischen sprachlichen und nicht-sprachlichen Lauten unterscheiden kann; die Beobachtungen von CARPENTER (1974) und MILLS und MELHUISH (1974) zeigten, dass es zusätzlich auch fähig ist, sowohl das mütterliche Gesicht, als auch die mütterliche Stimme von anderen Gesichtern und Stimmen zu unterscheiden und sich im Rhythmus zur mütterlichen Stimme zu bewegen.

Zusammenfassend zeigen diese Untersuchungsergebnisse deutlich, dass das Kind von Geburt an ein *aktiver, sozialer Interaktionspartner* ist. Dies bedeutet, dass auch die Mutter nicht als einfacher Agent auf einen zu selektiven Reaktionen unfähigen Organismus betrachtet werden kann.

Diese Sichtweise führte denn auch zu einer Umorientierung entsprechender Forschungen, d. h. bei der Betrachtung früher sozialer Verhaltensweisen wurde forthin der *dyadische Aspekt* in den Vordergrund gestellt.

4.12 Synchronie und Reziprozität

Ist das Kind von Geburt an zu organisiertem spontanem Verhalten fähig, besteht die Aufgabe der Mutter nicht darin, aus dem Chaos Ordnung zu schaffen, sondern ihr Verhalten an eine schon gegebene Organisation *anzupassen* (SCHAFFER 1977), sich mit dem Neugeborenen zu *synchronisieren*. Einer der ersten und für die weitere soziale Entwicklung wichtigsten Kontakte ist der **Blickkontakt**.

PAPOUSEK und PAPOUSEK (1977) beobachten, dass die Mutter schon in einem Stadium, wo sie nicht einmal erwartet, dass das Neugeborene sie sehen kann, ungezählte Versuche unternimmt, einen Blickaustausch zu erreichen. Dabei bewegt sie sich so oft als möglich im visuellen Feld des Babys, die optimale Distanz von 20–25 cm in den ersten zwei Wochen einhaltend. Hat sie einen Blickkontakt erreicht, zeigt sie eine Art «Grüssverhalten», d. h. sie neigt den Kopf, hebt die Augenbrauen und ruft das Kind beim Namen. Darauf folgt meist ein Lächeln.

Am Anfang ist das Neugeborene natürlich nicht fähig, einen längeren Blickkontakt aufrechtzuerhalten. Die Mutter wird aber einen Kontakt nie abbrechen, bevor das Kind seinen Blick von ihr gelöst hat.

FOGEL (1977) nennt dieses Verhalten «Rahmen»-Verhalten und sieht dessen Funktion in der Einführung und Aufrechterhaltung von Zyklen sowie darin, dass sie eine *Situation definieren*.

BRAZELTON, KOSLOWSKY und MAIN (1974) konnten ein ähnliches Verhalten der Mutter bezüglich der **Aufmerksamkeitszyklen** des Kleinkindes beobachten. Die Merkmale der folgenden Sequenz bestehen ebenfalls in diesem Rahmenverhalten sowie in maximaler Synchronie.

Das Baby schaut die Mutter an, diese lächelt, vokalisiert, berührt es. Dabei bewegt es langsam seinen Kopf, seinen Mund, die Augen und sogar Arme und Beine, um sich sofort wieder zurückzuziehen, zu beruhigen und den Blick abzuwenden. In dieser Phase verringert auch die Mutter ihr stimulierendes Verhalten – und die Sequenz kann von vorne beginnen.

Den Rhythmus des Erscheinens dieser Zyklen haben die Autoren auf viermal pro Minute in einer Beobachtungszeit von drei Minuten berechnet.

Die resultierenden Aufmerksamkeitskurven bezeichnen sie als kontinuierlich und zyklisch, während jene bezüglich der Interaktion mit einem Gegenstand irregulär und brüsk ist (BRAZELTON, KOSLOWSKI, MAIN 1974).

In seiner Studie zur Mutter-Kind-Interaktion während des **Stillens** in den ersten zwei Monaten hat KAYE (1977) eine andere Art von Anpassung gefunden. Solange das Kind saugt, verhält sich die Mutter unbeweglich und ruhig. Sobald es aufhört zu saugen, beginnt die Mutter mit einer Reihe von Stimulationen, die so lange dauern, bis das Baby wieder zu saugen beginnt. CORDERO und DE STEFANO (1983) beschreiben, ebenfalls auf der Basis einer Studie zum Stillen, diejenigen Stimulationen, welche am ehesten eine Reaktion beim Kind auslösten, als folgende: Schütteln der Brust als Aufforderung zum Saugen, sich an das Gesicht des Kindes annähern, das Kind aufsetzen, im Arm wiegen, tätscheln, kitzeln, liebkosen, küssen, den Mund berühren, nachahmen der Saugtöne.

Diese Studien zum Stillen zeigen den Aspekt der Synchronie in einem neuen Sinn, nämlich als komplementäres Verhalten oder als *Reziprozität*, d. h. die Mutter passt ihr Verhalten demjenigen des Kindes an, aber nicht, indem sie das Gleiche tut, sondern indem sie sich komplementär zu den Aktivitätszyklen des Kindes verhält. KAYE (1977) konnte zeigen, dass sich dadurch schon in den ersten zwei Wochen eine Art *Dialog* entwickelt. Die Stimulationsdauer der Mutter nimmt ab, weil sie weiss, dass das Kind erst nach einer Pause zu saugen beginnt; die Dauer der Pause wird ebenfalls kleiner, weil das Kind diese als Einladung zum Saugen interpretiert.

Wie aus diesen Ausführungen hervorgeht, ist aber eine solche Reziprozität und damit ein erster Dialog nur durch eine maximale Anpassung des mütterlichen Verhaltens möglich. Dabei ist das *Wann* mindestens so wichtig wie das *Wie* (SCHAFFER 1977).

Solche frühen Dialoge kommen durch die Initiative der Mutter zustande, das Verhalten des Kindes so zu behandeln, als hätte es *kommunikative Bedeutung*.

Wenn das Kind bspw. schreit, verhält sich die Mutter so, als ob das Kind dies tue, *weil* es ihr etwas mitteilen will.

PAPOUSEK und PAPOUSEK (1977) sehen dasselbe Verhalten auch gegenüber den vorsprachlichen **Vokalisationen**, welche zwischen der zweiten und fünften Woche erscheinen.

Die Mutter *interpretiert* diese frühen vorsprachlichen Laute als Signale, welche sich auf bestimmte Alltagssituationen beziehen und reagiert in entsprechender Weise darauf.

> Beispiel: es versucht, die Aufmerksamkeit auf sich zu ziehen, es fragt um Hilfe, es ruft nach mir, es ist müde, aufgebracht, zufrieden.

Verschiedene Autoren messen gerade diesem «bedeutungsgebenden» Verhalten der Mutter eine enorme Bedeutung für die Entwicklung der **Intentionalität** bei (SCHAFFER 1974; NEWSON 1974, 1977; TREVARTHEN 1974; KAYE 1977; EDGCUMBE 1981).

4.2 Vom vorsprachlichen Austausch zur sprachlichen Kommunikation

Das Haupt-Verbindungsglied zwischen den beschriebenen frühen Mutter-Kind-Interaktionen und späteren Dialogen sprachlicher Art stellt das «*Turn-Taking*» dar. Dieses bezieht sich auf die dialogische Struktur einer Interaktion, welche sich durch verschiedene Modalitäten ausdrückt:
Blickaustausch und Gestik, vorsprachliche Routinespiele und Austausch von Vokalisationen.

Diese Struktur des «ich bin dran – du bist dran» wird von vielen Autoren als eine der wichtigsten Voraussetzungen für die spätere sprachliche Kommunikation beschrieben. Folgende Gesichtspunkte führen zu dieser Annahme:

1. Die Regelhaftigkeit und der Rhythmus einer solchen *Struktur* können direkt mit denjenigen der Konversation unter Erwachsenen verglichen werden.

2. Verfolgt man die Entwicklungsverläufe der verschiedenen Modalitäten, kann eine *Kontinuität* vom vorsprachlichen zum sprachlichen Stadium gefunden werden, welche sowohl durch eine immer bessere Beherrschung der Modalität selbst, als auch durch deren schrittweise Kombination gekennzeichnet ist.

4.21 Blickaustausch und Gestik

Wie die Mutter versucht, in den ersten Tagen einen Blickaustausch mit dem Baby zu erreichen, wurde schon beschrieben. SCAIFE und BRUNER (1975) konnten zeigen, dass das Kind im Alter von vier Monaten beginnt, nicht nur mit dem Blick die Mutter zu suchen, sondern auch versucht, ihrer **Blickrichtung zu folgen**. Gemäss dieser Autoren ist dies insofern wichtig, als es sich dadurch fähig zeigt, einen anderen Anhalts- oder Orientierungspunkt als sich selbst zu gebrauchen. Dies entspricht auch dem Zeitpunkt, wo das Kind sich vermehrt für *Gegenstände zu interessieren* beginnt und versucht, diese zu erreichen.

BRUNER (1978) zeigte sehr eindrücklich anhand seiner Daten, wie mit dem zunehmenden Interesse an Gegenständen der direkte Blickaustausch mit der Mutter von etwa 80 % auf 15 % absinkt.

Für das Alter von fünf Monaten ist es charakteristisch, dass das Kind Mutter und Gegenstand nicht verbinden kann, d. h. wenn es bspw. versucht, ein Objekt zu erreichen, schaut es die Mutter nie an. Seine Haltung gegenüber dem Objekt (ausgestreckter Arm, sich öffnende und schliessende Faust, nach vorne gerichteter Körper) zeigt seine Absicht jedoch so deutlich, dass die Mutter auch ohne «gebeten» zu werden, dem Kind zu Hilfe kommt. Das Kind lernt aber erst viel später, um Hilfe zu bitten.
Mit etwa 8 Monaten kann es in bestimmten Situationen Gegenstand und Mutter verbinden, indem es den Blick zwischen beiden hin- und herschweifen lässt. Zugleich wird die Bewegung des Ausstreckens des Armes in Richtung des Gegenstandes unabhängig von dessen Ergreifen durchgeführt, und es ist charakteristisch, dass sich die Mutter dieser Veränderung anpasst, d. h. den Gegenstand nicht mehr holt, sondern darüber spricht.

Hat das Kind dies einmal entdeckt, «zeigt» es auf einen Gegenstand, schaut die Mutter an, diese benennt ihn, erzählt etwas; solche Sequenzen werden nun spielerisch immer wieder wiederholt – im Alter von 13 Monaten konnte BRUNER (1978) in 3 Stunden bis zu 100 solcher «Zeigen-Anschauen-Benennen»-Sequenzen beobachten. Dabei wurde das Zeigen immer öfter auch mit Vokalisationen verbunden.

Bezüglich des Spracherwerbs weist nun BRUNER darauf hin, dass das «gemeinsam auf ein Objekt schauen» die Grundlage für die Entwicklung der sprachlichen Referenz bildet, im Sinne von «wir sprechen über/denken an denselben Gegenstand» (1974/75). Dabei soll nochmals betont werden, dass dies nur möglich ist, wenn das Kind sich nach dem Zeigen mit einem Blick auf die Mutter vergewissert, dass sie auf denselben Gegenstand schaut. Die Voraussetzung zur Entwicklung der Referenz liegt folglich im *«triangulären»* oder *«referentiellen» Blickkontakt*, d. h. in der Herstellung des **Dreiecks Ich-Du-Gegenstand**.

4.22 Vorsprachliche Routinespiele

Die Beschreibung der **gemeinsamen Handlung** in spielerischem Kontext ist einer der zentralen Aspekte der Arbeiten von Jerome BRUNER.

Gemäss diesem Autor hat das Kind im Rahmen der gemeinsamen Handlung die Möglichkeit, das zu lernen, was BRUNER als «vorsprachliche Prototypen der Kasusgrammatik»(1977) definiert: wer ist der Handelnde, was ist Handlung, Objekt der Handlung und wie können diese vertauscht oder ersetzt werden.

Ein Beispiel gemeinsamer Handlung in spielerischem Kontext ist das «**gib-und-nimm-Spiel**».

> Schon im Alter von 3 Monaten kann beobachtet werden, wie die Mutter mit vielen Mitteln versucht, das Baby zu überzeugen, einen Gegenstand von ihr anzunehmen – und nicht selten enden diese Versuche so, dass sie den Gegenstand selbst dem Kind in die Hand drückt. Nach BRUNER wird diese Phase denn auch besser als «Offerieren-Greif-Spiel» definiert, da die gemeinsame Aktivität ziemlich einseitig von der Mutter dominiert wird.
> Dabei ist es charakteristisch für die Mutter, dass sie nie daran zweifelt, dass das Kind den Gegenstand *will* – man muss ihm eben nur helfen, ihn zu nehmen.
> Schon im Alter von 6 Monaten hat sich die Offerier- Phase beträchtlich verringert, denn das Kind streckt nun sofort den Arm aus, um den Gegenstand zu nehmen (Offerier-Nimm-Spiel).
> Der nächste Schritt besteht darin, das Kind dazu zu bringen, den Gegenstand wieder zu *geben*, d. h. zum Subjekt der Handlung zu werden. Mit 10 Monaten ist es dazu fähig und im Alter von 12 Monaten beginnt es, das Spiel zu dominieren; das Spiel besteht für das Kind nicht mehr im Gegenstand *besitzen*, sondern im Gegenstand *austauschen*.

Geben und Nehmen ist damit zu einem Spiel geworden, das echte **Reziprozität und Rollenaustausch** beinhaltet.

Das Kind hat zugleich insofern eine gewisse Koordination zwischen Zeichen und Handlung erworben, als es beim Zurückgeben des Gegenstandes den anderen anschaut oder auf den Gegenstand zeigt, wenn sich bspw. sein Turnus verspätet.

Zwischen 14 und 15 Monaten ist das Kind fähig, das Konzept des Austausches in eine Spielstruktur einzubetten und zu kombinieren (bspw. Ball hin- und herrollen, Gegenstand zwischen mehreren Personen im Turnus austauschen, «gugus-dada»-Spiel). Nach BRUNER (1978) hat es damit nicht nur gelernt, zwischen Handelndem und Objekt der Handlung zu unterscheiden, sondern auch eine erste Idee von **Deixis** erworben.

Es weiss, *was* gemacht wird, *von wem, bezüglich wem, wann, wo, wie* und *in welcher Reihenfolge.* Wie BRUNER (1978) selbst sagt, ist es nicht schwierig, in dieser Aufzählung einen Parallelismus zur klassischen Kasusgrammatik mit den Kategorien Subjekt, Verb, komplementäres Objekt, Ort-, Mittel- und Zeitbestimmung, zu entdecken.

4.23 Austausch von Vokalisationen

Schon zwischen der zweiten und fünften Woche beginnt das Kind gewisse **Laute** von sich zu geben. Auch diese frühen Vokalisationen repetieren sich, ihr Rhythmus ist aber viel langsamer als derjenige der Lallsequenzen, die etwa im sechsten Monat auftauchen.

Bezüglich dieser frühen Vokalisation sind zwei **Reaktionen der Mutter** interessant: einerseits gibt sie ihnen *Bedeutung*, in dem sie in bestimmter Weise darauf reagiert, andererseits *imitiert* sie diese Laute. Diese frühen Imitationen dienen dem Kind als «biologischer Spiegel» (PAPOUSEK, PAPOUSEK 1977), fügen sich aber zugleich in eine, vom Kind begonnene Aktivität ein, was zu einem ersten *Dialog* führt (STERN 1971). SCHAFFER, COLLIS und PARSONS (1977) beobachteten, wie dieser Dialog schon im Alter von 12 Monaten praktisch den Massstäben eines Dialogs unter Erwachsenen entspricht: es gibt kaum Überschneidungen zwischen den Vokalisationen der beiden Partner, und die Pausen beim Turnus-Wechsel sind allgemein kürzer als eine Sekunde.

Die Autoren konnten zudem eine immer grössere Integration des Blickkontaktes im Rahmen dieser vorsprachlichen Austausche beobachten.

FREEDLE und LEWIS (1977) messen dem Turn-Taking als kommunikativem System eine ganz besondere Bedeutung für den Spracherwerb bei.

Ein kommunikatives System muss so organisiert sein, dass auf ein bestimmtes Verhalten das ihm entsprechende folgt. Wie FREEDLE und LEWIS in einer früheren Arbeit (1973) gezeigt haben und wie auch aus den bisherigen Ausführungen hervorgeht, entsprechen schon die frühen Turn-Taking-Situationen dieser Anforderung. So antwortet die Mutter auf Vokalisationen des Kindes ebenso mit einer Vokalisation. Zudem scheint das Vokalisieren in **bestimmten Situationen** häufiger aufzutreten als in anderen. Für FREEDLE und LEWIS (1973) sind das nicht willkürliche Folgen einer Verhaltensweise auf eine andere und deren Verbindung mit einer bestimmten Situation wichtige Voraussetzungen für die *Entwicklung der Bedeutung.*

4.3 Erwerb sprachlicher Funktionen

DORE et al. (1976) beobachteten, dass Kinder schon ab dem ersten Lebensjahr phonetische Formen produzieren, welche die Autoren als eine Zwischenform zwischen dem Lallen und den ersten Wörtern bezeichnen. Diese Formen sind leicht isolierbar, erscheinen häufig und scheinen teilweise mit bestimmten Situationen zu korrespondieren. CARTER (1978) fand, dass im Alter von 12 bis 16 Monaten gewisse Laute immer in Verbindung mit gewissen Gesten auftauchten, welche zusammen zur Erreichung eines bestimmten Ziels eingesetzt wurden, d. h. bestimmte Laute hatten eine bestimmte **kommunikative Funktion** (bspw. Verlangen eines Gegenstandes, Ausdruck von Freude, Unzufriedenheit, Widerspruch). HALLIDAY (1975) versuchte, über die Analyse der Funktionen sprachlicher Laute eine Erklärung für den Spracherwerb zu finden. Er ging davon aus, dass das Kind dann ein linguistisches System besitzt, wenn es fähig ist, **Bedeutung** auszudrücken (ohne dass es dafür ein Wort oder sogar strukturierte Sätze brauchen muss).

Vokalisationen werden folglich dann im Rahmen eines linguistischen Systems berücksichtigt, wenn sie sich immer auf denselben Inhalt beziehen und dieser eine (vor-) bestimmte Funktion hat.

Auf der Basis der Beobachtung des Sprachgebrauchs seines Sohns Nigel im Alter von 9 bis 18 Monaten, sowie aufgrund der Analyse soziologischer Theorien bezüglich der kulturellen Übermittlung und des Sozialisationsprozesses, erarbeitete HALLIDAY ein System von sechs Funktionen, die ihm als Ausgangspunkt für die Interpretation der kindlichen Sprache dienten.

1. Die *instrumentelle* Funktion dient der Befriedigung materieller Bedürfnisse.
2. Die *regulatorische* Funktion erlaubt die Kontrolle des Verhaltens anderer.
3. Die *interaktionale* Funktion wird zur Aufrechterhaltung der Kommunikation gebraucht.
4. Die *personale* Funktion dient der Ich-Bewusstwerdung.
5. Die *heuristische* Funktion wird für die Exploration der Umwelt eingesetzt.
6. Die *imaginäre* Funktion erlaubt das Schaffen eines eigenen Universums.

Nach HALLIDAY (1975) werden die ersten vier Funktionen schon zwischen dem 9. und 12. Monat ausgedrückt, während die heuristische und die imaginäre Funktion erst zwischen dem 13. und 15. Monat auftauchen.

Der Gebrauch der Sprache zur Uebermittlung von *Informationen* verlangt nach HALLIDAY (1975) eine komplexe Reihe von Kenntnissen über die Sprache und taucht deshalb viel später auf. Er unternimmt keinen Versuch, diese informative Funktion der Sprache mit den anderen Funktionen in Verbindung zu bringen.

Im Gegensatz dazu gehen BENELLI et al. (1980) von einer Kontinuität in der Entwicklung der informativen Funktion aus. Mit dem Ziel, diese Entwicklung zu analysieren, beobachteten die Autoren vier Kinder zwischen 6 und 19 Monaten bezüglich ihrer Fähigkeit, Informationen über einen Gegenstand auszutauschen.

Im Alter von **sechs Monaten** gebraucht das Kind Vokalisationen in einem *direkten* Austausch mit der Mutter oder mit dem Gegenstand.

Mit etwa **sieben Monaten** beginnt es, mit dem Blick Mutter und Gegenstand zu *verbinden*, wenn die Mutter sich mit dem Gegenstand beschäftigt; mit **acht Monaten** macht es dies auch, wenn es selbst mit dem Gegenstand spielt, sowie, wenn es in Schwierigkeiten gerät. Die Vokalisationen sind aber in solchen Momenten noch auf den Gegenstand gerichtet.

Im **neunten Monat** kann eine erste *Integration* der kommunikativen Struktur und des Gebrauchs von Lauten beobachtet werden. (Bsp.: die Mutter quietscht mit einem Spielzeug, das Kind richtet den Blick vom Spielzeug zur Mutter, lacht und vokalisiert; die Mutter hält das Spielzeug in die Höhe, das Kind schaut abwechselnd Gegenstand und Mutter an und gibt einen lauten Ton von sich).

Wie das Beispiel zeigt, tauchen diese an die Mutter gerichteten Vokalisationen dann auf, wenn die Interaktion schon im Gange ist. Erst mit etwa **zehn Monaten** beginnt das Kind, Vokalisationen an die Mutter zu richten, um ihr mitzuteilen, was es mit dem Gegenstand erlebt.

Damit hat es zwei der drei Hauptfunktionen der Sprache entdeckt, nämlich die *Kommunikation von Gefühlen und die Regulation des Verhaltens* des anderen. Die dritte Funktion, der Austausch von Informationen über die Welt, entwickelt sich im Laufe des zweiten Lebensjahres. Dabei kann zwischen **12 und 15 Monaten** beobachtet werden, wie das Kind in zunehmendem Mass Laute äussert, wenn es den Gegenstand der Mutter gibt, damit sie etwas damit mache, oder wenn es eine Handlung mit dem Gegenstand abgeschlossen hat.

Schliesslich fanden BENELLI et al. ab dem **15. Monat** vermehrt Lautäusserungen als *Antwort auf Fragen* des Erwachsenen, und ab dem **18. Monat** auch Äusserungen, die als *Fragen* bezüglich eines Gegenstandes an die Mutter gerichtet werden.

Damit hat das Kind gemäss dieser Autoren die volle *kommunikative Intentionalität* erreicht, und ist fähig, eine, wenn auch noch nicht immer konventionelle, sprachliche Strategie einzusetzen, um Informationen über die Welt zu erhalten und zu geben.

Diese Untersuchung zeigt, wie wichtig es ist, für eine plausible Erklärung des Spracherwerbs *kognitive und soziale Faktoren gleichzeitig* zu berücksichtigen.

In demselben Sinn formulieren NELSON und NELSON (1978), dass es für die Sprachentwicklung von grösster Wichtigkeit ist, dass das Kind die Kenntnisse der sozialen Welt und der Objektwelt in einer allgemeinen kognitiven und affektiven Struktur *koordinieren* kann.

Wie aus den bisherigen Ausführungen hervorgeht, spielt die Mutter vor allem im ersten halben Jahr eine sehr aktive Rolle während des kommunikativen Austausches mit dem Kind. Hat dieses gegen Ende des ersten Lebensjahres über eine gewisse Dezentrierung das Konzept des Rollenwechsels erworben, ist die Interaktion im nicht-sprachlichen Bereich ausgewogener – nicht aber im **sprachlichen** Bereich.

4.4 Sprachliche Mutter-Kind-Interaktion

Dass der Erwachsene mit dem kleinen Kind in einer besonderen Art und Weise spricht, ist eine leicht beobachtbare und überprüfbare Feststellung.

Jede Sprachgemeinschaft scheint mehrere Register zu besitzen, die für Personen bestimmt sind, welche aus etwelchen Gründen die «normale» Erwachsenensprache nicht zu verstehen scheinen (bspw. Fremdsprachige, Geistigbehinderte, kleine Kinder).

Charakteristisch für diese Register sind die Vereinfachung der Sprache und ihre Deutlichkeit. Beide Merkmale scheinen eine primär kommunikative Funktion zu haben, d. h. sie entstehen aus dem Wunsch, verstanden zu werden, und eventuell durch das Interesse, Sprache zu vermitteln.

In der an das kleine Kind gerichteten Sprache findet sich aber noch eine weitere Komponente, welche auch in der Interaktion Verliebter oder im «Gespräch» mit Haustieren oder Pflanzen zu beobachten ist. Diese Komponente kann als «affektiv» bezeichnet werden, da sie die Funktion hat, Gefühle und Intimität auszudrücken.

Kinder werden folglich in einem zweidimensionalen *«kommunikativ-affektiven» Register* angesprochen; dieses wird auch als **«Motherese»** oder «Baby Talk» bezeichnet.

4.41 Merkmale und Funktionen der Motherese

Aufgrund der Resultate der Untersuchungen zur sprachlichen Interaktion von Müttern mit ihren sprachlernenden Kindern lassen sich die Merkmale und Funktionen der Motherese folgendermassen beschreiben:

Nachahmungen der kindlichen Äusserungen durch die Mutter gehören zu den auffallendsten Merkmalen der Motherese, wobei diese selten aus reinen Imitationen bestehen, sondern meistens zusätzlich eine Erweiterung oder **Expansion** der kindlichen Äusserung enthalten (Bsp. K: Eva Tisch – M: ja, Eva sitzt am Tisch).

Der prozentuale Anteil von Nachahmungen und Expansionen in der an das Kind gerichteten Sprache beträgt zwischen 16 und 30 % [1].

Die Mutter **repetiert** aber nicht nur die Äusserungen des Kindes, sondern in etwa gleichem Masse (14 – 28 %) auch **ihre eigenen Äusserungen** (Bsp. geh, hole die Ente, geh, geh, hole sie, hole sie, die Ente, ja, die Ente...).

---

[1] Die erwähnten Häufigkeitsangaben beziehen sich auf eine Zusammenstellung der Daten folgender Autoren CROSS 1977; NEWPORT, GLEITMAN, GLEITMAN 1977; PHILLIPS 1973; SACHS 1977; SACHS, DEVIN 1976; REMICK 1976; SNOW 1972, 1976, 1977 (für eine Auflistung der Daten nach Autoren s. ZOLLINGER 1980).

Die Funktion dieser Repetitionen der kindlichen, sowie der eigenen Äusserungen entspricht den Fragen «habe ich dich *verstanden?*» bzw. «hast du mich *verstanden?*» und ist deshalb kommunikativer Art.

MOERK (1976) beschreibt den Frage-Antwort-Typ als Kernmuster der verbalen Mutter-Kind-Interaktion. 30-50 % der an das Kind gerichteten Äusserungen bestehen aus **Fragen**. Grundsätzlich kann zwischen offenen und geschlossenen Fragen, bzw. zwischen W-Fragen (was, wo...?) und Ja-Nein-Fragen (hast du Hunger?) unterschieden werden. Eine Analyse dieser beiden Frage-Typen ist insofern interessant, als erstere eine sprachliche Äusserung als Antwort verlangen, während die Beantwortung der letzteren auch über nonverbale Mittel (Kopfnicken, -schütteln) gewährleistet werden kann. In der Interaktion mit dem vorsprachlichen Kind findet sich deshalb häufig die Kombination W-Frage/Ja-Nein-Frage (was hast du? hast du Hunger?). Man kann annehmen, dass Fragen in der frühen Mutter-Kind-Interaktion weniger der Informationsgewinnung dienen als der Interaktion, im Sinne von «in die Kommunikation einbeziehen». Dies wird durch REMICKs (1976) Befund bestätigt, dass von 271 notierten Ja-Nein-Fragen nur 3 die Antwort «nein» verlangten.

In einem ähnlichen Zusammenhang stehen die **referentiellen** Faktoren der Motherese. Zu einem grossen Prozentsatz (80 %) ist das Gespräch der Mutter mit dem Kind darauf limitiert, was das Kind sehen und hören kann, was es gerade macht oder was es über die momentane Situation wissen möchte. Diese Beschränkung auf das *Hier und Jetzt* widerspiegelt sich in einem verhältnismässig grossen Gebrauch von **Deixen** (6-16 %). Nach BRUNER (1974/75) sind Deixen Äusserungen, in welchen Kontextmerkmale als Hilfsmittel zur Herstellung einer gemeinsamen Referenz benützt werden (Bsp. dort ist der Ball, das ist deine Nase, wer ist das?).

Dieser gegenstandsbezogene Sprachaustausch erfordert nach JOCHENS (1979) eine nur geringe Aufmerksamkeitsspanne und dient im wesentlichen der Identifizierung und ersten Qualifizierung des Gegenstandes.

Eines der im Zusammenhang mit der Erklärung des Spracherwerbs überzeugendsten Merkmale der Motherese liegt in ihrer **syntaktischen Einfachheit**. Diese wird im allgemeinen ausgedrückt durch den MLU («Mean Length of Utterance»), d. h. durch die durchschnittliche Äusserungslänge. Der MLU beträgt in der an das Kind gerichteten Sprache zwischen 4 und 6, in der Erwachsensprache circa 10. Als weitere Merkmale der syntaktischen Einfachheit werden mehr isolierte Phrasen, weniger und einfachere Nebensätze, weniger verschachtelte und kombinierte Sätze beschrieben.

Dass diese syntaktische Einfachheit eine stark verständniserleichternde Funktion hat, liegt auf der Hand.

Ein Merkmal der Motherese, das subjektiv sehr schnell wahrgenommen wird und oft auch als störend oder übertrieben empfunden wird, ist ihre **Prosodie**. GARNICA

(1977) beobachtete, dass die durchschnittliche Grundfrequenz der Motherese 267 Hz beträgt, während diejenige der Erwachsenensprache nur um 200 Hz liegt. Neben dieser erhöhten Grundfrequenz findet sich aber auch eine grössere Frequenzbreite, welche nach GARNICA bis zu zwei Oktaven beträgt. Im Vergleich dazu liegt die Frequenzbreite der Erwachsenensprache zwischen einer halben und einer Oktave. Schliesslich wird nicht selten beobachtet, dass Mütter mit ihren kleinen Kindern sogar *flüstern*.

Eine weitere Besonderheit findet sich in der Intonation, welche allgemein als farbig, oft auch als übertrieben beschrieben wird. Neben dem Ausdruck von Affektivität hat ein solch übertriebener Gebrauch der prosodischen Faktoren eine weitere wichtige Funktion, welche mit «Aufmerksamkeitszentrierung» umschrieben werden kann. Die Mutter versucht mit diesen Mitteln, die an das Kind gerichtete Sprache von der Erwachsenensprache abzuheben, interessant zu machen (JACOBSON et al., 1983).

Eine ganz andere Funktion kann einem letzten Faktor, dem **Sprechtempo**, zugesprochen werden. Die Mutter spricht mit dem kleinen Kind deutlicher und langsamer als mit Erwachsenen (34–75 Wörter/Min. im Vergleich zu 100–170 Wörtern/Min.), womit sie ihm das Verständnis in zusätzlichem Mass erleichtert.

Zusammenfassend ist die Motherese gekennzeichnet durch viele Expansionen und Eigenrepetitionen sowie durch einen grossen Anteil von Fragen; Eigenschaften, welchen eine hauptsächlich *kommunikativ-interaktive Funktion* beigemessen werden kann.
Die Beschränkung des Gesprächs auf Situationen und Ereignisse im unmittelbaren Umfeld des Kindes sowie die syntaktische Einfachheit und die langsame und deutliche Sprechweise haben eine grosse *verständniserleichternde* und damit ebenfalls eine kommunikative *Funktion*, während der spezifischen, oft als übertrieben bezeichneten Prosodie eine primär *aufmerksamkeitszentrierende* sowie eine *affektive Funktion* zugeschrieben werden kann.

4.42 Motherese als sprachliche Anpassung

Besteht eines der wichtigsten Merkmale der frühen Mutter-Kind-Interaktion in der **Anpassung der Handlungen der Mutter an die Kompetenzen des Kindes**, ist es nicht erstaunlich, wenn sich eine solche Anpassung auch auf sprachlicher Ebene findet. Dass diese Anpassung nicht ein einseitiger, sondern ein *interaktiver*, vom Kind gesteuerter Prozess ist, zeigt u. a. die Tatsache, dass sich die Motherese als relativ **stabiles Register** erwiesen hat. Mit anderen Wortern konnten die oben beschriebenen Merkmale nicht nur bei Müttern, sondern auch bei *Vätern* (BERKO GLEASON 1975; OKSAAR 1977; PAKIZEGI 1978; GOLINKOFF, AMES 1979), sowie schon bei *vierjährigen Kindern* (WEEKS 1971; BERKO GLEASON 1973; SACHS, DEVIN 1976; WILKINSON, HIEBERT, REMBOLD 1981) beobachtet werden, wenn sie mit dem kleinen Kind interagierten.

Auch der **sozioökonomische Status** der Mütter scheint keinen (HOLZMAN 1974, VORSTER 1975) oder einen unerheblichen (SNOW et al. 1976) Einfluss auf den Gebrauch der Motherese zu haben.

Wenn die Hypothese der Anpassung als interaktiver Prozess richtig ist, sollte der Gebrauch der Motherese in Interaktion mit denjenigen Kindern zu beobachten sein, welche noch wenig fähig sind, die Initiative im kommunikativen Austausch zu ergreifen, welche Schwierigkeiten haben, die Erwachsenensprache zu *verstehen* und deren Aufmerksamkeitsspanne noch beschränkt ist.

CROSS (1977) hat in einer ausgedehnten Studie festzustellen versucht, welche Merkmale der Motherese mit den sprachlichen Kompetenzen des Kindes in Beziehung stehen. Von 62 Parametern der Motherese korrelierten 35 signifikant mit einer von 6 Hörervariablen (MLU, maximale Äusserungslänge, Sprachverständnis, Verständlichkeit, Wortschatz, Alter des Kindes). Die höchsten und meisten Korrelationswerte erreichte das *Sprachverständnis*.

Die Daten zur überaus grossen Stabilität der Motherese können als **Bestätigung der Hypothese** aufgefasst werden, dass sie auf einem wechselseitigen Prozess basiert, der seinen Ursprung in der sprachlichen und kognitiven Inkompetenz des Kindes hat. Man kann mit anderen Worten davon ausgehen, dass das Kind mit verbalen oder nonverbalen Mitteln signalisiert, wann es eine Äusserung der Mutter verstanden hat, bzw. nicht verstanden hat, worauf diese ihre Äusserungen repetiert, modifiziert.

In diesem Sinne kann die Motherese als *sprachliche Strategie der Mutter, sich an das Sprachverständnis des Kindes anzupassen*, definiert werden.

4.43 Bedeutung der Motherese für den Spracherwerb

In der Einleitung zur Monographie «Talking to Children» stellt BROWN 1977 fest, dass die überragende Evidenz der Motherese (in Arabisch, Berber, Cocopa, Comache, Englisch, Französisch, Gilyak, Griechisch, Hidatta, Japanisch, Kanadisch, Kipsigigs, Luo, Maltesisch, Marathi, Romanisch, Spanisch) die eher abwegigen Annahmen von CHOMSKY und seinen Nachfolgern *widerlegt*, dass das Kind die Sprache von dem komplexen, syntaktisch degenerierten sprachlichen Beispiel seiner Eltern nicht ohne die Hilfe einer angeborenen Komponente zur Sprachverarbeitung lernen könnte.

Tatsächlich liegt es auf der Hand, den Merkmalen der Motherese nicht nur kommunikative, sondern auch **sprachlernende Funktionen** zuzugestehen. Dabei stellt sich – wie immer – nur die Frage, ob der Spracherwerb *allein* durch die Präsenz der Motherese erklärt werden kann.

Zu dieser Frage haben NEWPORT, GLEITMAN und GLEITMAN (1977) eine interessante Untersuchung durchgeführt. Über komplizierte statistische Verfahren versuchten sie, die individuellen Merkmale von 15 Müttern mit der Entwicklung der sprachlichen Kompetenzen ihrer Töchter im Verlauf von sechs Monaten in Verbindung zu setzen.

Die Resultate zeigen, dass bestimmte, streng limitierte Merkmale des sprachlichen Inputs einen Einfluss auf ebenfalls limitierte Aspekte des Spracherwerbs haben.

Diese sogenannten «input-sensiblen» Aspekte bestehen in den *sprachspezifischen* Strukturen, wie bspw. der Oberflächenmorphologie.

> Beispiel: In Ja-Nein-Fragen steht das Hilfsverb im Gegensatz zu W-Fragen und Deklarativsätzen am Anfang. Nach SLOBIN (1973) zeigen kleine Kinder die Tendenz, vor allem auf den Anfang einer Äusserung zu achten. Entsprechend fanden NEWPORT, GLEITMAN und GLEITMAN eine starke Korrelation zwischen dem Gebrauch von Ja-Nein-Fragen und dem Zuwachs an Hilfsverben in der kindlichen Sprache.

Im Gegensatz dazu scheinen die sogenannten *universellen* Aspekte der Sprachstruktur, wie bspw. der Zuwachs an komplexen Sätzen, von der Motherese nicht beeinflusst zu werden.

Die Autoren folgern deshalb, dass die Motherese dort, wo Urdu, Tagalog und Englisch einander ähnlich sind, keinen Einfluss auf deren Entwicklung hat. Am Erlernen der sprachspezifischen Strukturen ist die sprachliche Interaktion jedoch in entscheidendem Ausmass beteiligt.

Zu ähnlichen Ergebnissen über das Wirkungsfeld der Motherese kommt SNOW (1977) durch ihre semantische Analyse des Sprachinputs. Dabei geht sie von der Hypothese aus, dass die Häufigkeit einer sprachlichen Struktur im Input erst dann einen Effekt hat, wenn das Kind die kognitive Basis für den Erwerb dieser Struktur entwickelt hat. Wann es diesen Punkt erreicht hat, signalisiert das Kind selbst.

> Beispiel: Wenn das Kind auf kognitiver Ebene zwischen Vergangenheit und Gegenwart unterscheiden kann, gibt es der Mutter durch Bezugnahme auf vergangene Aktivitäten («Papi», wenn dieser eben aus dem Haus gegangen ist) die Gelegenheit, ihm die sprachliche Realisierung dieser Form zu zeigen («Papi ist gegangen»).

Während folglich NEWPORT, GLEITMAN und GLEITMAN (1977) von sprachuniversellen Strukturen sprechen, sind es für SNOW (1977) kognitive Konzepte, welche die Basis für den Spracherwerb bilden und worauf der sprachliche Input *keinen direkten Einfluss* nehmen kann. Dieser bildet hingegen dann eine wichtige Unterstützung, wenn das Kind diese Strukturen und Konzepte in seiner *Mutter*sprache ausdrücken soll.

Inwiefern das Kind aber auch in dieser Phase ein überaus aktiver Interaktionspartner ist, zeigt die Untersuchung von KAESERMANN (1980).

Ausgehend von den Annahmen, dass das Kind dem anderen etwas mitteilen will und dass die soziale Umgebung bestimmte Verhaltensweisen des Kindes als kommunikativ interpretiert, versucht die Autorin aufzuzeigen, wie sich das Kind über diese beiden Mechanismen sein Wissen über die Sprache konstruiert.

Die beiden Grundannahmen sieht KAESERMANN durch die Tatsache bestätigt, dass ihre Versuchspersonen (Zwillinge, die sie im Alter von 20-24 Monaten beobachtete), dazu tendierten, bei Nichtverstehen oder falscher Interpretation der Mutter ihre erste Äusserung zu modifizieren.

Anhand einer Analyse dieser veränderten Äusserungen versucht die Autorin zu zeigen, dass solche Variationen nicht zufällig erfolgen und dass die Verarbeitung dieser Variationen die Grundlage für die Konstruktion der Sprache bildet. Dabei sind folgende Tatsachen von Bedeutung:
1. Die Äusserungen des Kindes sind anfangs in konkreten Situationen verankert, was dem Kind die Möglichkeit gibt, Hypothesen darüber zu bilden, was es an der Äusserung verändern muss, damit sie verstanden wird.
2. Verfügt das Kind schon über ein bestimmtes Sprachwissen, kann die Wahl der Variante dadurch gesteuert werden.
3. Eine Steuerung der Varianten wird zudem über die Art der Reaktion des Partners (Feedback) ermöglicht.

Bringt man nun die Studie von KAESERMANN mit den Studien zur Motherese in Verbindung, kann man davon ausgehen, dass *beide* Interaktionspartner ihre Äusserungen dem *Verstehen* des anderen anpassen, was ihnen durch die Rückmeldungen des Partners ermöglicht wird. Der Unterschied besteht eigentlich nur darin, dass die Mutter das Kind nicht versteht, weil seine Sprachproduktion noch nicht entsprechend entwickelt ist, während das Kind die Mutter nicht versteht, weil es die Vorbedingungen für die Entwicklung seines Sprachverständnisses noch nicht erworben hat.

Indem die Mutter ihre sprachlichen Äusserungen modifiziert, passt sie sich nicht nur dem Sprachverständnis des Kindes an, sondern hilft zugleich, dieses zu erweitern. Verändert umgekehrt das Kind seine Äusserungen, um verstanden zu werden, hilft ihm dies, seine Sprachproduktion zu vergrössern.

Eine wichtige Voraussetzung für diesen Prozess besteht jedoch darin, dass *beide* Partner den Wunsch und das Bedürfnis haben, *dem anderen wirklich etwas mitzuteilen* sowie die Mitteilungen des anderen *wirklich zu verstehen!*

4.5 Kommunikativ-interaktive Prozesse und Spracherwerbsstörungen

Interaktion ist als mindestens dreiteiliger Prozess aufzufassen. Dies bedeutet, dass A die Handlungen von B, und B die Handlungen von A beeinflusst. Eine Veränderung oder Störung bestimmter Verhaltensweisen des Kindes führt folglich zu einer veränderten oder gestörten Reaktion der Mutter, welche sich ihrerseits auf die Handlungen des Kindes auswirken.

Bei jeder Form von Behinderung, Störung oder Verzögerung müssten deshalb bezüglich der Norm *veränderte* Interaktionsmuster beobachtet werden können. Tatsächlich zeigen alle vergleichenden Untersuchungen von Müttern in Interaktion mit ihren entwicklungsgestörten und normalen Kindern signifikante **Unterschiede** bezüglich ihrer sprachlichen und nicht-sprachlichen Handlungsmuster.

(Vgl. MARSHALL, HEGRENES, GOLDSTEIN 1973; BUIUM, RYNDERS, TURNURE 1974; BEVERIDGE 1976; BUCKHALT, RUTHERFORD, GOLDBERG 1978; CHESELDINE, MC CONKEY 1979; GUTMAN, RONDAL 1979, CUNNINGHAM et al. 1981; KRAUSE-EHEART 1982, CRAWLEY, SPIKER 1983 zu den Interaktionsmustern von Müttern mit geistigbehinderten Kindern.

KAPLAN 1970; CRAMBLIT, SIEGEL 1977; VAN KLEECK, CARPENTER 1980; GRIMM, KALTENBACHER 1982; GRIMM 1983; SCHODORF, EDWARDS 1983 zu den Interaktionsmustern von Müttern mit ihren sprachgestörten Kindern.

MASH, JOHNSTON 1982 zu den Interaktionsmustern von Müttern hyperaktiver Kinder; ROCISSANO, YATCHMINK 1983 zu den Interaktionsmustern von Müttern frühgeborener Kinder; LORD et al. 1983 zu den Interaktionsmustern von Müttern autistischer Kinder und SEITZ, MARCUS 1976 zu den Interaktionsmustern von Müttern hörgeschädigter Kinder.)

Vor dem Problem der Aus- oder Bewertung dieser «abweichenden» Interaktionsmuster stellt sich die Frage der **Methodologie**: *welche* geistigbehinderten Kinder beobachtet man in Interaktion mit ihren Müttern, wenn man bspw. die Sprache ihrer Mütter mit der Motherese vergleichen will?

Meistens werden die geistigbehinderten Kinder auf der Basis ihres Entwicklungsalters parallelisiert, d. h. man vergleicht bspw. 20 geistigbehinderte Kinder zwischen 4 und 11 Jahren mit einem geistigen oder sprachlichen Entwicklungsalter von 2 Jahren mit 20 normalen Zweijährigen. Aus klinischer Sicht ist es aber unwahrscheinlich, dass alle 20 geistigbehinderten Kinder, welche wie Zweijährige «denken», bzw. sprechen, auch wie Zweijährige sprechen bzw. «denken». (Vgl. dazu LEVI, FABRIZI, FRANCO 1979; LEVI, ZOLLINGER 1981). Zusätzlich unterscheiden sich 11- und 4-jährige geistigbehinderte Kinder mit einem geistigen und/oder sprachlichen Entwicklungsalter von 2 Jahren in vielen Beziehungen sowohl untereinander wie auch von normalen Zweijährigen. Entsprechend rufen sie beim Interaktionspartner auch ganz andere Gefühle und Verhaltensweisen hervor.

Vergleichende Untersuchungen müssen dehalb grundsätzlich mit besonderer Vorsicht be- und gewertet werden.

Neben solchen methodologischen Problemen steht bei der Diskussion der Bedeutung interaktiver Prozesse im Rahmen des Bedingungsgefüges von Entwicklungsstörungen aber eine ganz andere und viel zentralere Frage im Vordergrund: *Wann kann eine Interaktion als gestört und nicht nur als verändert definiert werden?* Oder wann können bestimmte Interaktionsmuster als **gestört** oder störend (im Sinne von verursachend) oder als **verändert** oder verändernd (im Sinne von stimulierend) bezeichnet werden?

Beispiele: Frühgeborene Kinder sind oft wenig reaktionsbereit. Dies bedeutet, dass sie auf «normale» Stimulation weniger reagieren als andere Kinder. Die Stimulationen werden folglich qualitativ und quantitativ erhöht. Dies kann nun zu noch stärkerer Passivität oder zu Ausweichverhalten führen, da diese Kinder oft auch sehr reizempfindlich sind. Andererseits ist man sich einig, dass diese Kinder anders oder vermehrt stimuliert werden müssen als normale Kinder.

Verschiedene Untersuchungen zeigten, dass Mütter geistigbehinderter Kinder im Vergleich zu Müttern normaler Kinder mehr Imperative, kürzere und mehr unvollständige Sätze, weniger W-Fragen und mehr Ja-/Nein-Fragen gebrauchen (zusammenfassend s. MITCHELL 1976).

JONES (1979) beobachtete, dass mongoloide Kinder anders lallen als normale Kinder. Während letztere in ihren Lallsequenzen immer wieder Pausen einlegen, lallen mongoloide Kinder in einzigen langen Lallketten. Für den Interaktionspartner ist es deshalb schwierig, sich im Turnus in die Kommunikationen des Kindes einzumischen und wenn es ihm gelingt, nur durch den Gebrauch sehr kurzer, unvollständiger Sätze.

Diese Beispiele zeigen nicht nur, wie schwierig es für den Untersucher (Therapeut oder Forscher) ist, ein verändertes Interaktionsmuster als positiv oder negativ zu beurteilen, sondern in erster Linie, wie schwierig es für den *Interaktionspartner* (Mutter *und* Therapeut) selbst ist, die richtige Art von Anpassung zu finden.

Ein letztes Problem, welches sich bei der Untersuchung der Beziehung interaktiver Prozesse und Spracherwerbsstörungen oder generell Entwicklungsstörungen stellt, beruht auf der Tatsache, dass die Mutter-Kind-Interaktion ein **Prozess** ist, und damit Veränderungen unterliegt.

Normalerweise werden wir mit diesem Prozess an einem bestimmten Punkt konfrontiert, nämlich dann, wenn das Kind zu einer Untersuchungsstelle gebracht wird, weil es nicht, wenig oder schlecht spricht.

Über den bisherigen Verlauf des Prozesses können nur **Hypothesen** aufgestellt werden, welche auf anamnestischen Daten sowie Beobachtungen basieren.

Auch auf experimenteller Ebene können der Anfang und die Entwicklung des Prozesses nur unter sogenannt normalen Bedingungen beobachtet werden, da wir aus ethischen Gründen verpflichtet sind, in den Prozess einzugreifen, falls er pathologische Formen annimmt. Dies bedeutet, dass sich die Diskussion bezüglich der Rolle interaktiver Faktoren im Rahmen gestörter Entwicklungsprozesse nicht auf Tatsachen stützen kann, sondern immer auf *Interpretationen* entsprechender Beobachtungsdaten basiert.

Solche Interpretationen haben dann eine grössere Wahrscheinlichkeit, der Realität Rechnung zu tragen, wenn sie von Hypothesen geleitet sind, welche ihrerseits auf einem grundlegenden Verständnis der normalen Entwicklungsprozesse beruhen.

Im klinischen Teil dieser Arbeit werden solche Hypothesen aufgestellt, und es wird versucht, anhand eines hypothesengeleiteten Verfahrens eine möglichst adäquate Interpretation der klinischen Beobachtungsdaten zu erreichen.

4.6 Zusammenfassung und Diskussion

Die Bedeutung der sozialen Interaktion für den Spracherwerb ist aufgrund neuerer Forschungsergebnisse vor allem im Rahmen von zwei Prozessen zu analysieren:

1. Das Kind ist von Geburt an ein *aktiver sozialer Interaktionspartner*, das die Interaktion dadurch steuern hilft, dass es von Anfang an auf bestimmte soziale Verhaltensweisen sozial reagiert und nach kurzer Zeit auch beginnt, sozial zu *agieren*.

2. Die Rolle des sozialen Umfeldes kann in erster Linie durch das Konzept der *Anpassung* beschrieben werden. Diese ist insofern als interaktionaler Prozess zu definieren, als es sich weniger um eine Art «angeborene», innere Fähigkeit der Mutter handelt, als um die Tatsache, dass das Kind über spezifische Feedbacks mithilft, diesen Prozess zu steuern.

Das Konzept der Anpassung beinhaltet einen zeitlichen und einen inhaltlichen Aspekt:

a) Der zeitliche Aspekt bezieht sich darauf, dass die Mutter sich parallel (zur gleichen Zeit dasselbe tun) oder komplementär (im Turnus dasselbe tun) mit dem Kind synchronisiert. Dieser Aspekt ist vor allem für den Beginn der kommunikativen Entwicklung von grosser Bedeutung.

b) Der inhaltliche Aspekt impliziert, dass sich die Mutter mit ihren Anforderungen an den Entwicklungsstand des Kindes anpasst. Dieser Aspekt spielt bspw. bezüglich der sprachlichen Interaktion eine wichtige Rolle.

Die Entwicklung der Mutter-Kind-Interaktion in den ersten Lebensjahren kann zusammenfassend folgendermassen beschrieben werden:

In den ersten Monaten ist die Interaktion zwischen Mutter und Kind auf einen **direkten Austausch von Gefühlen und Bedürfnissen** beschränkt, welcher hauptsächlich über die nonverbalen Kanäle (Berührungen, Blickkontakt, Mimik) abläuft.

Etwa im Alter von 6 Monaten bekommt der **Gegenstand** Bedeutung, ohne dass dieser aber in die direkte Mutter-Kind-Interaktion eingegliedert werden kann. Das Kind beschäftigt sich entweder mit dem Gegenstand oder mit der Mutter.

Die dritte Phase, welche im Alter von 10–12 Monaten beginnt, kann durch die **Dreiecksbeziehung Mutter-Kind-Gegenstand** definiert werden. Das Kind ist nun fähig, die Mutter in die Interaktion mit dem Gegenstand einzubeziehen, bzw. den Gegenstand in die Interaktion mit der Mutter einzugliedern.

Erst im Alter von etwa 18 Monaten lernt das Kind aber, den **Gegenstand wirklich zu teilen.** Es kann den Gegenstand der Mutter bringen, bspw. in der Absicht, dass sie ihn repariert, weil es weiss, wie er wirklich aussehen/funktionieren sollte, und weil es weiss, dass die Mutter andere Dinge tun kann und wahrscheinlich tun wird.

Schliesslich lernt es in dieser Phase, dass der konkrete Gegenstand durch Symbole ersetzt werden kann, womit sich der Inhalt der Interaktion von der Hier- und Jetzt-Situation lösen und auf die ganze innere und äussere Wirklichkeit erstrecken kann.

Während der **sprachlichen Interaktion** verständlicherweise eine besondere Beachtung geschenkt wird, kann deren Bedeutung dennoch nur im Rahmen dieser Prozesse richtig eingeschätzt werden.

In diesem Sinne muss das Konzept der Motherese vor allem in zwei Punkten bereichert werden:

1. Während sich die psycholinguistische Forschung lange Zeit ausschliesslich mit der Sprache des Kindes befasst hat, konzentrierte sich die Motherese-Forschung fast ebenso ausschliesslich auf die Sprache der Mutter. Interaktion impliziert aber einen mindestens dreiteiligen Prozess. Dies bedeutet, dass es nicht genügt, allein die Sprache der Mutter zu untersuchen, sondern dass diese vermehrt im Rahmen eines *wechselseitigen Prozesses* studiert werden muss. In den Arbeiten der achtziger Jahre ist die Tendenz zur Berücksichtigung solcher interaktiver Variablen wie «Anzahl Turnus», «Verhältnis der Quantität der mütterlichen und kindlichen Äusserungen», «Verhältnis der eine Sequenz einleitenden Äusserungen von Mutter und Kind» deutlich zu beobachten (s. bspw. BELLINGER 1980; KAYE, CHARNEY 1981; MC DONALD, PIEN 1982; OLSEN-FULERD 1982; MRAZEK et al. 1982).
2. Die sogenannten nonverbalen Faktoren wie Blickkontakt und Gestik oder allgemein das *gemeinsame Handeln* spielen eine wichtige Rolle für die kommunikative und sprachliche Entwicklung. Diese Faktoren sollten in Untersuchungen zur Motherese im gleichen Sinne berücksichtigt werden wie sprachliche Variablen.

Für den Spracherwerb ist es nicht nur wichtig, wie die Mutter mit dem Kind spricht, sondern dass sie *zugleich* mit ihm schaut, zeigt, spielt – handelt.

> Beispiel: Die Aussage, dass die Mutter über einen anwesenden Gegenstand spricht, ist nur dann von Bedeutung, wenn dieser Gegenstand auch im Zentrum der Aufmerksamkeit des Kindes steht. Für den Beobachter heisst dies, dass er neben dem sprachlichen Input sowohl die Blickrichtung des Kindes als auch diejenige der Mutter kontrollieren muss. Zusätzlich wäre es interessant zu wissen, ob diese Aussage bezüglich dieses Gegenstandes eine Reaktion der Mutter darauf war, dass das Kind ein Interesse am Gegenstand gezeigt hat, oder ob die Mutter unabhängig vom Kind beschlossen hat, ihm etwas über den Gegenstand mitzuteilen. In beiden Fällen ist zudem die Reaktion des Kindes zu berücksichtigen.

Dieses Beispiel zeigt deutlich, wie komplex die Analyse der Mutter-Kind-Interaktion wird, wenn man der Tatsache Rechnung tragen will, dass das Kind kein passives, manipulierbares Objekt ist, sondern aktiv an der Konstruktion eines kommunikativen Austausches beteiligt ist.

Die soziale Interaktion wird aber nicht nur durch den Interaktionsstil der Bezugsperson und die Erfahrungen, die das Kind damit macht, beeinflusst, sondern auch davon, wie das Kind die Welt allein erforscht, wie es diese neuen Erkenntnisse in die soziale Interaktion einbringt und wie die Bezugsperson diese aufnimmt. Mit anderen Worten besteht eine der wichtigsten Voraussetzungen für die Entwicklung der Mutter-Kind-Interaktion im *gegenseitigen Bedürfnis, Informationen und Gefühle über die innere und äussere Welt auszutauschen*, d. h. in der Absicht, mitzuteilen und zu verstehen.

Dieses Bedürfnis, Informationen auszutauschen sowie die Fähigkeit, dies zu tun, kann nur dann entstehen, wenn sich Mutter und Kind als zwei unabhängige, selbständige Interaktionspartner verstehen.

5. Ich-Entwicklung

Da die Entwicklung der affektiven Beziehung zwischen Mutter und Kind für die geistige, kommunikative und sprachliche Entwicklung des Kindes grundlegend ist, soll im folgenden etwas näher darauf eingegangen werden.

5.1 Primäre Mütterlichkeit

WINNICOTT (1960) geht davon aus, dass die Mutter gegen Ende der Schwangerschaft einen Zustand *erhöhter Sensibilität* entwickelt, welcher nach der Geburt noch einige Wochen andauert. Dieser Zustand, den er «primäre Mütterlichkeit» nennt, bietet die Möglichkeit einer bewussten oder unbewussten Identifikation mit dem Kind und dadurch die Voraussetzung für die optimale Anpassung der Mutter an die Bedürfnisse des Kindes. Die Annahme einer solchen erhöhten Sensibilität der Mutter am Ende und nach der Schwangerschaft, von anderen Autoren «emotionale Bereitschaft», «Holding» oder «Bonding» genannt, hat verschiedene Kritiken und entsprechende Untersuchungen hervorgerufen.

Zwei Arten von neueren Daten sind diesbezüglich von Interesse:

1. Anhand einer breiten Literaturstudie versuchten HERBERT, SLUCKIN und SLUCKIN (1982), das «Bonding»-Konzept zu analysieren. Dabei fanden sie mehrere Untersuchungen, die zeigten, dass die Interaktion von Müttern, die in der entscheidenden Periode von ihren Kindern getrennt waren, sich nicht von der Interaktion der Mütter unterschied, die immer mit dem Kind zusammen waren. Die Autoren schliessen aufgrund dieser und vieler anderer Untersuchungsergebnisse, dass es keinen Grund gibt, eine kurze sensitive Periode nach der Geburt als Voraussetzung für die Entwicklung einer Bindung zwischen der Mutter und dem Kind anzunehmen.
2. In einer Langzeitstudie von 77 Kindern haben DUNN und Mitarbeiter die frühe Mutter-Kind-Interaktion beobachtet. Dabei fanden auch sie vorerst keine Evidenz für die Annahme eines einfachen allgemeinen Masses an Wärme und Interesse in den ersten zehn Tagen (DUNN, RICHARDS 1977).
DUNN (1977) fand hingegen eine positive Korrelation zwischen dem Verhalten des Babys bspw. in einem Saugtest und dem Mass mütterlicher Einfühlsamkeit oder Anpassung.

Auf der Basis dieser Daten kann man davon ausgehen, dass nicht alle Mütter in der Phase nach der Geburt in gleichem Masse einfühlsam *sind*. Man kann aber annehmen, dass sie mehr oder weniger gleich einfühlsam auf das Verhalten des Kindes *reagieren*.

Obwohl das Verhalten des Kindes von Geburt an als aktiv und sozial beschrieben werden kann, bedeutet dies nicht, dass auch seine *Beziehung* zur Mutter in demselben Sinne aktiv oder bewusst ist. Seine Wachzustände sind durch ununterbrochene Bemühungen nach Bedürfnisbefriedigung, zu einem Gleichgewicht (Homöostase) zu gelangen, gekennzeichnet. Die Mutter, welche diese Bedürfnisse stillt und die Qualen verringert, kann von diesen selbst nicht isoliert werden. MAHLER bezeichnet deshalb diese Phase als «normalen Autismus»: «... in ihm scheint sich der Säugling in einem Zustand primitiver halluzinatorischer Desorientiertheit zu befinden, in dem die Bedürfnisbefriedigung seinem allmächtigen autistischen Umkreis angehört.» (1979, 13)

5.2 Symbiotische Phase

Etwa vom zweiten Monat an, wenn der Säugling in verschwommener Weise wahrzunehmen beginnt, dass es die Mutter ist, welche seine Bedürfnisse befriedigt, beginnt die Phase der **normalen Symbiose** (MAHLER 1979). Der Säugling verhält sich so, «als ob er und seine Mutter ein allmächtiges System darstellten – eine Zweieinheit innerhalb einer gemeinsamen Grenze». (MAHLER 1979, 14)

MAHLER wählte den Begriff Symbiose, um den Zustand der Fusion mit der Mutter zu beschreiben, in dem «Ich» und «Nicht-Ich» und auch Innen und Aussen nur langsam unterschieden werden können. Das rudimentäre Ich des Kindes wird durch die Pflege der Mutter ergänzt. In diesem Rahmen einer Art sozialer Symbiose kann sich die strukturelle *Differenzierung*, welche schliesslich zum «Ich» führt, entwikkeln. Entsprechend nannte SPITZ (1965) die Mutter das «Hilfs-Ich» des Kindes.

WINNICOTT (1960) bezeichnet diese Phase als «Ich-Beziehung zwischen Mutter und Kind», aus der heraus das Kind sich allmählich die Vorstellung der Mutter als Person bilden kann. Die Ich-Organisation entsteht gemäss diesem Autor aus dem Erleben drohender Vernichtung, welche jedoch dank der Pflegeleistungen der Mutter nie zustande kommt, sondern auf die immer eine Wiederherstellung folgt. «Aus solchen Erfahrungen heraus beginnt das Vertrauen auf Wiederherstellung etwas zu sein, das zu einem Ich und zu der Fähigkeit dieses Ichs führt, mit Enttäuschungen fertig zu werden.» (WINNICOTT 1960, 163)

Gemäss MAHLER (1979) kann man dann von einem «Anfangsstadium des Ich» sprechen, wenn das Kind etwa vom dritten Monat an gewisse Erinnerungsspuren der Lust der Befriedigung und der dazugehörigen Gestalt der Mutter entwickelt hat. Damit ist es auch fähig, die Bedürfnisbefriedigung mit einer gewissen Spannung abzuwarten.

Das *Lächeln* als spezielle Reaktion auf den symbiotischen Partner leitet schliesslich den Höhepunkt der symbiotischen Phase ein. Nach SPITZ (1959) deuten verschiedene Verhaltensweisen des fünfmonatigen Kindes an, dass dieses eine spezifische Bindung mit der Mutter eingegangen und dass diese damit nicht mehr austauschbar ist.

Wie auch aus den Ausführungen zur frühen kommunikativen Entwicklung hervorgeht, werden von der Mutter in dieser Phase enorm grosse Anpassungsleistungen verlangt, um die Homöostase oder das Gleichgewicht des Kindes aufrechtzuerhalten.

5.3 Loslösung

Die Phase der Loslösung und Individuation geht einher mit einem der bedeutendsten Entwicklungsschritte: das Kind lernt *gehen*. Damit wird es, in Anwesenheit der emotionalen Bereitschaft der Mutter, wenigstens physisch eigenständig. Trotz der mit dieser Errungenschaft verbundenen Lustgefühle sieht sich das Kind aber immer in minimaler Weise vom möglichen Verlust der Mutter bedroht. In diesem Zusammenhang unterstreicht SHOPPER (1978) die Tatsache, dass in dieser Entwicklungsphase die Bedeutung des Hörens bezüglich des Sehens überhand nimmt. Über den auditiven Kanal hat das Kind nämlich die Möglichkeit, mit der Mutter in Kontakt zu bleiben, auch wenn es seine Schritte ausser Sichtweite geführt hat. Zusätzlich helfen ihm Vokalisationen sowie die ersten Wörter wie bspw. «Mama» diesen Kontakt eigenständig herzustellen und/oder aufrechtzuerhalten.

Von der Mutter wird durch diesen plötzlich eintretenden Prozess des Anstiegs der Selbständigkeit des Kindes wiederum eine grosse **Anpassungsbereitschaft** gefordert. Nicht jede Mutter reagiert in gleicher Weise auf die ersten Schritte des Kindes. Je nachdem, ob sie das Kind eher als Fortsetzung ihrer selbst oder als getrenntes Individuum erlebt hat und erlebt, wird sie das Kind im Sinne einer Art «*Abstossungsmechanismus*» (MAHLER 1979) vorzeitig sich selbst überlassen oder versuchen, ihre *Unterstützungsfunktion* weiterhin aufrechtzuerhalten.

> «Mit anderen Worten, für viele Mütter unserer Kultur ist es keineswegs leicht, ihre symbiotische «emotionale Bereitschaft» im zweiten Lebensjahr aufzugeben und statt dessen dem Kleinkind auf einer höheren und emotionalen Stufe optimale Unterstützung zu leisten, während sie ihm gleichzeitig erlaubt, seine neuerworbenen Schwingen der Autonomie zu regen.» (MAHLER 1979, 28)

5.4 Individuation

In der Mitte des zweiten Lebensjahres gelangt das Kind zum Höhepunkt der Auseinandersetzung mit der physischen Abgetrenntheit der Mutter und damit in einen «idealen Zustand des Selbst». (JOFFE, SANDLER 1965)

Diese Altersstufe scheint ein **Knotenpunkt** der Entwicklung zu sein. Es ist wohl kaum zufällig, dass sich der Höhepunkt des Trennungs- und Individuationsprozesses zur gleichen Zeit realisiert, wie eine ganze Reihe anderer bedeutender Entwicklungsschritte:

a) Das Kind tritt in das sechste sensomotorische Stadium ein; damit hat es die **Objektpermanenz** erfasst und wird befähigt, sich auch mit nicht direkt wahrnehmbaren Gegenständen zu befassen. Es beginnt, symbolische Handlungen nicht nur auf sich selbst auszuführen, sondern bspw. auf eine Puppe zu übertragen. Damit deutet es einen wichtigen Schritt zur *kognitiven Dezentrierung* an.

b) Es lernt, sich im **Spiegel** wiederzuerkennen und die verschiedenen Bilder von sich miteinander zu integrieren.

c) Es ist fähig, die eigenen **Gefühle** von denen anderer klar zu unterscheiden und beginnt dadurch, sich der Gefühle anderer bewusst zu werden; es tröstet bspw. andere Kinder, wenn sie weinen und gibt ihnen Schokolade; es kann sie verstehen, ohne sich mit ihnen zu verwechseln.

d) Es beginnt, der Mutter Gegenstände zu bringen, mit der Absicht, dass diese etwas Neues damit macht, dass sie ihm hilft, den Gegenstand und seine Funktion zu verstehen; kurz, es lernt, den **Gegenstand zu teilen** (HARMON, DUHL GLICKEN, GAENSBAUER 1982). Damit entsteht eine neue Beziehung, wo Mutter und Kind mit Gegenständen und über Gegenstände kommunizieren. Erst jetzt ist das Kind auch fähig, mit dem Gegenstand allein zu sein, d. h. allein zu spielen. Die Qualität des Gegenstandes als vermittelndes Objekt macht es möglich, dass dieser gedacht werden kann, ohne dass dieses Denken bedeutet, die Mutter zu vergessen (LEVI et al. 1984b).

e) Das Kind beginnt sich in dieser Zeit auch mit Gegenständen und Ereignissen zu befassen, welche von der Norm abweichen: es entwickelt **Standards** (KAGAN 1982). Es ist fähig, prototypische Vorstellungen von Ereignissen aufzubauen, *Abweichungen* festzustellen und auf diese zu reagieren. Es bemerkt bspw., dass ein Gegenstand kaputt oder schmutzig ist und reagiert empfindlich auf kleinste Mängel.
Es zeigt erste Anzeichen von *Leistungsverhalten*, wenn es z. B. aufgefordert wird, eine einfache Konstruktion dem Erwachsenenmodell nachzubauen. Dabei scheint es sowohl einen äusseren Standard («ich muss es so gut als möglich machen») als auch einen inneren («ich bin fähig oder nicht fähig zu dieser Aufgabe») zu besitzen.
Entsprechend taucht in dieser Zeit häufig ein Lächeln im Sinne von «ich hab's geschafft» («*smile of mastery*») bei Erreichung eines Ziels auf, bspw. wenn die Puppe angezogen, das Puzzle beendigt ist. Dieses Lächeln ist, wie KAGAN (1982) betont, nicht sozialer, sondern «privater» Art.
Schliesslich zeigt das Kind auch gehäuft den Wunsch, das *Verhalten des Erwachsenen* durch Forderungen und Fragen zu *beeinflussen*. KAGAN nimmt an, dass das Kind nicht bestimmte Anforderungen stellen würde, wenn es nicht wüsste, dass diesen entsprochen werden kann.

Das Gemeinsame all dieser neu erworbenen Fähigkeiten kann mit der fortschreitenden **Differenzierung zwischen sich, dem Gegenstand und dem Anderen** umschrieben werden. Das Kind ist nun fähig, affektive und intentionale Handlungen der Mutter zu erkennen sowie die eigenen Gefühle, Absichten und Gedanken von denjenigen der Mutter zu unterscheiden. Es lernt, Transformationen zu erkennen und zeigt den Wunsch, selbst zu transformieren. Erst diese neu erworbenen Fähigkeiten machen es schliesslich möglich, nonverbale und verbale Kommunikation zu gebrauchen, um die eigenen geistigen Aktivitäten sowie jene der Mutter bewusst zu lenken (LEVI 1983).

Loslösungs- und Individuationsprozess und Sprachentwicklung stehen folglich in einer Art *gegenseitiger Abhängigkeit*.

5.5 Ich-Entwicklung und Spracherwerbsstörungen

Der Prozess von der Symbiose zur Loslösung und Individuation ist einerseits durch die zunehmenden Kompetenzen des Kindes beeinflusst, andererseits ist er von der Fähigkeit der Mutter abhängig, sich selbst zu lösen, d. h. ihre Stimulationen sowie Einschränkungen diesen zunehmenden Fähigkeiten des Kindes anzupassen.

Die Entwicklung dieser **affektiven Beziehung** zwischen Mutter und Kind kann folglich sowohl durch eine *Störung der kindlichen Kompetenzen* als auch durch *Schwierigkeiten der Mutter* **gefährdet** werden. Die Probleme der Mutter können ihre Ursachen in ihrem Charakter oder psychologischen Zustand haben oder aber in äusseren Umständen liegen, bspw. in einer erneuten Schwangerschaft, Arbeits- und Zeitproblemen oder Krankheiten.

In jedem Falle hat eine Störung des Prozesses der Loslösung oder Trennung zur Folge, dass das Kind nicht die *Ruhe und Sicherheit* findet, sich mit dem Gegenstand auseinanderzusetzen und sich dadurch weder die symbolischen noch die kommunikativen Voraussetzungen für den sprachlichen Austausch erarbeiten kann.

> Beispiel: Giorgio wird mit 26 Monaten zur Untersuchung gebracht, weil er nur zwei Wörter (Mama, Papa) spricht.
> Aus der Anamnese geht hervor, dass er die ersten sechs Monate zuhause bei der Mutter verbracht hat, dann begann sie wieder zu arbeiten, und das Kind wurde tagsüber zur Grossmutter gebracht. Mit 12 Monaten gab die Mutter die Arbeit wieder auf, da sie erneut schwanger war. Giorgio war somit auch tagsüber wieder bei der Mutter. Im Alter von 16 Monaten wurde die Schwester von Giorgio geboren. Die Mutter erzählt, dass Giorgio im Alter von etwas mehr als einem Jahr ein ruhiges, fröhliches Kind gewesen sei. Danach habe eine starke Veränderung stattgefunden. Die Mutter beschreibt ihn als «unaushaltbar»: er spielt nie, wirft alle Spielzeuge fort, schreit und wirft sich zu Boden, wenn er etwas nicht bekommt und beruhigt sich nur im Arm der Mutter, wo er nach kurzer Zeit einschläft.
> Dies ist auch die Position, in der er während der Untersuchungen am häufigsten anzutreffen ist.

Das Beispiel zeigt, wie eine Reihe von Trennungen, verbunden mit der Schwierigkeit der Mutter, diese mit dem Kind zu verarbeiten, zu einem **Bruch des psychologischen Gleichgewichts** führen können. Das Kind findet seine Ruhe nur in einem physischen

Halt, in der totalen Berührung mit dem Körper der Mutter. Die Abwesenheit eines inneren Bildes der Mutter verhindert sowohl das körperliche wie das geistige Alleinsein: wenn das Kind allein spielt, hat es Angst, die Mutter zu verlieren, weil *Denken mit Vergessen identisch* ist (LEVI et al., 1984b).

Die Tatsache, dass die Ich-Entwicklung und der Spracherwerb in einer *gegenseitigen Abhängigkeit* stehen, bedeutet aber, dass nicht nur eine Störung der Ich-Entwicklung zu Spracherwerbsproblemen führen kann, sondern auch, dass eine Spracherwerbsstörung Probleme im Rahmen des Individuationsprozesses bewirken kann.

«Ich bin gross», «ich kann das», «ich will das», «ich allein/selbst machen» gehören zu den häufigsten Äusserungen zweijähriger Kinder. Sie drücken damit sprachlich aus, dass sie sich ihrer *eigenen* Gefühle, Wünsche und Fähigkeiten bewusst werden und helfen sich gleichzeitig, diese in die Realität umzusetzen, d. h. tatsächlich zu fühlen, zu wünschen und zu können (vgl. BITTNER 1979). Vor allem bei der Beobachtung von Kindern über zwei Jahren muss deshalb auch diese Möglichkeit der Beeinflussung berücksichtigt werden.

5.6 Zusammenfassung

Soziale Aktivität und Reaktionen von Mutter und Kind sind zu einem grossen Masse bestimmt durch die Art und Entwicklung ihrer affektiven Beziehung. Dabei können zwei Hauptphasen unterschieden werden:

1. In der Phase der **symbiotischen Bindung** bilden Mutter und Kind eine Zwei-Einheit. Zu diesem frühen Zeitpunkt der Entwicklung ist das Kind noch nicht fähig, zwischen den eigenen Gefühlen und Handlungen und denen der Mutter klar zu unterscheiden. Dadurch, dass die Mutter aber in unbestimmter Weise als Quelle der Bedürfnisbefriedigung wahrgenommen wird, reagiert das Kind sehr schnell in bestimmter, d. h. sozialer Weise auf ihre Erscheinung.
Indem sie sich maximal mit dem Kind identifiziert, ist die Mutter ihrerseits fähig, die Rolle des «Hilfs-Ich» zu übernehmen, d. h. bestimmte Verhaltensweisen des Kindes (bspw. das Schreien) als *absichtlich und kommunikativ zu interpretieren und entsprechend darauf zu reagieren.*

2. In der Phase der **Loslösung und Individuation** lernt das Kind über den gemeinsamen Umgang mit dem Gegenstand, dass seine Handlungen und Absichten bezüglich dieses Gegenstandes sich von denen der Mutter unterscheiden können und dass es *effektive Mittel* gibt, dem anderen die eigenen Absichten mitzuteilen (bspw. das «nein»).
Dadurch wird es fähig, echte kommunikative Intentionalität zu entwickeln, d. h. Symbole (bspw. Wörter) als Vermittler zwischen sich und dem Anderen zu gebrauchen. Umgekehrt vereinfachen *diese ersten Wörter* den Separations- und Individuationsprozess, indem sie die Kontrolle über Gefühle und Triebe erleichtern und helfen, *zwischen Gefühlen und Erfahrungen zu unterscheiden.*

Die wohl wichtigste Rolle in diesem Prozess gegenseitiger Beeinflussung spielen aber nicht die ersten Wörter des Kindes, sondern das **Sprachverständnis**. Denn Sprache verstehen heisst lernen, dass andere eigene Gefühle, Gedanken und Absichten haben und dass Wörter gemeinsame Symbole sind, welche diese individuellen Gefühle, Gedanken und Absichten repräsentieren.

6. Sprachverständnis

Im Zusammenhang mit dem Spracherwerb und dessen Störungen spielt das Sprachverständnis immer eine **zwiespältige Rolle**.
Spricht man ganz allgemein vom Spracherwerb, *meint* man eigentlich das Sprechenlernen von Wörtern und Sätzen, *weiss* aber, dass dazu irgendwie auch das Verstehenlernen gehört.
Spricht man von Spracherwerbsstörungen, versteht man darunter eigentlich Störungen der gesprochenen Sprache, unterscheidet aber wenigstens theoretisch zwischen impressiven und expressiven Formen.
Obwohl also sicher niemand an der Existenz und irgendwie auch an der Bedeutung des Sprachverständnisses zweifelt, wird dieses normalerweise einfach übergangen.[1]
Ein Grund besteht vielleicht darin, dass man nicht so genau weiss, was es ist, wo es einzuordnen ist.
Ist Sprachverständnis auch Sprache – oder weniger, oder mehr?

Der Hauptgrund, dass das Sprachverständnis übersehen oder überhört wird, liegt wahrscheinlich in der Tatsache, dass es weder gesehen noch gehört werden *kann*: **das Sprachverständnis ist nicht beobachtbar!** Der Untersucher (Forscher oder Therapeut) wird dadurch vor eine Reihe methodologischer Probleme gestellt:

a) Ob ein Kind ein Wort oder einen Satz verstanden hat (Input), kann nur über eine andere, *zusätzliche* Leistung (Output) überprüft werden. Diese kann visueller Art sein (bspw. Bilder oder Objekte einem entsprechenden Wort oder Satz zuordnen); sie kann in einer Handlung bestehen (bspw. einen Befehl ausführen oder Gegenstände manipulieren); sie kann sogar sprachlicher Art sein (bspw. auf Fragen adäquat antworten).
Bei der Untersuchung des Sprachverständnisses muss deshalb berücksichtigt werden, dass eine bestimmte Leistung bezüglich einer vorgegebenen Aufgabe nie als *direkter* Ausdruck des Sprachverständnisniveaus gewertet werden kann. Diese Tatsache spielt insbesondere im Rahmen der Sprachpathologie eine bedeutende Rolle.

b) Die Überprüfung des Sprachverständnisses verlangt aber nicht nur das Vorhandensein bestimmter zusätzlicher Kompetenzen, sondern insbesondere auch die

---

[1] Der Begriff «Sprachverständnis» wird bspw. im über 300seitigen Buch von GROHNFELDT über «Störungen der Sprachentwicklung» (1982) nur einmal erwähnt (S. 57).

Bereitschaft des Kindes, diese im entsprechenden Moment zu zeigen. Gerade von kleinen Kindern ist eine solche *Kooperationsbereitschaft* nur in geringem Masse zu erwarten.

c) Schliesslich ist das Sprachverständnis selbst weniger als eigenständige Kompetenz, sondern als *multidimensionaler* Prozess zu betrachten. Dies bedeutet, dass für das Verstehen einer sprachlichen Äusserung nicht nur linguistische, sondern auch kognitive und kommunikative Prozesse verantwortlich sind. In bestimmten Kontexten reichen letztere sogar für die Interpretation einer Äusserung aus, d. h. sie ersetzen eine linguistische Analyse.

> Beispiel: Die Mutter zeigt und schaut auf den Ball, während sie sagt «bring mir den Ball». – Verfolgt das Kind Gestik und Blickrichtung der Mutter, kann es die Aufforderung ausführen, ohne weder «Ball» noch «bring» verstanden zu haben.

Dass solche Situationen sehr häufig auftreten, ist nicht nur dank der Beschreibung der Merkmale der Mutter-Kind-Interaktion bekannt. Es zeigt dies auch die Tatsache, dass Mütter schon nach 12 Monaten überzeugt feststellen: «*Jetzt versteht es alles.*» Entsprechend findet man auch im Bereich der Sprachpathologie äusserst selten die Aussage einer Mutter, ihr Kind verstehe wenig oder gar nichts.

Für die Untersuchung des Sprachverständnisses bedeutet dies jedoch, dass auf «Beobachtungsdaten» aus sogenannten natürlichen Situationen weitgehend verzichtet werden muss.

In Kenntnis dieser **methodologischen** Probleme scheint es verständlicher, dass die Beschreibung des Sprachverständnisses über lange Zeit darauf limitiert wurde, Daten der Sprachproduktion auf eine zeitlich frühere Periode zu übertragen.

6.1 Sprachverständnis als mehrdimensionaler Prozess

Das Sprachverständnis besteht aus einem komplexen Verhältnis zwischen sprachlichen, kommunikativ-sozialen und kognitiven Prozessen.

Das Kind muss schon früh lernen, dass sprachliche Mitteilungen nicht immer informativ, wahr, relevant und echt sind.

Erwachsene sprechen nicht nur, um zu informieren, sondern ebenso oft, um zu *beeindrucken, mystifizieren, auszuweichen,* zu *verteidigen* und *anzugreifen.*

Schon bald wird das Kind mit der Tatsache konfrontiert, dass bspw. die Äusserung «du hast noch etwas im Teller» nicht als Feststellung oder Information, sondern als Aufforderung gemeint ist, nämlich fertig zu essen. Es muss lernen, *Hypothesen* zu bilden über die kommunikativen Absichten des anderen sowie über Übereinstimmungen und Dissonanzen zwischen dem, was andere sagen und dem, was gerade geschieht.

Sprache verstehen erfordert komplexe *kognitive Fähigkeiten*. Um eine Äusserung zu verstehen, muss der Zuhörer sich nicht nur den Kontext vorstellen, auf den sich diese bezieht, sondern diesen zugleich den Absichten des Sprechers entsprechend *verändern*. In einem gewissen Sinne kann das Sprachverständnis gleichzeitig als *Konstruktions-* und *Destruktionsprozess* verstanden werden (BRIDGES, SINHA, WALKERDINE 1982):

Um eine sprachliche Äusserung zu verstehen, muss der Hörer
a) die Realität, zu der Bezug genommen wird, identifizieren und adäquat repräsentieren;
b) die Absicht des Sprechers identifizieren;
c) die neue Information zu seiner Repräsentation in Beziehung setzen;
d) seine Repräsentation zerstören, um auf der Basis der neuen Informationen eine neue Repräsentation zu konstruieren.

Schliesslich bedeutet Sprachverständnis nicht nur verstehen, was gesagt wurde, sondern auch wissen, was mit dem Gesagten zu tun ist. Zu den beschriebenen Prozessen muss also ein weiterer hinzugefügt werden: der *Utilisationsprozess* (CLARK, CLARK 1977):
e) der Hörer muss eine der neu konstruierten Repräsentation entsprechende Antwort programmieren.

In diesem Sinne kann das Sprachverständnis als *multidimensionaler Prozess* beschrieben werden, welcher sprachliche, kommunikative und kognitive Fähigkeiten gleichermassen verlangt und integriert. Die Bedeutung dieser Komponenten sowie der Grad ihrer gegenseitigen Integration erfahren im Laufe der Entwicklung eine Reihe von Veränderungen.

6.2 Entwicklung des Sprachverständnisses

Zwischen fünf und acht Monaten beginnt das Kind, erste Assoziationen zwischen den suprasegmentalen Aspekten der Sprache und entsprechenden Kommunikationssituationen herzustellen, d. h. es lernt, verschiedene Intonationsmuster (bspw. Frage- und Deklarativsätze) zu unterscheiden und zu erkennen. Zwischen acht und vierzehn Monaten ist eine erste Integration zwischen phonologischen und semantischen Eigenschaften, bzw. zwischen Laut und Bedeutung zu beobachten; phonologische Sequenzen werden zu Etiketten für semantische Bezüge: das Kind beginnt, erste Wörter zu verstehen (MENYUK 1974).

BENEDICT (1979) unterscheidet auf dieser Stufe zwei Phasen: in der ersten ist das Verständnis der Wörter äusserst *stereotyper* Art, d. h. spezielle Handlungen oder Gegenstände bestimmen deren Bedeutung.

Beispiel: Ein Kind anwortet auf die Frage »wie gross bist du?« indem es die Arme in die Luft streckt. Es tut dies aber nur, wenn es gleichzeitig in seinem Stühlchen in der Küche sitzt.

Das erste Wortverständnis beginnt mit etwa 12 Monaten (BENEDICT 1979; OVIATT 1980). In dieser Phase kann das Kind aber nur *eine* lexikalische Einheit einer Äusserung verstehen.

CHAPMAN (1978) beobachtete, dass das Kind in dieser Phase die **Strategie** «*tu, was du normalerweise in dieser Situation tust*» anwendet.

Beispiel: Wenn das Kind in dem Stühlchen sitzt, wo es normalerweise isst, reagiert es auf die Aufforderung «wirf den Apfel», indem es hineinbeisst. In seiner Spielbox hingegen, von wo aus es gewohnt ist, Gegenstände dem anderen zuzuwerfen, wirft es den Apfel, auch wenn die Aufforderung «iss den Apfel» lautet.

Der nächste wichtige Schritt in der Sprachverständnisentwicklung ist dadurch gekennzeichnet, dass das Kind etwa mit 15 Monaten lernt, auf mehr als eine semantische Einheit einer Äusserung zu reagieren. BENEDICT (1979) nimmt an, dass es dabei in *additiver* Weise vorgeht, d. h. dass es verschiedene einzelne Wörter versteht und diese auf der Basis seines kontextuellen Wissens zusammenfügt. Als Beweis für eine solche Annahme nennt die Autorin die grosse Fehleranzahl (33–41 %) von semantischem Rollenvertausch in den Interpretationen des Kindes.

Beispiel: Auf die Aufforderung «bring Mamis Schuh» bringt das Kind der Mutter einen Puppenschuh.

CHAPMAN (1978) nimmt an, dass das Kind nun eine Strategie der Art «*handle mit dem Gegenstand wie beschrieben*» anwendet.

Beispiel: Auf die Aufforderung «lass den Alligator die Kuh küssen», reagiert das Kind, indem es selbst Alligator und Kuh küsst.

Dieses Vorgehen des Kindes, in jedem Falle selbst zu handeln, wird auch als «*Kind als Handelnder*»-Strategie beschrieben (SINCLAIR, BRONCKART 1972; DE VILLIERS, DE VILLIERS 1973).

Das Kind ist in dieser Entwicklungsphase folglich fähig, einzelne lexikalische Einheiten einer Äusserung zu erkennen; was ihm fehlt, ist die Fähigkeit, zugleich deren syntaktische Struktur zu analysieren. Die lexikalischen Einheiten werden seinen kognitiven und kommunikativen Kompetenzen gemäss interpretiert.

Erste syntaktische Analysen sprachlicher Äusserungen tauchen erst in einer späteren Phase auf, nämlich zwischen dreieinhalb und vier Jahren.

In der Zwischenzeit vergrössert das Kind seinen **Wortschatz**, sowie die **Anzahl von Informationen**, die es gleichzeitig verarbeiten und gebrauchen kann.

LEVI et al. (1979) liessen 96 Kinder zwischen zwei und vier Jahren, unterteilt in vier Altersgruppen, verschieden lange Sequenzen von Handlungen ausführen (Bsp. für 3 Sequenzen «geh zum Fenster, hole die Schere und zerreisse das Papier»). Die Untersuchungsergebnisse zeigen, dass Kinder zwischen zwei und drei Jahren eine beliebige Einheit der Sequenz auswählen und diese korrekt ausführen. Ab drei Jahren sind die Kinder fähig, zwei oder mehr Einheiten auszuführen, tendieren aber dazu, die einzelnen Elemente miteinander in eine komplexe bedeutungsvolle Sequenz zu integrieren (Bsp. sie zerschneiden das Papier am Fenster). Kinder zwischen dreieinhalb und vier Jahren sind fähig, solche Sequenzen zu verarbeiten; sie schenken den einzelnen Elementen mehr Aufmerksamkeit und akzeptieren, eine Handlungssequenz wiederzugeben, auch wenn diese insgesamt bedeutungslos ist.

Die Tendenz, sprachliche Äusserungen so zu interpretieren, dass sie für das Kind Bedeutung erhalten, kann nicht nur bei Äusserungssequenzen beobachtet werden, sondern auch bei einfachen, aber *syntaktisch* komplexeren Sätzen. Ein typisches Beispiel dafür sind Subjekt-Verb-Objekt(S-V-O)-Sätze, wie bspw. «das Mädchen stösst den Buben». Kinder im Alter über zwei Jahre werden die einzelnen Wörter dieses Satzes verstehen und entsprechend ihrer eigenen Erfahrungen zueinander in Beziehung setzen. Viele Kinder werden den genannten Satz folglich falsch interpretieren, nämlich als «der Bub stösst das Mädchen». Andererseits zeigen sie bei einem syntaktisch viel komplexeren Satz wie «das Baby wird von der Mutter gewaschen» kaum Interpretationsschwierigkeiten.

Da das Kind bei der Interpretation von Äusserungen in dieser Entwicklungsphase von seinem Wissen, *wie die Dinge wirklich sind*, geleitet wird, werden seine Vorgehensweisen auch «**pragmatische Strategien**» (BRONCKART 1977) oder «Strategien der Wahrscheinlichkeit der Ereignisse» genannt (SLOBIN 1966; BEVER 1970; SINCLAIR, FERREIRO 1970; STROHNER, NELSON 1974; CHAPMAN, MILLER 1975; CHAPMAN, KOHN 1978).

Etwa im Alter von dreieinhalb Jahren beginnen Kinder schliesslich, für die Interpretation von Äusserungen eine **syntaktische Strategie** anzuwenden. Die oben genannten Autoren konnten beobachten, dass Kinder in diesem Alter dazu tendieren, das erstgenannte oder das am nächsten beim Verb stehende Substantiv als Handelnden zu betrachten. Damit sind sie nun fähig, einen S-V-O-Satz richtig zu interpretieren, zeigen hingegen eine gewisse Tendenz, den Passivsatz »das Baby wird von der Mutter gewaschen» als «das Baby wäscht die Mutter» zu verstehen. Es erfolgt eine Übergeneralisation der neu erworbenen «**Wortreihenfolge-Strategie**».

Bis das Kind lernt, alle syntaktischen Strukturen seiner Muttersprache korrekt zu analysieren, vergehen noch mindestens weitere fünf Jahre.

6.3 Sprachverständnis als Integration kognitiver und kommunikativer Prozesse

Ein erstes lexikalisches Sprachverständnis entwickelt sich im Alter von etwa 10 bis 12 Monaten. Diese erste Phase ist dadurch charakterisiert, dass das Verständnis auf *anwesende Gegenstände* (HUTTENLOCHER 1974), sowie auf *Handlungen* beschränkt ist, welche das Kind in einer bestimmten Situation *üblicherweise* ausführt (CHAPMAN 1978).

Der Zeitpunkt des Auftauchens dieser Fähigkeiten entspricht einem wichtigen Moment in der kommunikativen Entwicklung: das Kind hat gelernt, Mutter und Gegenstand mit dem **Blickkontakt** zu verbinden. Dem Blick der Mutter in Richtung des Gegenstandes folgend, bzw. deren Aufmerksamkeit auf den Gegenstand richtend, stellt es eine gemeinsame Referenz her: die Basis für eine erste Assoziation von Wort und Gegenstand.

Das Verständnis von Handlungen ist an die Situation gebunden, weil die **Handlung selbst vom Kontext definiert** wird.

> Beispiel: Im Alter von 10–12 Monaten bestimmen nicht Löffel oder Gabel die Handlung essen, sondern die Situation «in der Küche auf dem Stühlchen sitzen». Entsprechend wird die Äusserung «mach den Mund auf und iss» nicht mit Löffel und Gabel, sondern mit Küche und im Stühlchen sitzen in Verbindung gebracht.

Dennoch bestehen gemäss den Beobachtungsdaten von BENEDICT (1979) über die Hälfte der ersten zehn verstandenen Wörter aus Handlungswörtern. Dieses Untersuchungsergebnis unterstreicht die Tatsache, dass die Mutter-Kind-Interaktion in dieser Entwicklungsphase durch die *gemeinsame Handlung* gezeichnet ist. Entsprechend stehen in den sprachlichen Äusserungen der Mutter Handlungswörter im Vordergrund.

> Beispiel: Das Kind hat einen Ball entdeckt. Die Mutter wird diesen nun kaum benennen, sondern das Kind zur Handlung mit dem Ball auffordern: «komm, gib mir den Ball, gib ihn mir, komm...».

Die ersten Wörter, die das Kind wirklich versteht, sind der Ausdruck dieser gemeinsamen Handlung oder *Inter-Aktion*: kommen, gehen, bringen, geben, nehmen.

Der nächste wichtige Entwicklungsschritt vollzieht sich, wenn das Kind mit etwa 15 Monaten gelernt hat, die Gegenstände ihrer Funktion gemäss zu manipulieren (Funktionsspiel). Die **Handlungen** lösen sich dadurch vom Kontext und **werden vom Gegenstand definiert**. Damit kann das Kind auch *Aktionswörter vom Kontext unabhängig verstehen*. Indem es diese mit den Gegenstandswörtern in Beziehung setzt, ist es fähig, einfache Befehle zu verstehen. Dieses Verständnis ist jedoch noch auf Handlungen beschränkt, welche die Funktion des Gegenstandes im weiteren Sinne berücksichtigen.

> Beispiel: Das Kind führt die Aufforderungen «gib mir die Tasse» oder «trink aus der Tasse» korrekt aus; auf den Befehl «wirf mir die Tasse» wird es jedoch entweder den Ball werfen, oder aber aus der Tasse trinken.

Damit das Kind einem Befehl gemäss handeln kann, braucht es jedoch nicht nur ein Verständnis für Handlungs- und Gegenstandswörter. Zusätzlich muss es zwei elementare Kenntnisse erworben haben:

a) *es muss wissen, dass verschiedene Personen verschiedene Absichten haben;*

b) *es muss wissen, dass die Sprache der Kommunikation dieser Absichten dient*, d. h. dass man mit Sprache das Verhalten des anderen *verändern* kann.

Die Fähigkeit, zwischen den eigenen Absichten und denen der Mutter unterscheiden zu können, ist vom Loslösungs- und Individuationsprozess abhängig, welcher etwa im 12. Lebensmonat beginnt. Die Entdeckung, dass Sprache als Mittel zur Erreichung eines Ziels eingesetzt werden kann, hängt mit dem Erwerb der Kausalität zusammen, welcher ungefähr zum gleichen Zeitpunkt einsetzt.

Nur wenn das Kind diesen Entwicklungsstand erreicht hat, kann es sprachliche Äusserungen als Träger der ihm unbekannten Absichten des anderen betrachten und diesen entsprechend zu handeln versuchen – oder aber sich diesen widersetzen.

Es ist deshalb kein Zufall, dass das Kind mit etwa 15 Monaten auch «*nein*» sagen lernt.

Die wichtigste Phase der Sprachverständnisentwicklung erreicht das Kind gegen Ende der sensomotorischen Periode und mit dem Höhepunkt des Individuationsprozesses, d. h. zwischen 18 und 24 Monaten.

Mit der Entwicklung der Objektpermanenz dehnt sich das lexikalische Verständnis auf nicht anwesende Gegenstände aus.

Durch das Symbolspiel lernt das Kind, die Handlungen von ihrer Verbindung zum Gegenstand zu befreien (Bsp. das Kind kann in Abwesenheit der Tasse tun, als ob es trinken würde). Damit wird auch das Verständnis von Aktionswörtern von den entsprechenden Gegenständen unabhängig.

Wenn es beginnt, den Gegenstand mit der Mutter zu teilen, setzt die Phase der *aktiven* Beteiligung an der Erweiterung von Sprachverständnis und indirekt auch der Sprachproduktion ein.

Es bringt den Gegenstand der Mutter und vokalisiert dazu. Die darauffolgende Benennung und Beschreibung durch diese lässt den Gegenstand zum Symbol werden und ermöglicht dadurch die aktive Kontrolle von Sprachverständnis und Sprachproduktion durch das Kind.

Damit vollzieht sich eine **Umkehrung** der Beziehung zwischen Sprache und Handlung: das Sprachverständnis steht nicht mehr nur im Dienste der Handlung, sondern das Kind benutzt die Handlung zur Entdeckung und Experimentation von neuen semantischen Beziehungen. Auf diese Weise wird es auch fähig, unübliche oder absurde Befehle zu verstehen (SACHS, TRUSWELL 1978).

Die Beschränkung des Sprachverständnisses liegt in dieser Phase noch darin, dass das Kind jede Handlung in eigener Person durchführen muss (s. Strategie des Kindes als Handelnder). Erst wenn es zwischen 24 und 30 Monaten über das Symbolspiel eine entsprechende Dezentrierung erreicht hat (wenn es bspw. die Puppe allein essen lässt oder wenn es macht, dass zwei Puppen miteinander interagieren), kann sich das Sprachverständnis von der Handlung in eigener Person lösen.

Auf dem Hintergrund dieser Erklärungen erstaunt es nicht, wenn LARGO und HOWARD (1979) in ihren Untersuchungen eine starke Korrelation zwischen Symbolspiel- und Sprachverständnis gefunden haben. Entsprechend beobachtete auch FEIN (1975, 1979), dass 18-24monatige Kinder mit einem hohen Sprachverständnisniveau signifikant mehr dezentrierte symbolische Schemata aufwiesen als Kinder mit einem niedrigen Sprachverständnisniveau.

6.4 Sprachverständnis und Spracherwerb

Die Frage nach der Bedeutung des Sprachverständnisses für den Spracherwerbsprozess ist eng verbunden mit der Frage nach der **Beziehung zwischen Sprachverständnis und Sprachproduktion**.

Wie bereits beschrieben, wird allgemein angenommen, dass zwischen Sprachverständnis und Sprachproduktion ein zeitlich lineares Verhältnis bestehe. Bevor das Kind ein Wort oder einen Satz produzieren kann, muss es dasselbe oder denselben verstanden haben.

BENEDICT (1978) bestätigte aufgrund ihrer Untersuchung zum Sprachverständnis von Kindern zwischen 9 und 15 Monaten die Tatsache, dass sich das Sprachverständnis früher als die Sprachproduktion entwickelt. Sie fand jedoch grundsätzliche Unterschiede bezüglich der Verteilung der semantischen Kategorien zwischen den beiden Kompetenzen. So bilden *Handlungswörter* einen grossen Anteil der ersten zehn (53 %) sowie der ersten 50 (36 %) verstandenen Wörter. Der Anteil der Aktionswörter in den ersten zehn sowie in den ersten 50 produzierten Wörtern bestand dagegen nur in etwa 20 %. Zusätzlich unterschieden sich die ersten verstandenen auch *inhaltsmässig* von den ersten produzierten Aktionswörtern. BENEDICT spricht deshalb von einer **Asymmetrie** zwischen Sprachverständnis und Sprachproduktion.

Auch SHIPLEY, SMITH und GLEITMAN (1969) untersuchten die Beziehung zwischen Sprachverständnis und -produktion. Dazu beobachteten sie die Reaktionen von Kindern mit verschiedenen sprachlichen Kompetenzen (Einwort-Stadium, Zwei- und Dreiwortsätze) auf *unterschiedliche Arten von Befehlen*. Diese bestanden entweder aus einem Wort, aus telegraphischen oder syntaktisch wohl geformten Äusserungen. Die Autoren fanden, dass die Kinder im Einwort-Stadium am besten auf Befehle reagierten, welche aus einem Wort bestanden, während alle anderen Kinder die syntaktisch wohl geformten Äusserungen am besten verarbeiteten.

Dieselbe Untersuchungsanordnung wurde im folgenden von PETRECIC und TWENEY (1977) sowie von RUDER, SMITH und MURAI (1980) durchgeführt. Beide Autorengruppen beobachteten, dass alle Kinder, d. h. auch jene im Einwort- Stadium, am besten auf wohlgeformte Aufforderungen reagierten.

Schliesslich wurden verschiedene Untersuchungen zum Verständnis und zur Produktion von *S-V-O-Sätzen* durchgeführt (DE VILLIERS, DE VILLIERS 1973; CHAPMAN, MILLER 1975; DONALDSON, LLOYD 1975). Den Beobachtungen dieser Autoren entsprechend, scheinen Kinder fähig zu sein, korrekte S-V-O-Sätze zu produzieren, bevor sie diese wirklich verstehen, d. h. in einem Stadium, wo sie noch die Strategie der «Wahrscheinlichkeit der Ereignisse» anwenden.

Diese, wenn auch noch oft widersprüchlichen Untersuchungsdaten sowie das eingehende Studium des Sprachverständnisses selbst, haben dazu geführt, dass das Verhältnis zwischen Sprachverständnis und -produktion nicht mehr als ein einfaches zeitliches Nacheinander betrachtet wird.

Verschiedene Autoren gehen davon aus, dass die Interaktion zwischen Sprachverständnis und -produktion als *dynamische Beziehung* von zwei auf *unterschiedlichen Mechanismen* basierenden Prozessen beschrieben werden kann, welche jedoch in *gegenseitiger Abhängigkeit* zueinander stehen (BLOOM 1974; NELSON, NELSON 1978; BRIDGES 1980).

Damit ist jedoch die Frage nach der **Bedeutung des Sprachverständnisses** für den Erwerb der ersten Wörter und Sätze nicht beantwortet.

Die Basis für die Diskussion dieser Frage bilden folgende Feststellungen:

1. Der Prozess der gegenseitigen Anpassung zwischen Mutter und Kind basiert auf dem *Bedürfnis, zu verstehen und verstanden* zu werden. Im speziellen ist die Motherese, d. h. die an das Kind gerichtete Sprache, ein direkter Ausdruck des Verständnisniveaus des Kindes.
2. In der Entwicklung des Sprachverständnisses werden kommunikative und kognitive Prozesse *integriert*.

Von Geburt an ist die Interaktion vom Bedürfnis der Mutter gekennzeichnet, das Kind zu verstehen. Anfangs ist dies nur möglich, indem sie sich mit den kommunikativen Intentionen **identifiziert** und dies dadurch ausdrückt, dass sie den Verhaltensweisen des Kindes *Bedeutung verleiht*. Damit wird dem Kind die Möglichkeit gegeben, sich seinerseits im Sprachverständnis der Mutter zu identifizieren (LEVI et al. 1982).

Die Entwicklung der nonverbalen Kommunikation zwischen Mutter und Kind stützt sich in grossem Ausmass auf das Sprachverständnis, d. h. beide Interaktionspartner versuchen so zu handeln, dass sie verstanden werden und den anderen verstehen können. Wenn das Kind beginnt, mit verbalen Mitteln zu kommunizieren, muss es lernen, seine eigenen Äusserungen, welche sich bezüglich Struktur und Inhalt von der Erwachsenensprache unterscheiden, vom Verständnis der einfachen, aber regelgeleiteten Sprache der Mutter **abzugrenzen**. Nur eine solche Abgrenzung erlaubt ihm im folgenden, eine Beziehung zwischen verstandener und gesprochener Sprache herzustellen.

Indem die Mutter *ihr* Verständnis der ersten sprachlichen Kommunikationen des Kindes über deren Repetition und Expansion sicherstellt, erleichtert sie ihm sowohl den Prozess der Abgrenzung wie denjenigen der Beziehungsherstellung.

Auf der anderen Seite ist es wiederum das Sprachverständnis des Kindes, welches bewirkt, dass die Mutter in syntaktisch einfacher, repetitiver und vor allem kontextgebundener Weise mit dem Kind spricht. Indem sie die Handlungen des Kindes in dieser Weise kommentiert und das Kind später den Äusserungen der Mutter entsprechend handelt, lernt es, **Handlung und Sprache** oder **Kommunikation und Symbol** über das Sprachverständnis zu **verbinden**.

Kommunikation wird zu echter Kommunikation, wenn sie symbolische Handlungen integriert – das Symbol wird dann zum echten Symbol, wenn es sich als reelle oder virtuelle Kommunikation versteht (LEVI, ZOLLINGER 1984). Indem das Sprachverständnis die Verbindung zwischen Symbol und Kommunikation herstellt, ermöglicht es den Übergang vom gemeinsamen Teilen einer Handlung zum gemeinsamen Teilen von Symbolen bezüglich einer Handlung: *das Sprachverständnis bildet die Brücke von der vorsprachlichen zur sprachlichen Kommunikation.*

6.5 Sprachverständnis und Spracherwerbsstörungen

Untersuchungen zur Beziehung von Sprachverständnis und gestörten Spracherwerbsprozessen sind äusserst selten, obwohl von vielen Autoren eine Störung der rezeptiv-sensorischen Fähigkeiten als mögliche Ursache von Sprachentwicklungsstörungen in Betracht gezogen werden (u. a. ARNOLD 1970; KNURA 1974; BECKER, SOVAK 1975).

Unter Berücksichtigung psycholinguistischer Daten wird in neuerer Zeit auch versucht, wenigstens theoretisch zwischen impressiven und expressiven Formen von sprachlichen Entwicklungsstörungen zu unterscheiden (s. KNURA 1980; GROHNFELDT, 1982).

Aufgrund einer detaillierten Analyse von Untersuchungen zum Entwicklungsdysgrammatismus kommt DANNENBAUER jedoch zum Schluss, dass eine *isolierte Kodierungsstörung* bei intakter grammatischer Dekodierung höchst *unwahrscheinlich* sei (1983, 240). Er wagt deshalb die Vermutung, dass sich vielleicht «in die Unterscheidung von expressiver und impressiver Form des Entwicklungsdysgrammatismus aphasiologisch-sprachheilkundliche auf Kosten von sprachentwicklungspsychologischen Vorstellungen eingeschlichen (haben)» (245). DANNENBAUER selbst geht davon aus, «dass Beeinträchtigungen der Kodier- und Dekodierfähigkeit in enger wechselseitiger Abhängigkeit gesehen werden müssen» (1983, 245).

Damit ist jedoch die Frage nach der **Bedeutung** des Sprachverständnisses im Rahmen einer Störung des Spracherwerbs nur in unbefriedigender Weise beantwortet.

Mangels entsprechender Untersuchungen können bezüglich dieser Frage für den Moment nur **Hypothesen** aufgestellt werden:

1. Das Sprachverständnis ist ein *komplexer*, multidimensionaler *Prozess*. Es steht in **Abhängigkeit von und integriert** zugleich folgende Fähigkeiten des Kindes: sozial-kommunikative Kompetenzen und kognitive Kompetenzen; Prozesse der Loslösung und Individuation sowie in einer fortgeschrittenen Phase auch verbale Kompetenzen.
Eine Störung des Sprachverständnisses kann folglich durch eine *Verzögerung* einer oder aller dieser Kompetenzen entstehen; sie kann aber auch aufgrund einer *mangelnden* Integration der verschiedenen, in sich intakten Fähigkeiten zustande kommen.

2. Wenn das Sprachverständnis ein multidimensionaler Prozess ist, bedeutet dies auch, dass in einem ersten Moment nur **Teile dieses Prozesses gestört** sein können. Diese Tatsache ist insofern von Bedeutung, als die Störung selbst dadurch oft über lange Zeit unbemerkt bleibt, nicht aber deren *Auswirkungen*.
3. Das Sprachverständnis bildet die **Brücke** zwischen nonverbaler und verbaler Kommunikation; eine Störung des Sprachverständnisses müsste deshalb den *Erwerb der Sprache als Kommunikationsmittel gefährden und/oder verzögern*.

6.6 Zusammenfassung

Sprache verstehen impliziert nicht nur eine Kenntnis der **phonologischen, semantischen und syntaktischen Regeln** der Sprache; es erfordert zusätzlich bedeutende **kognitive Kompetenzen**, nämlich die Fähigkeit, die Realität, zu der der Sprecher Bezug nimmt, adäquat zu repräsentieren, um diese erste Repräsentation dann aufgrund der neuen Information zu *verändern*. **Sozial-kommunikative Kompetenzen** sind erforderlich, um die Absicht des Sprechers, welche nicht gezwungenermassen mit der rein sprachlichen Formulierung seiner Äusserung übereinstimmen muss, zu *identifizieren* und kontextgemäss zu *interpretieren*.

Nicht immer erfordert jedoch die Analyse einer Äeusserung das parallele Funktionieren all dieser Prozesse. Sprachliche Kommunikation ist oft *redundant*.

Im Rahmen der frühen Mutter-Kind-Interaktion ist diese Redundanz von besonderer Bedeutung:

Die Kontextgebundenheit der Motherese sowie die kontinuierliche Unterstützung der sprachlichen Kommunikationen durch nonverbale Mittel wie Blickkontakt, Gestik und Mimik, ermöglichen dem Kind schon früh, die sprachlichen Kommunikationen der Mutter trotz vorläufiger Unkenntnis der linguistischen Regeln «*auf seine Art*» zu verstehen.

Auf seine Art deshalb, weil die Sprachverständnisentwicklung in grossem Masse vom kognitiven Entwicklungsstand des Kindes abhängt. Sein Verständnis der Handlung ist anfangs noch an den Kontext, dann an den Gegenstand gebunden, wovon es sich erst mit der Symbolentwicklung lösen kann. Die Interpretation sprachlicher Äusserungen ist bis etwa zum vierten Lebensjahr vom «*Wissen des Kindes über die Welt*» abhängig.

Schliesslich ist auch der **Loslösungs- und Individuationsprozess** mit der Sprachverständnisentwicklung eng verbunden.

Während von der Mutter erwartet wird, dass sie im Laufe des ersten Lebensjahrs von einer Interpretation «biologischer» Verhaltensweisen des Kindes zu einem echten Verstehen seiner vorsprachlichen und sprachlichen Kommunikationen gelangt, muss das Kind vorerst erkennen lernen, dass die Mutter *andere* Absichten, Gedanken und Gefühle hat und die Sprache benutzt, um diese auszudrücken. Erst wenn es einen gewissen Stand der Ich-Entwicklung erreicht hat, kann es die kommunikativen Absichten der Mutter verstehen und ihnen entsprechend handeln, bzw. sich ihnen widersetzen lernen.

Eine wirkliche Differenzierung zwischen Ich, Gegenstand und Du bildet schliesslich die Voraussetzung dafür, dass das Kind seine eigenen sprachlichen Äusserungen vom Verständnis derjenigen der Mutter unterscheiden lernt; Grundlage dafür, dass das Sprachverständnis als *Stimulation* für den Erwerb der Sprache eingesetzt werden kann.

Nonverbale und verbale Kommunikation entwickeln sich, indem Repräsentation und Interaktion, innere und äussere Realität sowie intrapsychische und intermentale Ebenen immer wieder miteinander konfrontiert werden (LEVI et al. 1982). Indem das Sprachverständnis all diese Prozesse integriert, spielt es während der ganzen Entwicklung eine entscheidende Rolle – insbesondere aber stellt es die **Brücke** dar für den **Übergang von der nonverbalen zur verbalen Kommunikation**.

Man kann deshalb davon ausgehen, dass seine Funktion im Rahmen des normalen wie des gestörten Spracherwerbsprozesses von *zentraler* Bedeutung ist.

7. Integration der spracherwerbsbestimmenden Prozesse

7.1 Spracherwerb als mehrdimensionaler Prozess

Sprache dient im wesentlichen der Kommunikation äusserer und innerer Realitäten. Als komplexes Zeichensystem repräsentiert sie diese, als komplexes Kommunikationssystem ermöglicht sie Aufnahme und Vermittlung derselben.

Um Sprache zu erwerben, muss das Kind folglich die Realitäten, die Zeichen, welche diese Realitäten repräsentieren sowie die Regeln des Gebrauchs dieser Zeichen kennen und verstehen lernen.

Aufgrund der bisherigen Ausführungen kann davon ausgegangen werden, dass der Aufbau der Sprache von *verschiedenen Prozessen* bestimmt wird.

1. In der direkten Interaktion mit der Mutter lernt das Kind von Geburt an die Regeln des *kommunikativen Austausches* kennen. Etwas später beginnt es, sich über den Umgang mit Gegenständen ein erstes Wissen über die Objektwelt anzueignen.

   Gegen Ende des ersten Lebensjahres ist es erstmals fähig, den Gegenstand in die Interaktion mit der Mutter einzubeziehen. In den folgenden sechs Monaten lernt es, wie man über Gegenstände *kommuniziert*.

   In dieser ersten Phase stehen folglich **interaktive Prozesse** im Vordergrund. Das Kind lernt dadurch den **kommunikativen Aspekt der Sprache** kennen.

2. Über die Interaktion lernt es aber nur, wie man über Gegenstände kommuniziert. Dabei kann es wohl schon erste Wörter verstehen und produzieren; diese haben aber noch keinen repräsentativen Charakter, sondern werden in assoziativer Weise mit dem Gegenstand oder den Ereignissen verbunden; sie werden vom Kind als Teilaspekte der Realitäten, auf die sie sich beziehen, verstanden.

   Damit das Kind den repräsentativen Aspekt der Sprache aufbauen kann, reicht es folglich nicht aus, dass die Mutter Gegenstände benennt und das Kind diese Wörter direkt oder später (in verschobener Weise) nachahmt.

   Es muss auf kognitiver Ebene lernen, sich Gegenstände und Ereignisse *vorzustellen*. Vor dem zweiten Lebensjahr ist es dazu noch auf die Handlung angewiesen, d. h. wenn es z. B. an Kirchenglocken «denken» will, muss es die Bewegung oder die Laute der Glocken nachahmen, damit diese «präsent», vorgestellt werden können.

   Über solche Handlungen lernt es aber nicht nur, sich etwas vorzustellen, sondern auch, dass diese Vorstellungen *symbolisiert* werden können. Der nächste Schritt

besteht deshalb in der Entdeckung, dass das Wort «Glocke» dasselbe darstellt wie «bimbam» oder das «Hin- und Herbewegen des Fingers», d. h. dass man mit dem Wort «Glocke» bei sich *und* beim Anderen die Vorstellung der echten Glocken auslösen kann.
Erst jetzt ist das Kind fähig, Wörter von Gegenständen und Ereignissen losgelöst, also kommunikativ zu gebrauchen.
Die zweite Phase des Spracherwerbs ist daher hauptsächlich durch **kognitive Prozesse** gekennzeichnet, welche erlauben, dass das Kind den repräsentativen Aspekt der Wörter oder die **semantische Ebene** der Sprache entdeckt und entwickelt.

3. Das Kind muss aber nicht nur lernen, Realitäten sprachlich darzustellen, sondern es muss auch *Beziehungen zwischen den Realitäten* entdecken und formulieren lernen.
Solche Beziehungen werden durch die syntaktische Ebene der Sprache ausgedrückt.
Sowohl bei der Interpretation wie bei der Produktion der syntaktischen Aspekte scheint das Kind im dritten Lebensjahr noch stark von kognitiv-kommunikativen Aspekten geleitet zu sein. Diese Prozesse allein genügen aber nicht zur Erklärung, wie das Kind gegen Ende des dritten Lebensjahres die Regeln zur Analyse und Produktion syntaktischer Strukturen erwirbt. Obwohl die Neuropsychologie und -linguistik bezüglich der kindlichen Entwicklungsprozesse noch wenig konkrete Daten zu liefern vermag, kann doch aufgrund der Untersuchungen zur Lateralisierung sowie auf der Basis von Analysen bestimmter sprachlicher Ausfälle bei Läsionen des Gehirns angenommen werden, dass für den Aufbau der **syntaktischen Ebene der Sprache primär neurolinguistische Prozesse** verantwortlich sind.

Die verschiedenen Phasen des Spracherwerbs werden folglich von verschiedenen Prozessen bestimmt.
Diese Prozesse können jedoch nur *theoretisch* voneinander unterschieden werden; tatsächlich sind sie in jeder Entwicklungsphase eng **miteinander verbunden** und **voneinander abhängig**.

So ist bspw. schon der Aufbau der nonverbalen Kommunikation über Gegenstände davon abhängig, ob das Kind über ein bestimmtes Wissen über die Objektwelt verfügt.
Umgekehrt ist das Kind beim Erwerb der semantischen und syntaktischen Ebene darauf angewiesen, über die Interaktion die Wörter und Regeln seiner *Mutter*sprache kennenzulernen.
Wenn es auf der syntaktischen Ebene beginnt, Beziehungen zwischen den Realitäten auszudrükken, muss es wissen, um welche Beziehungen es sich handelt.
Schliesslich scheint selbst die Entwicklung der neurolinguistischen Prozesse von Umwelt- und Lernerfahrungen abhängig zu sein.
Es kann angenommen werden, dass diese Erfahrungen in Wirklichkeit dem Aufbau und der Integration der kommunikativen und kognitiven Kompetenzen entsprechen.

Sprachliche Kommunikation bildet immer eine **Einheit,** d. h. sowohl beim Verständnis wie bei der Produktion müssen alle sprachlichen Ebenen aktiviert werden. Das Kind muss folglich die verschiedenen sprachlichen Ebenen nicht nur aufbauen, sondern diese auch miteinander *koordinieren* und *integrieren.*

> Wenn das Kind bspw. lernt, dass Wörter Gegenstände repräsentieren können, besteht der nächste Schritt darin, diese Wörter auch in der Kommunikation zu gebrauchen.
> Wenn es im Alter von etwa vier Jahren beginnt, Sätze syntaktisch zu analysieren, muss es in einer nächsten Phase lernen, neben diesen syntaktischen Analysen auch wieder die pragmatischen und semantischen Faktoren zu berücksichtigen.

Wann und wie das Kind welche Elemente der sprachlichen Kommunikation erwirbt und zu koordinieren lernt, wird im folgenden Kapitel beschrieben.

7.2 Spracherwerb als Koordinationsprozess

Die Elemente, aus denen die sprachliche Kommunikation besteht, sind das *Ich* und das *Du*, die *Realität*, auf die sich die Kommunikation bezieht (Gegenstände, Handlungen, Ereignisse, Gefühle, Absichten) sowie das *Symbol* oder das sprachliche Zeichen, welches diese Realitäten repräsentiert. Die bisherigen Ausführungen machen deutlich, dass das Kind diese Elemente in verschiedenen Phasen kennen und **stufenweise** koordinieren lernt.

In den ersten Monaten baut das Kind über die direkte Interaktion mit der Mutter die *Zweier-Beziehung* «**Ich-Du**» auf. Die Entdeckung und Manipulation des Gegenstandes führen etwas später zu einer ersten Beziehung «**Ich-Realität**».

Im Alter von 10–12 Monaten beginnt das Kind erstmals, Gegenstand und Person durch Blickkontakt zu verbinden. Dieser trianguläre Blickkontakt entspricht jedoch insofern nur einer Verbindung, als das Kind noch nicht fähig ist, die drei Elemente Ich-Du-Gegenstand wirklich zu integrieren.
  Die zweite Stufe kann folglich als *Dreiecksverbindung* «**Ich-Du-Gegenstand**» beschrieben werden.
  Das Resultat dieser ersten Dreiecksverbindung ist der Beginn der *Sprachverständnisentwicklung*. Erstmals sind die Wörter für das Kind nicht mehr nur ein direkter gefühlsmässiger Ausdruck der Zweier-Beziehung Ich-Du, sondern sie können mit der *Situation*, in der sie ausgesprochen werden, in Verbindung gebracht werden.

Die nächste Stufe wird durch eine Reihe neu erworbener Fähigkeiten eingeleitet.
  Mit dem Erwerb der *Objektpermanenz* lernt das Kind, dass Gegenstände und Personen weiterhin existieren, auch wenn sie nicht mehr direkt wahrnehmbar sind. Damit verbunden ist die Entdeckung, dass Ursprung und Resultat verschiedener Handlungen in den Gegenständen und Personen und nicht in der Handlung selbst liegen. Das Kind erwirbt sich damit das Schema der *Kausalität*.

Die kognitive Dezentrierung, welche durch den Erwerb der Schemata Objektpermanenz und Kausalität erfolgt, findet ihren Ausdruck auch in einer *affektiven Dezentrierung*. Erst jetzt kann der Andere als «permanent» existierende Person («wie ich») wahrgenommen werden, welche Ursprung und Resultat von Handlungen ist («unabhängig, verschieden von mir»).

Mit anderen Worten lernt das Kind, dass die Handlungen des Anderen Ausdruck dessen Gefühle und Absichten sind, welche sich ihrerseits von seinen eigenen unterscheiden.

Es lernt aber auch, dass es selbst seine Gefühle und Absichten mit Handlungen (bspw. mit Lauten) ausdrücken kann und dass die entsprechenden Resultate von ihm selbst bewirkt werden. Der Prozess der affektiven Dezentrierung oder Loslösung wird von einer weiteren Entwicklung zusätzlich stimuliert: das Kind lernt *gehen*. Gehen bedeutet freie Bewegung im Raum, also auch *Fortgehen*, plötzlich allein sein. Dies wäre «gefährlich», angstauslösend, hätte das Kind nicht die Gewissheit der «permanent existierenden» anderen Person, bzw. die Möglichkeit, über Mittel wie Rufen, Schreien diese herzuholen.

Die dritte Koordinationsstufe besteht folglich in einer ersten *Integration* der Elemente «**Ich-Du-Realität**», welche im Rahmen der allgemeinen kognitiven und affektiven Dezentrierung möglich wird.

Die nun folgende Periode ist gekennzeichnet durch zunehmende Manipulationen des Gegenstandes, welche zu dessen funktionalem Verständnis und ersten *symbolischen Handlungen* führen. Dies ermöglicht, zusammen mit der weiter fortschreitenden Loslösung und Individuation, dass das *Sprachverständnis* nicht mehr allein vom Kontext abhängig ist, sondern gegenstands- und handlungsspezifisch wird.

Damit ist die Basis für die vierte Koordinationsstufe geschaffen: Die Kenntnis des Gegenstandes und das Bewusstsein, dass der andere verschieden ist und folglich anderes oder mehr kann, bzw. weiss sowie der aktive Gebrauch des Sprachverständnisses führen das 18monatige Kind dazu, den Gegenstand wirklich mit dem anderen zu *teilen*. Es will zusammen spielen, es bittet um Hilfe, es fragt nach Namen.

Das Kind ist damit fähig, über anwesende Gegenstände oder aktuelle Ereignisse zu kommunizieren; es hat die Stufe der *vor-symbolischen Kommunikation* erreicht *(«Ich-Du-Realität-[Symbol]»)*. Andererseits kann es im Spiel Situationen und Ereignisse symbolisch repräsentieren sowie die Dinge beim Namen nennen: es besitzt *vorkommunikative Symbole* (**«Ich-[Du]-Realität-Symbol»**). Diese Stufe kann als *Knotenpunkt* in der kindlichen Entwicklung betrachtet werden. Die verschiedenen Entwicklungslinien laufen hier zusammen und werden integriert; jede Linie kann dadurch *aktiv* zur Verstärkung und Expansion der anderen eingesetzt werden.

Mit der Entwicklung der Repräsentation erreicht das Kind nach dem zweiten Lebensjahr die komplexeste Koordinationsstufe. Die Dreiecksverbindung Ich-Du-Gegenstand wird durch ein viertes Element erweitert: das Symbol oder Zeichen, welches die Realität in der Kommunikation repräsentiert. Das Kind muss lernen, dass dieses Symbol oder Zeichen nicht nur bei sich selbst diesen Gegenstand repräsentiert, sondern gleichzeitig bei dem *anderen dieselbe Vorstellung hervorruft.*

Für dieses Bewusstsein ist einerseits die Individuationsentwicklung verantwortlich, welche in diesem Alter ihren Höhepunkt erreicht, andererseits das *Sprachverständnis*, über welches das Kind die Macht des Zeichens selbst erfahren kann. Erst auf dieser Stufe erreicht das Kind die *volle Integration der vier Elemente:* **Symbole werden zu kommunikativen Symbolen, Kommunikation wird symbolische Kommunikation.**

Die volle Integration der verschiedenen Entwicklungslinien erlaubt von nun an deren Interaktion oder direkte gegenseitige Beeinflussung.

«Sprache *wird* intellektuell, Denken *wird* sprachlich.» (VYGOTSKY 1934 [1977,99]).

Die Integration der Elemente Ich, Du, Realität und Zeichen oder Symbol bildet damit die **Basis** für die weitere sprachliche, kognitive, soziale und affektive Entwicklung.

7.3 Spracherwerbsstrategien

Aus den bisherigen Ausführungen wird deutlich, dass einer der wichtigsten Momente des Spracherwerbs darin besteht, die symbolischen und kommunikativen Kompetenzen zu koordinieren, d. h. die Erfahrungen mit der Realität in die Interaktion mit dem anderen zu integrieren.

Das Kind muss also lernen, *«wie man etwas sagt»* mit *«was man sagt»* zu koordinieren.

Das «Wie» ist eine Frage der Interaktion, speziell der sprachlichen Imitation; das «Was» hängt mit der kognitiven Entwicklung oder mit dem Wissen über die Realität zusammen.

Man kann nun annehmen, dass es für das Kind verschiedene Möglichkeiten oder **Strategien** gibt, zu dieser Koordination zu gelangen. Es kann zuerst das «Was» lernen, d. h. es kann sich so lange mit der Realität auseinandersetzen, bis es sie kennt und über sie kommunizieren möchte: es gibt ihr einen Namen.

Es kann aber auch zuerst das «Wie» lernen, d. h. es imitiert sprachliche Äusserungen und entdeckt deren Bedeutung nachträglich.

NELSON (1981) analysierte aufgrund eigener Beobachtungen (1973) und auf der Basis verschiedener Forschungsdaten (CLARK 1974; BLOOM, LIGHTBOWN, HOOD 1975; RAMER 1976; PETERS 1977; HORGAN 1978) die **individuellen sprachlichen Unterschiede** von Kindern zwischen 15 und 24 Monaten.

Sie unterteilte die Kinder gemäss Form und Funktion ihrer sprachlichen Äusserungen in eine *referenzielle* und eine *expressive* Gruppe, wobei die erste den weitaus grösseren Anteil ausmacht. Die Autorin betont, dass die Grenzen zwischen den Gruppen fliessend sind, d. h. dass es auch Kinder gibt, welche gleichzeitig Aspekte der Sprachstile beider Gruppen zeigen. Die beiden sprachlichen Stile charakterisiert NELSON (1981) folgendermassen:

> Der *Wortschatz* der **referenziellen** Kinder besteht hauptsächlich aus Benennungen von Gegenständen (Substantiven), einigen Verben, Eigennamen und Adjektiven. Die *Artikulation* dieser Wörter ist klar und deutlich. Die ersten Zwei-Wort-*Sätze* bestehen meistens aus Kombinationen von Substantiven.
>
> Die **expressiven** Kinder unterscheiden sich von den referenziellen durch den sehr *frühen Gebrauch* (12–15 Monate) von *Sätzen* oder Satzteilen; sogenannten sozialen Formeln oder Routinephrasen («ich will es» – «was willst du» – «tu das nicht»). Ihr *Wortschatz* enthält viele Pronomina, Funktionswörter und weniger Substantive. Die *Artikulation* wird allgemein als reduziert, verwaschen beschrieben, während die Intonationsmuster sehr klar sind. Als weitere Charakteristika wird der Gebrauch von «*dummy*»-*Wörtern* beschrieben; Wörter, denen keine Bedeutung zugeordnet werden kann und welche die Funktion haben, den Satz zu füllen (bspw. «uh-uh» in Kombinationen wie «uh-uh abe»). Die expressiven Kinder machen zudem einen weitaus grösseren Gebrauch der direkten sprachlichen *Imitation*.
>
> In der Studie von NELSON (1973) waren diese Kinder oft zweitgeboren und kamen im Durchschnitt aus einem weniger gebildeten Milieu.
>
> Bezüglich der *Funktion* scheinen expressive Kinder ihre Äusserungen vermehrt zur Beschreibung eigener Handlungen und zur Aufrechterhaltung der Kommunikation zu gebrauchen, während die referenziellen Kinder ihre Sprache häufiger einsetzen, um Objekte zu benennen oder um den anderen auf Objekte aufmerksam zu machen.

Die Unterscheidung zwischen referenziellen und expressiven Sprachstilen bestätigt in einem gewissen Sinn die Annahme der Strategien des «Was» und des «Wie».

Kinder, welche sich zuerst auf das «Was» konzentrieren, entsprechen den referenziellen Kindern; Kinder, welche vorerst das «Wie» lernen, gehören der expressiven Gruppe an.

Erfolgt jedoch tatsächlich eine Integration der symbolischen und kommunikativen Kompetenzen im Alter von zwei Jahren, sollten zu diesem Zeitpunkt die **individuellen Unterschiede** bezüglich der sprachlichen Stile grösstenteils **ausgeglichen** sein. Die Beobachtungsdaten von NELSON (1973, 1975) bestätigen diese Annahme insofern, als dass sie zwischen 24 und 30 Monaten nur noch sehr schwache Korrelationen zwischen dem aktuellen und dem früheren Sprachstil fand.

Es stellt sich nun die Frage, weshalb Kinder die eine oder die andere Strategie bevorzugen, d. h. von welchen Faktoren die Wahl einer Strategie **abhängig** ist.

Grundsätzlich scheinen die beiden Stile eine Tendenz zu einer mehr *analytischen* (referenzieller Stil), bzw. mehr *ganzheitlichen* (expressiver Stil) *Erfassungs- und Verarbeitungsstrategie* zu widerspiegeln.

Damit drängt sich eine Verbindung zur **Lateralitätsentwicklung** auf. Man könnte mit anderen Worten annehmen, dass bei den referenziellen Kindern die *linke Hemisphäre*, bei den expressiven Kindern die *rechte Hemisphäre* dominanter wäre.

Dass weitaus weniger Kinder einen expressiven Sprachstil zeigen, gibt dieser Hypothese zusätzliche Unterstützung.

Auch die Daten von WOLF und GARDNER (1979), welche ähnliche Strategien im **Symbolspiel** beobachteten, können als Bestätigung dieser Annahme interpretiert werden. Die referenziellen Kinder konzentrierten ihre Aufmerksamkeit auf die physischen Eigenschaften der Objektwelt («Patterners»), während sich die expressiven Kinder mehr an Personen orientierten («Dramatiker»).

Zusammenfassend kann man davon ausgehen, dass Kinder verschiedene Strategien wählen, um zu einer Integration der symbolischen und kommunikativen Kompetenzen zu gelangen.

Die bevorzugte Strategie besteht darin, den Gegenstand kennenzulernen und ihm dann einen Namen zu geben, damit über ihn gesprochen werden kann (referenzielle Strategie).

Es gibt aber auch Kinder, welche sprachlich kommunizieren lernen, ohne genau zu wissen, wovon sie sprechen. Ihre Erfahrungen mit der Objektwelt gliedern sie nachträglich in die sprachliche Kommunikation ein (expressive Strategie).

Eine *Erklärung*, weshalb einige Kinder eine solche expressive Strategie bevorzugen, liefern die Untersuchungen zur Hemisphärendominanz. Da bei einer Dominanz der rechten Hemisphäre eine Tendenz zu mehr ganzheitlichem Erfassen beobachtet werden kann, kann man daraus schliessen, dass expressive Kinder entweder eine Rechtsdominanz oder eine verzögerte Lateralitätsentwicklung der linken Hemisphäre aufweisen. Zur Bestätigung dieser Hypothese liegen aber noch keine entsprechenden Untersuchungen vor.

Die Tatsache, dass die expressiven Kinder stärker personenzentriert sind und sich weniger mit Gegenständen auseinandersetzen, führt aber noch zu einer anderen Erklärungsmöglichkeit zur Wahl dieser Strategie.

Man kann annehmen, dass sich diese Kinder vermehrt auf die **affektive Beziehung** konzentrieren müssen und deshalb die sprachliche Kommunikation mit dem anderen vorerst *wichtiger* ist als die Auseinandersetzung und Kommunikation über den Gegenstand. Diese Annahme erfährt eine gewisse Unterstützung durch die Beobachtung, dass die expressiven Kinder oft *zweitgeboren* sind. Aus naheliegenden Gründen müssen sie sich vermehrt dafür einsetzen, die Aufmerksamkeit der Mutter auf sich zu ziehen, was durch eine frühe sprachliche Interaktion erleichtert wird, aber zugleich die Erfahrungen mit der Objektwelt verzögert. Dies bedeutet aber *nicht*, dass die expressiven Kinder grössere Schwierigkeiten beim Spracherwerb hätten – im Gegenteil, sie beginnen früher zu *sprechen*.

Man könnte jedoch annehmen, dass einige Kinder durch das frühe Sprechen *überfordert* werden.

7.4 Spracherwerb als komplementäre Interaktion

Es stellt sich hier die Frage, welche **Rolle** der Interaktionspartner im Rahmen der aktiven Auseinandersetzung des Kindes mit seiner Umwelt spielt. Entsprechende Untersuchungen haben ergeben, dass die Handlungen der Mutter in frühen Entwicklungsphasen in erster Linie durch Anpassung gekennzeichnet sind.
 Anhand des Beispiels der sprachlichen Anpassung der Mutter (Motherese) wird im folgenden versucht, die *Art* dieser Anpassung genauer zu beschreiben, um der **Dynamik interaktiver Prozesse** besser Rechnung zu tragen.
 Die sprachliche Anpassung der Mutter kann als Funktion des Sprachverständnisses des Kindes erklärt und beschrieben werden. Dieses wird in frühen Entwicklungsphasen primär aufgrund des Befolgens von *Handlungs*anweisungen beurteilt. Führt das Kind eine Handlung aus, kann man annehmen, dass es die sprachliche Anweisung verstanden hat. Führt es die Handlung nicht aus, geht man davon aus, dass es die Anweisung nicht verstanden hat, weshalb sie vereinfacht und repetiert wird.

Da es dabei um Handlungsanweisungen geht, werden die **Handlungswörter** betont und repetiert, während die Gegenstandswörter weggelassen werden.
 Die Sprache der Mutter ist deshalb unter anderem durch den häufigen Gebrauch von Verben und deren Betonung gekennzeichnet.

Beispiele: «*Iss* das Müesli.» – Kind isst nicht. – «*Iss* es, komm, *iss* jetzt! Willst du nicht *essen*»?
«*Schau* den Vogel!» Kind schaut nicht. «Komm, *schau*! *schau*, dort ja, dort ist er!»

Da das Kind seinerseits die Handlungen ausführt, ist es aus seiner Sicht sinnvoller, das zu beschreiben, womit es handeln oder nicht handeln will, nämlich **Gegenstände**.

Beispiele: auf Gegenstände *zeigen* – ich will das, ich will mit diesem Gegenstand spielen.
«mämäm» – ich will das Müesli, da ist das Müesli.
«mämäm», Kopfschütteln – ich will kein Müesli mehr essen, das Müesli ist ausgegessen, nicht mehr da. «*pipi*» – ich sehe den Vogel, ich will den Vogel sehen, da ist der Vogel.

Die Mutter gebraucht folglich hauptsächlich Verben, das Kind Substantive; die Interaktion zwischen Mutter und Kind erhält dadurch einen *komplementären* Charakter:

Die Mutter meint den Gegenstand und spricht von der Handlung; das Kind meint die Handlung und spricht vom Gegenstand.

Es ist wahrscheinlich, dass die eigentliche Dynamik des kommunikativen Austausches zwischen Mutter und Kind in dieser *Dissoziation* zwischen Handlung und Sprache liegt.

Etwas vereinfachend könnte man sagen, dass das Kind Sprache erwirbt, indem es **Handlungswörter verstehen und Gegenstandswörter aussprechen lernt.**

Eine solche Sichtweise unterstreicht die zentrale Bedeutung der sprachlichen Interaktion zwischen Mutter und Kind. Die Mutter wird aber nicht einfach zum Sprachmodell und das Kind zum Nachahmer abgestempelt, sondern *beiden Interaktionspartnern wird eine aktive, konstruktive Rolle zuteil.*

Interessante, aber nicht unproblematische Implikationen hat diese Sichtweise aber vor allem bezüglich der Art möglicher therapeutischer Interventionen im Rahmen von Spracherwerbsstörungen.

Wenn es sich nicht mehr primär darum handelt, als Mutter oder Therapeut dem Kind ein «*adäquates Sprachmodell*» zu liefern – WORUM geht es denn?

# III. Klinischer Teil:
Dynamik von Spracherwerbs-
und Interaktionsstörungen

8. Klinische Daten und Analysen von Spracherwerbsstörungen

8.1 Arbeitshypothesen

Auf der Basis der Theorien und Beobachtungsdaten zum Spracherwerb können für das Verständnis von Spracherwerbstörungen folgende **Arbeitshypothesen** formuliert werden:

1. In den verschiedenen Phasen des Spracherwerbs scheinen verschiedene Prozesse im Vordergrund zu stehen.

   Ist diese Annahme richtig, sollten sich Spracherwerbsstörungen unter anderem dadurch unterscheiden, dass sie in Abhängigkeit davon, welche Prozesse primär gestört sind, zu verschiedenen Zeitpunkten auftreten.

   Besteht mit anderen Worten eine Störung im Bereich der kommunikativen Kompetenzen, würden sich entsprechende Probleme schon sehr früh manifestieren.

   Liegt die Störung eher im Bereich der symbolischen Entwicklung, kämen die Probleme etwas später zum Ausdruck.

   Liegen hingegen Störungen der neurolinguistischen Prozesse vor, würden die Spracherwerbsstörungen erst etwa im Alter von drei Jahren beobachtbar werden.

2. Der Aufbau, die Festigung und Integration der frühen Prozesse scheinen eine Voraussetzung für den ungestörten Aufbau späterer Prozesse zu sein.

   Dies würde bedeuten, dass bei einer Störung der kommunikativen Kompetenzen nicht nur die kommunikative, sondern zugleich auch die semantische und syntaktische Ebene betroffen wären, ohne dass grundlegende Probleme in den Bereichen der kognitiven und neurolinguistischen Entwicklung bestehen.

   Störungen auf der semantischen Ebene würden die kommunikative Ebene weniger betreffen als die syntaktische.

   Mehr oder weniger isoliert könnten Störungen auf der syntaktischen Ebene auftreten.

   Die syntaktische Ebene wäre deshalb am meisten gefährdet, weil sie von Störungen in allen Kompetenzbereichen betroffen ist.

3. Für den Spracherwerb scheint aber nicht nur die intakte Entwicklung der verschiedenen, ihn bestimmenden Prozesse entscheidend zu sein, sondern insbesondere auch deren Koordination und Integration.

Der Ursprung einer Spracherwerbsstörung muss folglich nicht gezwungenermassen in einer Störung eines oder mehrerer Kompetenzbereiche liegen, sondern sie könnte das Resultat einer mangelnden Koordination und Integration dieser Prozesse darstellen.

4. Das Sprachverständnis scheint in diesem Koordinationsprozess eine zentrale Rolle zu spielen. Da es verantwortlich ist für die Integration der kommunikativen und symbolischen Kompetenzen, wird eine Sprachverständnisstörung sowohl bei Problemen im einen oder anderen Bereich wie auch bei mangelnder Integration manifest.

   Der Entwicklungsstand im Sprachverständnis sollte deshalb einen guten Indikator für die Diagnose und Prognose von Spracherwerbsstörungen und damit ein geeignetes differentialdiagnostisches Kriterium darstellen.

5. Um die Integration von kommunikativen und symbolischen Kompetenzen zu gewährleisten, scheinen Kinder verschiedene Strategien zu entwickeln.

   Probleme bei der Integration könnten dadurch entstehen, dass sich das Kind entweder nicht für eine Strategie entscheiden kann oder dass es zu stark an einer Strategie hängt.

Im folgenden werden die gesammelten Beobachtungsdaten von Kindern mit Spracherwerbsstörungen vorgestellt und darauf untersucht, inwiefern sie eine Bestätigung dieser Arbeitshypothesen liefern können – und damit indirekt auch die Annahmen zum normalen Spracherwerbsprozess stützen.

8.2 Erstellung eines Entwicklungsprofils

Die Erstellung eines Entwicklungsprofils bildet die Basis für ein grundlegendes *Verständnis* des Kindes mit seiner Störung und damit für die Wahl und Planung des therapeutischen Prozesses. Diagnosestellung und Entwicklungsprofil schliessen sich nicht aus, müssen aber grundsätzlich voneinander unterschieden werden:

a) Eine Diagnose ist eine *Bewertung*; sie benutzt die Terminologie aus der Pathologie.

   Das Entwicklungsprofil ist eine *Beschreibung*; die dazu verwendeten Begriffe stammen aus der Entwicklungspsychologie.

b) Mit der Diagnose wird gesagt, was das Kind *nicht kann*; das Entwicklungsprofil beschreibt, was das Kind *kann*.

Die folgende Zusammenstellung der Beobachtungsmethoden und Aufgabenstellungen zu den einzelnen Kompetenzbereichen mit entsprechenden Altersangaben basiert auf den theoretischen Ausführungen dieser Arbeit sowie auf den praktischen Erfahrungen, welche im Laufe der klinischen Arbeit gesammelt wurden.

Der Vollständigkeit halber werden auch diejenigen Kompetenzbereiche beschrieben, welche im theoretischen Teil nicht diskutiert wurden (psychomotorische und praktisch-gnostische Kompetenzen).

Die **Aufgabenzusammenstellung** betrifft ein *Entwicklungsalter* von etwa 15 bis 36 Monaten, d. h. mit diesem Instrument können sowohl Kinder dieses Alters mit Störungen in bestimmten Teilbereichen wie auch ältere Kinder, deren Kompetenzen in diesem Entwicklungsalter liegen, untersucht werden. Grundsätzlich gilt für alle Bereiche, dass bei spezifischen Problemen (bspw. CP, Hörstörung, kindliche Psychose) die Beobachtungen durch entsprechende spezifische Aufgabenstellungen erweitert werden müssen.

Die **Erstellung** eines solchen Entwicklungsprofils nimmt etwa drei Stunden in Anspruch. Diese sind aufzuteilen in mindestens zwei, wenn möglich drei aufeinanderfolgende Sitzungen.

Eine 20–30minütige Beobachtung des Kindes in Interaktion mit der Mutter leitet die Abklärung ein. Die Beobachtungsdaten werden jedoch separat zusammengestellt (s. 10.2.). Dies gibt dem Kind die Möglichkeit, sich mit der Umgebung vertraut zu machen; die Mutter wird dadurch von Anfang an mitbeteiligt; der Therapeut erhält Zeit, sich auf das Kind einzustellen und die Möglichkeit, seine Interessen zu ermitteln, um den ersten Kontakt leichter zu gestalten.

Die **Abfolge der Durchführung** der einzelnen Aufgaben wird so weit als möglich von den Interessen des Kindes bestimmt. Oft können bestimmte Leistungen eines Kompetenzbereiches über die Beobachtung eines anderen Bereiches ermittelt werden (bspw. bestimmte praktisch-gnostische Kompetenzen im Rahmen des freien Spiels).

Für jeden Kompetenzbereich gilt, das zu ermitteln, *was das Kind spontan kann* sowie zu welchen Leistungen es *mit Hilfestellung* fähig ist. Es ist weiter unerlässlich, bezüglich jeder Aufgabe zu kontrollieren, ob sie verbal gestellt oder vorgeführt (Modell) wurde. Da es nicht nur darum geht, die Fähigkeiten des Kindes zu beobachten, sondern auch die *Prozesse und Strategien*, welche zu diesen Fähigkeiten führen, ist es wichtig, genau zu beschreiben, was ein Kind macht, wenn es eine Aufgabe *nicht* lösen kann. Zusätzlich sollten Aufgaben, zu denen das Kind mit Hilfestellung oder Modell fähig war, an den folgenden Tagen nochmals gestellt werden.

Im **Protokoll** wird notiert, was man *beobachten* kann; Urteile («ist gestört») oder Interpretationen («weil es...») fehlen.

Eine **Interpretation** der Untersuchungsergebnisse muss als solche definiert werden; sie erfolgt nach der Erstellung des Profils und bildet die Basis für die Ermittlung von Diagnose und Prognose.

Im folgenden werden nun die Beobachtungsmethoden innerhalb der einzelnen Kompetenzbereiche beschrieben.

Psychomotorische Kompetenzen

Material: Ball, Kordel, 15 cm hohes Bänklein
- Treppe alternierend hinauf- und hinuntersteigen, mit Stütze (24 Monate), ohne Stütze (36 Monate)
- Ball mit dem Fuss stossen (18 Monate), treten (24 Monate)
- Ball aus einem Meter Distanz auffangen (30–36 Monate)
- auf Bänklein hinaufsteigen, etwa 30 Sekunden stehenbleiben und hinuntersteigen (24 Monate)
- auf einem Bein stehen, etwa 30 Sekunden (36 Monate).

Praktisch-gnostische Kompetenzen

Material: Bauklötze, grosse Holzperlen und Schnur, Flasche mit Schraubverschluss, mechanisches Spielzeug, Papier und Farbstifte, Buch, Grundform mit drei Figuren (Kreis, Viereck und Dreieck)
- Turm bauen mit drei Klötzen (18 Monate), mit mindestens sechs Klötzen (24 Monate)
- Klötze horizontal aneinanderreihen (Zug) (21 Monate)
- Brücke bauen, mit Modell (30 Monate), ohne Modell (36 Monate)
- Flasche auf- und zuschrauben (24 Monate)
- Perle in Flasche einführen (15 Monate), aus der Flasche nehmen (18 Monate)
- Schnur durch eine Perle führen (24 Monate), 20 Perlen in 30 Sekunden aufreihen (36 Monate)
- Seiten eines Buches umblättern (18 Monate)
- Papier einmal falten (24 Monate)
- Kritzeln (15 Monate), Imitation von kreisförmigem Kritzeln (24 Monate),
- Imitation einer horizontalen und einer vertikalen Linie (30 Monate)
- Figuren in die Grundform legen, Kreis (15 Monate), Kreis und Viereck (21 Monate), alle drei Formen (24 Monate); an die Rotation der Grundform (○△□ → □▽○) anpassen (30 Monate)
- Therapeut zieht mechanisches Spielzeug auf, Kind akzeptiert, dass es sich «von allein» bewegt (15 Monate); Kind kann Spielzeug selbst aufziehen, mit Modell (24 Monate), ohne Modell (30 Monate)

Symbolische Kompetenzen

Material: Löffel, Becher, Flasche, Teller, Hammer, Spielzeug-Telefon, Kamm, Brille, Plastikschere, Hut, Ball (Gegenstände möglichst in Originalgrösse), Puppe, Bär, Puppenbett mit Kissen und Decke, Auto, Lastwagen, Bauklötze

Beobachtungssituation: Man gibt dem Kind einen Gegenstand nach dem anderen und protokolliert, was es damit macht. Sind alle Gegenstände auf dem Tisch, wird versucht, möglichst lange zu beobachten, wie sich das Kind *spontan* organisiert. Erst dann wird dem Kind Hilfestellung (verbal oder Modell) bei der Organisation des Materials gegeben.

Die Spielsituation sollte am folgenden Tag nochmals konstruiert werden, um zu beobachten, ob das Kind nun spontan ausführt, was es mit dem Therapeuten gespielt hat (zeitlich verschobene Nachahmung).
- funktionale Manipulation der Gegenstände (15 Monate)
- symbolische Handlungen auf sich oder mit Puppe/Bär (18 Monate)
- mehrere zusammenhängende symbolische Handlungen (Sequenz) (21 Monate)
- Organisation einer symbolischen Spielsituation (Ersetzen von fehlenden Gegenständen durch andere oder durch Gestik, Verteilen von Rollen) (über 24 Monaten)
- direkte Nachahmung (ab 15 Monaten); zeitlich verschobene Nachahmung (18–24 Monate)

Kommunikative Kompetenzen

Beobachtungssituation: während der ganzen Abklärung; zusätzlich Situationen schaffen, bei denen das Kind fragen oder um Hilfe bitten muss (bspw. interessanten Gegenstand in schwer zu öffnende Schachtel oder auf/in den Schrank legen; Drehverschluss der Flasche fest zuschrauben)
- triangulärer Blickkontakt (12 Monate)
- indikative Gestik (12–15 Monate)
- triangulärer Blickkontakt und Vokalisationen/Lallen, direkte Manipulation und/oder indikative Gestik, um etwas zu erreichen (15 Monate)
- Wortgebrauch, um etwas zu erreichen (18 Monate)
- um Hilfe bitten (von Hilfestellung unterbrochene Handlung muss *weitergeführt* werden) (18 Monate)
- «Turn-Taking» mit Gegenständen (bspw. Ball/Auto hin- und herrollen) (15 Monate)
- allgemeiner *Gebrauch* der sprachlichen Mittel, die das Kind hat (s. Sprachproduktion)

Sprachproduktion

Material: Gegenstände (s. Material symbolische Kompetenzen) Bilder von Gegenständen und Handlungen (Wortschatztest): Ein solcher Test sollte so aufgebaut sein, dass die verschiedenen Teile je 10–20 Wörter aus den 200/1000/2000/5000 häufigsten Wörtern einer Sprache enthalten; einfache dreiteilige Bildergeschichte

- Beschreibung (mit Beispielen!) der phonetisch-phonologischen, semantischen und syntaktischen Ebene der **Spontansprache**

phonetisch-phonologische Ebene:
- Zunge nach oben/unten (24 Monate), seitlich (30 Monate)
- Zunge seitlich hin- und herbewegen (36 Monate)
- Leckbewegung (24 Monate)
- Kerze ausblasen (24 Monate)
- Backen aufblasen (36 Monate)
- Speichelfluss? (wenn ja, in welchen Situationen?)
- verschiedene Laute in Silben repetieren, mit und ohne Verdecken des Mundes (pa, ba, ma, na, da → 24–30 Monate; ta la, fa, cha, scha, ga, ha → 36–40 Monate)
- Silbensequenzen mit denjenigen Lauten repetieren, welche korrekt gebildet werden können (bspw. mapa, talaka)
- Wörter des Wortschatztestes repetieren (phonologisch-semantische Integration)
- einfache Sätze repetieren (phonologische Kompetenz auf Satzebene)

semantische Ebene:
- Gegenstände benennen (15–18 Monate)
- Bilder des Wortschatztestes benennen (200 Wörter → 24 Monate; 800–1000 Wörter 36 Monate)
- einfache Sätze repetieren (semantisch-syntaktische Integration)
- Bildergeschichte beschreiben (können Wörter, welche beim Benennen vorhanden sind, auch zum Beschreiben gebraucht werden?)

syntaktische Ebene:
- einfache Sätze repetieren
- Bildergeschichte beschreiben (2-Wortsätze → 18–24 Monate; 3-Wortsätze → 24–36 Monate)

Sprachverständnis

Material: Gegenstände (s. symbolische Kompetenzen); Bilder von Gegenständen und Handlungen (Wortschatztest)

Sprachverständnistest: Dieser Test wurde eigens für dieses Entwicklungsalter konstruiert. Er besteht aus einfachen und zusammengesetzten Aufforderungen, deren Inhalte die zunehmenden Fähigkeiten des Kindes widerspiegeln, mit Gegenständen zu handeln. Damit wird der Tatsache Rechnung getragen, dass die *Sprachverständnisstrategien* des Kindes von seinem Wissen über die Objektwelt abhängig sind.

Entsprechend besteht der Test aus:

a) einfachen Aufforderungen, welche keine symbolischen Handlungen verlangen (1. hebe die Flasche; 2. wirf den Becher weg; 3. nimm das Auto);

b) einfachen Aufforderungen, welche autosymbolische Handlungen beinhalten (4. trink aus dem Becher; 5. setz dir den Hut auf);

c) einfachen Aufforderungen, welche dezentrierte symbolische Handlungen beinhalten (6. zieh den Bären am Ohr; 7. setz dem Bären die Brille auf);

d) einfachen Aufforderungen, welche eine Dezentrierung bezüglich des Gegenstandes beinhalten (8. mach, dass die Puppe geht; 9. mach, dass der Bär auf dem Stuhl schläft);

e) einfachen Aufforderungen, welche absurde (der Funktion des Gegenstandes nicht angepasste) Handlungen beinhalten (10. kämme die Puppe mit dem Hammer; 11. gib der Puppe mit der Schere zu essen);

f) zusammengesetzten Aufforderungen (12. wirf den Ball weg und setz dir die Brille auf; 13. schlage mit dem Löffel und stosse das Auto).

Beobachtungssituation: Während der ganzen Abklärung wird notiert, wie das Kind auf verbale Aufforderungen reagiert.
 Das Verständnis für die Wörter, welche sich auf die Gegenstände beziehen, wird geprüft, während diese dem Kind vorgestellt werden (3/6/9 Gegenstände auf dem Tisch, «gib mir...»)
 Das Verständnis für Wörter, welche Bilder repräsentieren, wird geprüft, indem alle 10 Bilder einer Stufe vorgelegt werden und das Kind einzelne Bilder zeigen muss.
 Die Items des Sprachverständnistests werden wenn möglich in die Spielsituation eingebaut. Die Reihenfolge spielt dabei keine Rolle, es muss jedoch darauf geachtet werden, dass das Kind nicht gerade mit einer entsprechenden Handlung beschäftigt ist. Zudem dürfen die verbalen Aufforderungen keine nonverbale Unterstützung (Gestik, Blickrichtung, Intonation) erfahren.
- Wortverständnis für Gegenstände (12–15 Monate)
- Wortverständnis für Bilder (10 Bilder der 1. Stufe 15–18 Monate)
- Wortverständnis für Körperteile (24 Monate)
- Verständnis einfacher Aufforderungen im spielerischen Kontext (12–15 Monate)
- Verständnis für einfache Aufforderungen ohne symbolische Inhalte (15 Monate)
- Verständnis für einfache Aufforderungen mit autosymbolischen und symbolisch dezentrierten Inhalten (18 Monate)
- Verständnis für einfache Aufforderungen mit absurden Inhalten (je nach Strategie 18–24 Monate)
- Verständnis für zusammengesetzte Aufforderungen (30–36 Monate)

Ich-Entwicklung

Material: Spiegel, evtl. Video-Ausrüstung

Beobachtungssituation: während der ganzen Abklärung; Kind in günstigem Moment Farbtupfer auf die Nase malen und vor den Spiegel führen
- Beziehung zur Mutter/zum Therapeuten (Trennungssituation)
- erkennt sich im Spiegel; akzeptiert, Grimassen zu schneiden (ab 24 Monaten)
- berührt sofort Farbtupfer auf der Nase und versucht, ihn wegzuwischen (18–24 Monate)
- erkennt sich auf dem Monitor und schaut die Aufzeichnung interessiert an (ab 24 Monaten)
- erkennt, wenn Gegenstände schmutzig oder kaputt sind (18–24 Monate)
- zeigt Zufriedenheit, wenn es eine Aufgabe (bspw. Formen einordnen, Puppe ausziehen) beendet hat (24 Monate)
- akzeptiert, wenn die Sitzung zu Ende ist, kollaboriert (24 Monate)

Zusammenfassung

Beschreibung des durchschnittlichen Entwicklungsalters in den verschiedenen Kompetenzbereichen (spezifische Ausfälle) innerhalb eines Bereiches?

→ homogenes Profil?
→ *Dissoziationen* zwischen den verschiedenen Bereichen?

Interpretation des Profils: was könnte wie zusammenhängen? Kann ein Ausfall mit Problemen in anderen Bereichen erklärt werden? Handelt es sich um eine isolierte, spezifische Störung? Gibt es Zusammenhänge mit bestimmten anamnestischen Daten (Schwangerschaft, Geburt, Unfälle, Geschwister usw.)?

8.3 Analyse und Diskussion der Entwicklungsprofile spracherwerbsgestörter Kinder

Für die Darstellung und Diskussion der Entwicklungsprofile spracherwerbsgestörter Kinder wurden die Beobachtungsdaten von 20 Kindern ausgewählt.

Die Auswahl erfolgte aufgrund folgender Kriterien:

1. Die Kinder wurden im Alter zwischen 22 und 36 Monaten abgeklärt.
2. Zu diesem Zeitpunkt hatten sie eine Sprachproduktion von 2 bis maximal 10 Wörtern.

3. Das Entwicklungsalter in den Bereichen psychomotorische und praktisch-gnostische Kompetenzen entspricht dem chronologischen Alter des Kindes.
4. Die Kinder zeigen keine offensichtlichen Probleme im neurologischen, sensorischen und affektiven Bereich.
5. Aus den anamnestischen Daten resultieren keine Komplikationen in der prä-, peri- oder postnatalen Entwicklungsphase.

Die Beobachtungsdaten der einzelnen Kinder zu den Bereichen symbolische und kommunikative Kompetenzen, Sprachproduktion, Sprachverständnis und Ich-Entwicklung sind in Tabelle 1 (S. 141–144) zusammengefasst.

Alle Kinder, welche aufgrund einer stark verzögerten sprachlichen Produktion zur Abklärung vorgestellt wurden, zeigen eine Verzögerung von 10–20 Monaten in den Bereichen der symbolischen und kommunikativen Entwicklung und im Sprachverständnis sowie eine Verzögerung von 6–12 Monaten im Bereich der Ich-Entwicklung.

Im folgenden soll nun die Frage geklärt werden, welchen Entwicklungsstand die Kinder innerhalb der verschiedenen Kompetenzbereiche aufweisen und welche Prozesse als *störungsspezifisch* betrachtet werden können.

Im Bereich des **Symbolspiels** sind fast alle Kinder fähig, mit dem entsprechenden Gegenstand eine funktionale Handlung auszuführen, sowie eine einfache, dezentrierte symbolische Handlung nachzuahmen.

Der nächste Entwicklungsschritt würde nun darin bestehen, autosymbolische und symbolisch dezentrierte Handlungen spontan durchzuführen, um dann zu einer symbolischen Sequenz zu gelangen. Aufgrund der Beobachtungen kann man annehmen, dass die Kinder zu diesem Schritt nicht fähig sind, weil ihre Handlungen noch zu stark an den Gegenstand gebunden sind.

Dies bewirkt, dass das Kind sich nicht auf das Objekt bzw. auf das *Resultat* der Handlung konzentrieren kann.

Der Unterschied zwischen der funktionalen Handlung «Löffel gebrauchen, indem er an den Mund der Puppe geführt wird» und der symbolischen Handlung «tun, als ob die Puppe vom Löffel essen würde», besteht darin, dass im ersten Fall die Handlung vom Löffel bestimmt und ausgelöst wird, während im zweiten Fall der Schwerpunkt vom Instrument (Löffel) auf das Objekt der Handlung (Puppe) verlagert wird.

Mit anderen Worten ist die Handlung «der Puppe mit dem Löffel zu essen geben» erst dann symbolisch, wenn das Kind sich vorstellt, dass die Puppe isst, d. h. wenn es die Puppe von einem nicht essenden in ein essendes Wesen transformiert.

Der Schritt zur Handlungssequenz besteht dann nur noch darin, dass der Puppe der vom Essen schmutzige Mund abgewischt werden muss, dass sie müde vom Essen ins Bett gebracht werden muss.

Auch bei der Imitation symbolischer Handlungen wird deutlich, wie die Gebundenheit an den Gegenstand eine Nachahmung oder Erweiterung symbolischer Sequenzen verhindert.

Alle Kinder waren fähig, das Aufdrehen eines fiktiven Wasserhahns an der Wand zu imitieren. Sie scheinen sich folglich einen abwesenden Gegenstand vorstellen und die damit verbundene Handlung ausführen zu können.

Was sie sich nicht vorstellen können, ist das Resultat dieser Handlung, bspw. eine Badewanne voll Wasser. Entsprechend reagieren sie auf plätschernde oder waschende Gebärden des Erwachsenen verständnislos oder ungläubig.

Die zentralen Schwierigkeiten der untersuchten Kinder bestehen folglich darin, *die Transformationen, welche durch ihre symbolischen Handlungen bewirkt werden, zu erkennen und darauf zu reagieren.*

Im Bereich der **kommunikativen Kompetenzen** sind alle Kinder fähig, einen guten Kontakt zum Interaktionspartner aufzubauen und aufrechtzuerhalten.

Die Schwierigkeiten beginnen da, wo es darum geht, Gegenstand und Partner zu integrieren, d. h. im Entwicklungsalter von 15 bis 18 Monaten.

Um eine Integration von Gegenstand und Interaktionspartner zu erreichen, muss das Kind genug Sicherheit im Umgang mit Gegenständen sowie einen gewissen Grad an Dezentrierung und Loslösung vom Partner erworben haben.

Dies wird besonders deutlich bei der Entwicklung der Fähigkeit, um Hilfe zu bitten. Erst wenn das Kind weiss, was man mit dem Gegenstand tun könnte, d. h. wenn es das Resultat einer Handlung antizipieren kann, ist es fähig, zu realisieren, dass es dies allein nicht erreichen kann. Um die Hilfeleistung eines anderen zu erfragen, muss es wissen, dass dieser unterschiedliche Dinge tun kann und dass es Mittel gibt, mit denen man die Handlungen des anderen verändern oder transformieren kann.

Fast alle untersuchten Kinder scheinen zu wissen, dass der Partner anderes oder mehr kann. Mehr als die Hälfte der Kinder kennen auch die Mittel, mit denen man dessen Handlungen verändern kann.

Alle haben jedoch Schwierigkeiten, sich auf das Resultat dieser Veränderung zu konzentrieren. Die Bindung der Handlung an den Gegenstand verhindert eine Konzentration auf das Resultat der eigenen sowie der Handlung des anderen. Einige Kinder sind deshalb zwar fähig, den Gegenstand dem anderen zu geben, wenn sie ihn nicht bedienen können. Befindet er sich aber nicht mehr in ihren Händen, verliert auch die Handlung und damit ihr Resultat an Bedeutung. Sie können den Gegenstand nicht mehr zurückverlangen, bzw. die Handlung zu Ende führen, weil sie weder das Resultat ihrer Handlung (geben → der andere hat den Gegenstand), noch das Resultat der Handlung des anderen (flicken, öffnen → der Gegenstand ist wieder brauchbar) erkennen können.

Der kommunikative Gebrauch von Wörtern schliesslich würde eine noch weit fortgeschrittenere Stufe von symbolischer und Ich-Entwicklung verlangen. Gegenstände müssen nicht nur durch Wörter ersetzt, in Wörter transformiert werden, sondern das Kind muss sich zugleich vorstellen können, dass der andere diese Wörter in Gegenstände zurücktransformieren kann.

Die Schwierigkeiten im Bereich der kommunikativen Kompetenzen bestehen folglich weniger in der Fähigkeit, *mit dem anderen zu kommunizieren* als darin, die *Transformationen, welche über die Kommunikation erreicht werden, wahrzunehmen und zu antizipieren.*

Die **sprachlichen Produktionen** der untersuchten Kinder sind dadurch charakterisiert, dass sie sich fast durchwegs auf *Zustände* und selten auf Handlungen beziehen.

Geäussert werden fast alle Wörter vor oder nach der Handlung mit dem Gegenstand. Weder wurde der andere dabei angeschaut, noch schienen die Kinder zu erwarten, dass der andere auf ihre Äusserungen reagiert. Fällt bspw. ein Gegenstand zu Boden, wird das Wort «bumma» dann geäussert, wenn dieser schon am Boden liegt. Kein Kind war fähig, das Wort «bumma» als Antizipation oder während des Hinunterfallens eines Gegenstandes (bspw. beim Turmbauen) zu gebrauchen.

Bezeichnend für diese Tatsache ist auch das Fehlen von Verben in den sprachlichen Produktionen aller Kinder.

Keines der untersuchten Kinder hat je versucht, Wörter in *Wortspielen* zu verändern und zu *experimentieren,* welche Reaktionen damit beim anderen ausgelöst werden.

Die Wörter scheinen zum Gegenstand zu gehören: sie werden nicht als Repräsentationen, sondern als Teilaspekte von Gegenständen oder Zuständen behandelt.

Die einzigen Wörter, welche kommunikativ gebraucht werden, sind die Namen «mamma», «papà» und «nonna» sowie die sozialen Wörter «no», «si» und «io», wobei letzteres nur von einem Kind geäussert wurde. Diese Wörter haben gemeinsam, dass sie eine wenig repräsentative, aber ausgeprägte soziale Funktion haben. Tatsächlich scheinen die meisten Kinder zu wissen, wie ein kommunikativer Austausch funktioniert. Einige sind sogar fähig, Wörter als Antwort auf Fragen («was ist das?») zu gebrauchen. Oft konnte auch beobachtet werden, dass sie die Strategie benützen, auf alle Äusserungen des Erwachsenen mit «eh?» zu reagieren, womit die Kommunikation wenigstens formal aufrechterhalten werden konnte.

Alle Beobachtungen deuten darauf hin, dass diese Kinder noch nicht *entdeckt haben, was Sprache ist und wozu sie dient.* Sie scheinen zwar zu wissen, dass man mittels Sprache kommuniziert, können aber dieser Kommunikation keine Inhalte verleihen.

Alle untersuchten Kinder besitzen ein äusserst eingeschränktes **Sprachverständnis**. Dies ist insofern wenig erstaunlich, als das Sprachverständnis weitgehend auf der Integration der symbolischen und kommunikativen Kompetenzen beruht.

Um Sprache zu verstehen, muss das Kind sowohl fähig sein, die Wörter von Gegenständen und Handlungen losgelöst zu betrachten, wie auch erfahren haben, dass man mit Wörtern Handlungen, Gedanken und Gefühle des anderen verändern kann und will.

Die untersuchten Kinder befinden sich in einem Stadium, wo die Wörter und die Handlungen noch mit dem Gegenstand verknüpft sind. Für das Sprachverständnis bedeutet dies, dass auch die Wörter des anderen als Teilaspekt des Gegenstandes behandelt werden. Zusätzlich besteht auf der kommunikativen Ebene das Problem, dass diese Kinder die Veränderungen, welche durch die Kommunikation bewirkt werden, nicht wahrnehmen können. Für das Sprachverständnis bedeutet dies, dass sie den Kommunikationen des anderen nicht die Absicht zuschreiben können, Handlungen verändern zu wollen. Die Tatsache, dass sich das Sprachverständnis fast aller Kinder auf *Gegenstandswörter* beschränkt, widerspiegelt diese Schwierigkeiten im symbolischen und kommunikativen Bereich.

Dabei ist diese Strategie insofern wenig sinnvoll, als sich die sprachliche Kommunikation in dieser Entwicklungsphase jedenfalls auf die Hier- und Jetzt-Situation bezieht. Von welchem Gegenstand der andere spricht, ist folglich meist über nonverbale Mittel wie Blickkontakt, Gestik und Mimik zu erfahren (Beispiel: Das Kind hält den Ball, sieht den Ball – die Mutter zeigt darauf und sagt «bring, wirf, hol den Ball»). Was man aber mit dem Gegenstand tun soll (bringen, werfen, holen), ist normalerweise in den Handlungswörtern verschlüsselt.

In einer früheren Entwicklungsphase tendieren normale Kinder deshalb dazu, sich im Sprachverständnis primär auf die Handlungswörter zu konzentrieren.

Die Sprachverständigungsstrategien der untersuchten Kinder können in diesem Sinne als spezifisch oder atypisch charakterisiert werden.

Im Bereich der **Ich-Entwicklung** zeigen alle Kinder eine leichte Verzögerung. Ab Video erkennen die kleineren Kinder weder sich selbst noch die Mutter; bei den grösseren ist vor allem auffällig, dass sie noch keinen Eigenstandard entwickelt haben. Da die Ich-Entwicklung in einem Zusammenhang mit den kommunikativen Kompetenzen und dem Sprachverständnis steht, kann man grundsätzlich davon ausgehen, dass es sich bei dieser Verzögerung um eine sekundäre Folge der Probleme im Bereich der Interaktion handelt. Etwas anders ist dies bei den Kindern, welche seit dem Beginn des zweiten Lebensjahres grosse Trennungsängste gezeigt haben. In diesen Fällen ist anzunehmen, dass diese Loslösungsprobleme mitverantwortlich sind für die Schwierigkeiten im Umgang mit Gegenständen.

Besonders aber bei den grösseren Kindern muss berücksichtigt werden, dass die sprachliche Ausdrucksfähigkeit entscheidend ist für die Ich-Entwicklung.

Der Mangel an sprachlicher Ausdrucksfähigkeit wirkt sich deshalb zumindest ab dem Alter von etwa zwei Jahren hemmend auf die Ich-Entwicklung aus.

Zusammenfassend sind die untersuchten Kinder vor allem in den Bereichen Symbolspiel und Kommunikation, Sprachproduktion und Sprachverständnis von einem grösseren Entwicklungsrückstand betroffen. Dabei zeigt sich in allen vier Bereichen eine gemeinsame Problematik: Alle Kinder konzentrieren sich primär auf die *statischen Merkmale der Realität* und weniger auf die durch Handlungen ausgelösten *Transformationen der Realität*.

8.4 Planung und Durchführung therapeutischer Prozesse

8.41 Begründung früher therapeutischer Interventionen

Hier stellt sich primär die Frage, ob und wie sich eine therapeutische Intervention bei Spracherwerbsstörungen in einer frühen Entwicklungsphase rechtfertigen lässt.

Eltern, welche sich an Fachleute wenden, weil ihr Kind im Alter von etwa zwei Jahren noch nicht oder kaum spricht, werden normalerweise mit den Worten «es kommt schon noch; er ist halt ein Spätzünder» vertröstet.

Diesen Fachleuten – meist handelt es sich um Kinderärzte – können nun nicht einfach mangelnde Kenntnisse des Spracherwerbs und seiner Störungen vorgeworfen werden; oft ist ihr Verhalten durch die Erfahrung begründet, dass es tatsächlich Kinder gibt, welche zwar etwas später, aber dennoch problemlos sprechen lernen.

Es gibt aber auch viele Kinderärzte, welche die Eltern zur Abklärung ihrer Kinder an eine logopädische Institution verweisen, wo sie jedoch meist mit der gleichen Begründung wiederum abgewiesen werden.

Dabei spielt nicht zuletzt die Tatsache eine Rolle, dass die logopädische Abklärungspraxis auf Tests basiert, welche im Falle eines Fehlens der Sprache gar nicht durchgeführt werden können. Viele Logopäden stehen deshalb vor dem Problem, nicht über die Kenntnisse und Mittel zu verfügen, aufgrund derer ein Kind, welches nicht spricht, beobachtet und beurteilt werden kann.

Viele Eltern betonen aber bei der Abklärung ihres nunmehr vier- bis fünfjährigen Kindes, dass sie sich schon seit langer Zeit um die mangelnde oder verzögerte Sprachentwicklung ihres Kindes gesorgt und entsprechenden Rat gesucht hätten.

Solche Aussagen bestätigen die Annahme, dass es Kinder gibt, deren Störungen im sprachlichen Bereich sich sehr früh manifestieren und ohne therapeutische Intervention auch noch im Alter von vier bis fünf Jahren stark ausgeprägt sind.

Mit einer Behandlung in einer frühen Entwicklungsphase käme man demnach nicht nur den Sorgen der Eltern entgegen, sondern auch dem Kind, das zu diesem Zeitpunkt wahrscheinlich symptomfrei wäre.

Eine Behandlung in frühen Entwicklungsphasen hat zudem den Vorteil, dass sie vom Kind als spielerische Unterhaltung empfunden wird, was nicht zuletzt damit zusammenhängt, dass sein Störungsbewusstsein umso geringer ist, je früher die Behandlung einsetzt.

Zusammenfassend steht die Frage nach der Rechtfertigung einer frühen therapeutischen Intervention bei Spracherwerbsstörungen vor allem in Abhängigkeit *differentialdiagnostischer Kriterien*, aufgrund welcher Kinder mit Spracherwerbsstörungen von Kindern mit einer einfachen Verzögerung des Sprechbeginns unterschieden werden können.

8.42 Differentialdiagnostische Kriterien

Aufgrund der theoretischen Ausführungen und auf der Basis der klinischen Erfahrungen kann die Hypothese aufgestellt werden, dass das wichtigste Kriterium der Differentialdiagnose von Spracherwerbsstörungen im *Sprachverständnis* liegt.
Als Brücke zwischen kommunikativen und symbolischen Kompetenzen einerseits und Ich-Entwicklung und Sprachproduktion andererseits stellt es eine Art Signal dar bezüglich möglicher Probleme in diesen Bereichen.
Mit anderen Worten würden Kinder mit einer verzögerten Sprachentwicklung, aber *gutem Sprachverständnis* (sowie selbstverständlich altersadäquaten praktisch-gnostischen und psychomotorischen Kompetenzen) die Sprache auch ohne therapeutische Intervention erwerben. Eine Verzögerung der Sprachentwicklung, *verbunden* mit Sprachverständnisstrategien, welche nicht altersadäquat entwickelt und tendenziell statischer Natur (an Gegenstandswörtern orientiert) sind, liesse darauf schliessen, dass es sich um eine Spracherwerbsstörung handelt, welche ohne therapeutische Intervention bestehen bleibt.

Um diese Hypothese zu überprüfen, wurde folgendes Vorgehen gewählt:

1. Bei sprachentwicklungsverzögerten Kindern, welche keine Störungen des Sprachverständnisses aufwiesen, wurde keine Therapie durchgeführt. Die Eltern wurden beraten und aufgefordert, sich in Abständen von drei Monaten zu einer Kontrolluntersuchung zu melden.
2. Allen Eltern der sprachentwicklungsverzögerten Kinder, welche zusätzlich eine Störung des Sprachverständnisses aufwiesen, wurde eine Eingliederung ihres Kindes in die therapeutische Gruppe unseres Zentrums vorgeschlagen.

Eine Zusammenstellung der verfügbaren Daten zeigt folgendes Bild:

1. Von den Eltern der 11 sprachentwicklungsverzögerten Kinder mit gutem Sprachverständnis meldeten sich nur drei zu den Kontrolluntersuchungen. Die restlichen acht blieben ohne Begründung fern.
Bei den drei Kindern, welche zur Kontrolle gebracht wurden, konnten spätestens nach sechs Monaten keine sprachlichen Probleme mehr festgestellt werden.
2. Neun Eltern der 20 Kinder mit Störungen in Sprachproduktion und Sprachverständnis, akzeptierten die Eingliederung ihrer Kinder in die therapeutische Gruppe.
5 Eltern mussten auf die Behandlung ihrer Kinder aus organisatorischen Gründen verzichten, meldeten sich aber regelmässig zur Kontrolle.
6 Eltern akzeptierten die Behandlung ihrer Kinder nicht und erschienen auch nicht mehr zur Kontrolle.
Die Beobachtungsdaten aus den Kontrolluntersuchungen, welche 9 bis 12 Monate nach der Abklärung erfolgten, zeigen, dass sieben der neun Kinder mit therapeutischer Intervention keine Symptome mehr aufwiesen. Die restlichen zwei zeigen nur noch Probleme in der Sprachproduktion, vor allem auf der syntaktischen Ebene. Alle fünf Kinder, auf deren Behandlung verzichtet werden musste, zeigten nach wie vor ausgeprägte Probleme in allen Kompetenzbereichen (s. Kap. 8.5).

Aufgrund dieser Daten lässt sich die Hypothese tendenziell bestätigen, dass *das Sprachverständnis ein gutes differentialdiagnostisches Kriterium* zur Unterscheidung von einfachen Sprachentwicklungsverzögerungen und Spracherwerbsstörungen darstellt.

8.43 Methodik und Organisation

Der im folgenden beschriebene methodische Ansatz therapeutischen Handelns mit spracherwerbsgestörten Kindern orientiert sich inhaltlich und methodisch an den Prozessen des normalen Spracherwerbs. Diese Vorgehensweise wird auch als «entwicklungsproximaler Ansatz» bezeichnet (vgl. DANNENBAUER 1983, 18). Die Wahl eines solchen Ansatzes lässt sich primär über die Definition der Spracherwerbsstörung selbst begründen.

Die Spracherwerbsstörung definiert sich als eine ausserhalb der Normalität verlaufende Sprachentwicklung.

Dies bedeutet, dass sich die Diagnose der Spracherwerbsstörung nicht an einem *Ist*-Zustand orientiert, sondern an einem *Verlauf*. Zudem impliziert diese Definition, dass der *normale* Verlauf massgebend ist für die Art und das Ziel therapeutischer Interventionen.

Mit DANNENBAUER (1983, 271) muss man sich im Rahmen der Begründung eines entwicklungsproximalen Ansatzes auch die Frage stellen, inwiefern eine Spracherwerbsstörung eine **temporelle Verzögerung** oder eine **strukturelle Abweichung** darstellt. Auf der Basis der Diskussion des Beobachtungsmaterials über die 20 spracherwerbsgestörten Kinder kann davon ausgegangen werden, dass es sich bei diesen Kindern nicht nur um eine zeitliche Verzögerung der Entwicklung der sprachlichen Fähigkeiten handelt.

Erstens sind zusätzlich verschiedene weitere Kompetenzbereiche von einem Entwicklungsrückstand betroffen. Zweitens scheint dieser Rückstand wenigstens teilweise durch den Gebrauch atypischer Strategien und Prozesse verursacht worden zu sein.

Die Bewertung «atypisch» oder «spezifisch» nimmt aber wiederum Bezug auf das nicht typische oder unspezifische, d. h. auf die Normalität.

Aus therapeutischer Sicht geht es folglich darum, das Kind von der Anwendung atypischer zum Gebrauch adäquater Strategien zu führen. Dies ist aber nur möglich auf der Basis eines grundlegenden Verständnisses des Inhalts und der Voraussetzungen für den Gebrauch solcher adäquater Strategien.

Damit wird hier die Ansicht vertreten, dass sich das Verständnis und damit die Diagnostik und Therapie auch bei Störungsbildern, bei welchen atypische oder strukturell abweichende Entwicklungsverläufe feststellbar sind, *an normalen Entwicklungsverläufen orientieren müssen*.

Bezüglich Inhalt und Methodik der therapeutischen Intervention bedeutet dies in erster Linie, dass mit dem Kind *nicht geübt,* sondern *gespielt* werden muss.

Was die **zeitliche Organisation** anbelangt, sind folglich Therapieeinheiten von 30 Minuten grundsätzlich sinnlos.

Je kleiner ein Kind ist, umso mehr Zeit braucht es, um mit dem Raum, den Gegenständen und dem Therapeuten vertraut zu werden. Spielen statt üben impliziert zudem, dass dem Kind die Zeit gegeben wird, sich so lange mit einem Gegenstand auseinanderzusetzen, wie es will und kann. Es liegt dabei in der Kompetenz des Therapeuten, diese Auseinandersetzung so zu variieren und zu erweitern, dass dabei keine Perseverationen entstehen.

In vielen Fällen besteht zudem eines der Therapieziele gerade darin, das Kind dazu zu führen, eine Handlung selbst beenden zu können.

Frühe Entwicklungsphasen sind dadurch gekennzeichnet, dass das Kind in kurzer Zeit sehr viele neue Kompetenzen erwirbt. Mit anderen Worten unterscheiden sich Kinder zwischen fünfeinhalb und sechs Jahren weniger stark voneinander als bspw. Kinder zwischen 12 und 18 Monaten.

Dies bedeutet einerseits, dass Wartezeiten von drei bis sechs Monaten bei diesen Kindern vermieden werden sollten; andererseits ist es angezeigt, die therapeutische Intervention zeitlich intensiv, aber möglichst kurz zu gestalten.

Unsere klinische Erfahrung hat gezeigt, dass eine tägliche Therapie von etwa zwei Stunden für die Dauer von zwei bis drei Monaten zu den besten therapeutischen Erfolgen führt.

Eine solche Frequenz ist jedoch vor allem aus organisatorischen Gründen meist nur dann möglich, wenn die Kinder in Kleingruppen zusammengefasst werden.

Wie bereits erwähnt, wurde am Kinderneuropsychiatrischen Institut der Universität Rom ausschliesslich im Rahmen von Gruppentherapien gearbeitet. Prinzipien und Merkmale der Gruppentherapie, welche aus dieser Erfahrung resultieren, sollen deshalb im folgenden kurz dargestellt werden.

8.44 Merkmale der Gruppentherapie

Die folgenden Ausführungen basieren auf der Erfahrung mit insgesamt 612 entwicklungsgestörten Kindern zwischen 2 und 6 Jahren, welche in den letzten 14 Jahren eine therapeutische Gruppe der neuropsychologischen Abteilung des Kinderneuropsychiatrischen Instituts der Universität Rom besuchten (vgl. LEVI, FABRIZI, DIOMEDE 1985).

Eine Gruppe besteht aus 7 Mitgliedern, zwei davon sind Therapeuten. Die klinische Zusammensetzung der Kinder ist prinzipiell *nicht homogen*, d. h. die Gruppe besteht aus Kindern mit unterschiedlichen Fähigkeiten und Problemen.

Damit werden in der **Gruppendynamik** die individuellen Unterschiede akzentuiert und es kann ein Gleichgewicht erreicht werden zwischen dem, was jedes Kind dem anderen geben und vom anderen nehmen kann. Die Prozesse der gegenseitigen Imitation und Identifikation sind deshalb entscheidend für die Gruppendynamik und für die Therapie.

Bezüglich der Vorbereitung und Führung einer Gruppe stehen den **Therapeuten** zwei Möglichkeiten offen.

1. Sie können die Vorschläge jedes einzelnen Kindes aufnehmen und erweitern, um dann eine Verbindung unter den Kindern zu fördern und langsam zum Interagenten einer *Gruppe* zu werden.
2. Sie können warten, bis jedes Kind selbst die Initiative ergreift, sich bezüglich der anderen Kinder zu charakterisieren, um sie dann bei der Behauptung dieses Ich-Bildes zu unterstützen.

Der Prozess dieser ersten gegenseitigen Exploration ist dann beendet, wenn a) jedes Kind beim Therapeuten ein Merkmal, oft einen Übernamen, hat; b) die Kinder einen Gruppenstil gefunden haben, der die Therapeuten *diese Gruppe* in der Erinnerung einer anderen gegenüberstellen lässt; c) wenn allen klar ist, was jedes Kind in bezug auf die anderen nehmen (nachahmen) und geben (sich nachahmen lassen) kann.

Die **Kinder** tendieren dazu, eine oberflächlich relativ starre Gruppenstruktur aufzubauen. Diese Struktur entsteht aufgrund der Verteilung typischer und meist ziemlich fixer Rollen:

Das *Modell*-Kind stellt normalerweise den Kern oder das Ich der Gruppe dar. Diese Rolle wird häufig vom Kind mit der fortgeschrittensten Ich-Entwicklung eingenommen.

Das *Magnet*-Kind stellt sich zwischen die dominanten und privilegierten Zweier-Gruppierungen. Es handelt sich meist um Kinder, bei denen affektive Probleme im Vordergrund stehen.

Das *antagonistische* Kind versucht wenn immer möglich, Trennungsmanöver zu unternehmen, d. h. die Rollenaufteilung in Frage zu stellen, kann sich aber auch in Abwesenheit des Modell-Kindes nie als Gruppenführer behaupten. Diese Rolle wird oft von unstabilen oder zeitweise inhibierten Kindern eingenommen.

Die *Satelliten*-Kinder geben sich passiv und abhängig von den anderen Kindern, vereinigen aber viele zentrifugale Tendenzen der Gruppe. Meist handelt es sich um mittel bis schwer geistig behinderte Kinder, welche der Gruppe als Modell regressiver Tendenzen dienen.

Diese **Gruppenstruktur** verändert sich normalerweise in den letzten Wochen, wenn die Kinder beginnen, ihre Rollen mit mehr Elastizität zu verkörpern. Die Kompetenzen und Vorlieben der einzelnen Gruppenmitglieder werden akzeptiert und unterstützt, was je nach Aktivität auch zu einem Rollenaustausch führt.

Die **therapeutische Intervention** fügt sich in diesen gruppendynamischen Kontext ein.

Die Therapeuten fühlen sich dann als Mitglieder der Gruppe, wenn sie darauf verzichten können, dem Kind seine Störung oder seine durch die Störung betroffenen Fähigkeiten bewusst zu machen. Können die Therapeuten ihre Rolle als Gruppenmitglieder akzeptieren, sind sie fähig, ihr Programm in die Gruppe einzubringen, d. h. zu warten, bis sie es in den Vorschlägen der Kinder finden.

So gibt es bspw. viele Situationen, in denen die Kinder nicht ausdrücken können, was sie wollen, in denen sie nicht wissen, was sie ausdrücken könnten oder in denen sie nicht verstanden werden. Dabei entstehen normalerweise drei Arten von Spielen: a) die Situation wird *karikiert*, d. h. alle Kinder imitieren und erweitern die unverständliche Kommunikation, bis diese einen akzeptablen Inhalt erhalten hat; b) die Kommunikation wird bewusst *missverstanden*, d. h. die Kinder tun, als ob sie etwas ganz anderes verstanden hätten, wobei eine Art Komödie der Missverständnisse entsteht, welche wiederum mit dem Suchen eines gemeinsamen Inhaltes der Kommunikation endet; c) die Kommunikation wird *umgestürzt*, d. h. die Kinder zeigen kein Verständnis für die unverständliche Kommunikation eines anderen Kindes. Das Spiel wird dabei rasch dramatisch und das Kind versteht oft zum ersten Mal, dass es selbst nicht verstanden wird.

Das Gemeinsame dieser Spiele besteht darin, dass die *Kommunikation in Frage gestellt* wird. Es ist nicht mehr klar, was kommuniziert und was verstanden, was nicht kommuniziert und was nicht verstanden wird.

In dieser Krise wird vielen Kindern oft erstmals bewusst, dass sie *vom anderen verstanden werden müssen, um ihn verstehen zu können,* bzw. dass sie *den anderen verstehen müssen, um selbst verstanden zu werden.*

Indem die Gruppe solche Prozesse gegenseitiger Identifikation und Imitation ermöglicht, unterstützt und stimuliert sie neue Formen der Kommunikation und Symbolisierung.

8.45 Ziele und Planung der therapeutischen Prozesse

Den **Ausgangspunkt** für die Planung therapeutischer Prozesse bildet das Entwicklungsprofil. Dies bedeutet in erster Linie, dass die Planung der Therapie ihre Grundlagen in den Fähigkeiten des Kindes hat – und nicht in seinen Störungen.

Das **Ziel** der Therapie besteht grundsätzlich im Erreichen eines homogenen Entwicklungsprofils; d. h. darin, alle Kompetenzbereiche auf denselben Entwicklungsstand zu bringen.

Das inhaltliche und methodische **Vorgehen** orientiert sich an den Prozessen des normalen Spracherwerbs.

Die theoretischen Ausführungen zur Entwicklung der einzelnen Kompetenzbereiche bilden deshalb zusammen mit der Analyse des Entwicklungsprofils die Grundlage für die Planung des therapeutischen Prozesses.

Im Falle der spracherwerbsgestörten Kinder zeigt das Entwicklungsprofil, dass die Störungsbereiche in den symbolischen und kommunikativen Kompetenzen sowie im Sprachverständnis und in der Sprachproduktion liegen. Die Fähigkeiten in diesen Bereichen entsprechen einem Entwicklungsalter von 12 bis 15 Monaten.

Alle Kinder sind fähig, einen direkten kommunikativen Austausch aufzubauen und aufrecht zu erhalten. Alle Kinder haben zudem gute psychomotorische und praktisch-gnostische Kompetenzen.

Die Analyse der Beobachtungsdaten zeigt, dass ein grosser Teil der Probleme auf die Schwierigkeit zurückgeführt werden kann, Transformationen zu erkennen und zu antizipieren.

Das **Hauptziel** der Therapie kann folglich so umschrieben werden: Über den Gebrauch der gut entwickelten praktisch-gnostischen und psychomotorischen Fähigkeiten soll das Kind dazu geführt werden, sich auf die Resultate seiner eigenen Handlungen sowie der Handlungen anderer zu konzentrieren; d. h. die Transformationen der Realität erkennen und antizipieren lernen.

In Anlehnung an den Verlauf der Prozesse des normalen Spracherwerbs können folgende **therapeutische Phasen** unterschieden werden:

1. Konzentration auf die Resultate von Handlungen mit Gegenständen und damit auf die Transformationen der Realität

2. Konzentration auf die Resultate von Handlungen ohne Gegenstände und entsprechende reale oder fiktive Transformationen

3. Experimente mit dem Handlungswort

4. Konzentration auf die Transformation des Gegenstandes, welche durch den Gebrauch von Handlungswörtern entsteht

5. Gemeinsame Handlung mit dem Gegenstand und damit Antizipation der Transformationen

6. Konzentration auf die Transformationen, welche durch den Gebrauch von Handlungs- und Gegenstandswörtern entstehen – bei sich selbst (Sprachverständnis) und beim anderen (Sprachproduktion)

7. Antizipation der Transformationen, welche durch den Gebrauch kommunikativer Mittel entstehen → sprechen und verstehen, um gemeinsam handeln zu können.

8.46 Durchführung

Die folgenden Beispiele zur Durchführung der Therapie spracherwerbsgestörter Kinder basieren auf den Erfahrungen der Gruppentherapie.

Wie bereits mehrmals betont wurde, orientiert sich die Durchführung eines Therapieprogrammes an den Wünschen, Bedürfnissen und Vorschlägen der einzelnen Kinder sowie an gruppendynamischen Prozessen.

Es gehört folglich grundsätzlich zu den Kompetenzen des Therapeuten, von Kind zu Kind und von Gruppe zu Gruppe immer wieder neu zu entscheiden, wann, weshalb und mit wem welche therapeutische Situationen geschaffen werden.

Die im folgenden beschriebenen Beispiele solcher Situationen sind deshalb als *Beispiele* zu verstehen und nicht als Aufgaben eines festgelegten therapeutischen Programms.

Entsprechend lassen sie sich auch auf die Einzeltherapie übertragen, sofern der Therapeut bereit ist, gemeinsam mit dem Kind zu handeln, sich in einen Rollenwechsel mit dem Kind zu begeben und damit selbst ein bisschen Kind zu sein.

1. Phase:
Konzentration auf die Resultate von Handlungen mit Gegenständen und damit auf die Transformationen der Realität

In dieser Phase wird das Schwergewicht vor allem auf die Resultate einfacher Handlungen mit Gegenständen gelegt. Neben dem visuellen wird dabei insbesondere auf das taktil-kinästhetische Wahrnehmen von Transformationen geachtet sowie auf die Zusammenhänge zwischen Art und Weise der Durchführung der Handlung und Art des Resultates eingegangen.

Beispiele:
- hämmern auf weicher Unterlage → Abdrücke des Hammers sehen und fühlen; schwach, stark hämmern → grosse, tiefe, kleine, kaum spürbare Löcher
- malen, zeichnen → Farbe, Linie sehen, spüren
- Gegenstände waschen → Nässe sehen, spüren
- trocknen (föhnen) → Feuchtigkeit, Trockenheit
- kämmen → feine, glatte Haare; stark kämmen → Schmerz
- essen, trinken (Znüni) → betasten, spüren des vollen Bauches.

2. Phase:
Konzentration auf die Resultate von Handlungen ohne Gegenstände und damit auf die realen oder fiktiven Transformationen der Realität

In dieser Phase wird versucht, möglichst häufig ohne Gegenstände zu spielen. Um solche Situationen einzuleiten, werden immer mehr Gegenstände aus dem Behandlungsraum entfernt (*fragen* die Kinder nach den Gegenständen, umso besser!). Handlungen ohne Gegenstände haben in dieser Entwicklungsphase drei Aspekte:

a) funktionale Handlungen in Abwesenheit des Gegenstandes

Beispiele:
- Puppe ohne Löffel zu essen geben, ohne Kamm kämmen, ohne Wasser Gegenstände waschen

Auch hier wird versucht, das Schwergewicht auf das fiktive Resultat solcher Handlungen zu legen.

b) Bewegungen im Raum

Beispiele:
- stampfen → der Raum vibriert, es ist laut
- auf den Zehenspitzen gehen → man hört und spürt fast nichts
- Füsse mit Kreide bestreichen und umhergehen → auch Gehen hat ein Resultat, verändert den Raum (grosse/kleine Schritte)
- alle im Raum verteilt → der Raum ist «gefüllt»
- alle in einer Ecke → der Raum ist fast leer
- alle in eine andere Ecke → der Raum wird anders, man sieht jetzt das Fenster, vorher die Tür

In dieser Phase geht es vor allem um die Beziehung der *eigenen* Bewegung zum Raum und um die Transformationen des Raums.

Auf die Beziehungen *zwischen* den Kindern und dem Raum wird erst in einer späteren Phase eingegangen.

c) Handlungen auf sich selbst und auf dem anderen

Beispiel:
- sich selbst und den anderen streicheln, «ohrfeigen», lecken, «beissen», küssen

Im Gegensatz zu den funktionalen Handlungen ohne Gegenstand sind die Resultate dieser Handlungen sichtbar, hörbar und spürbar. Da es hier aber nicht um Transformationen von Gegenständen, sondern von Personen geht, verlangen diese Handlungen zusätzlich eine gewisse Dezentrierung, d. h. das Kind muss lernen, dass es nebst «objektiven» Transformationen auch subjektive gibt, nämlich das Auslösen von *Gefühlen*!

3. Phase:
Experimente mit dem Handlungswort

In dieser Phase geht es um die Konzentration auf die Transformationen, welche durch den Gebrauch von Handlungswörtern entstehen. Erst in dieser Phase wird folglich bewusst mit dem Sprachverständnis gearbeitet. Da die Aufforderungen zu den Handlungen aber in den ersten zwei Phasen neben dem Modell immer auch sprachlich erfolgen, hat das Kind schon vorher die Möglichkeit gehabt, die Funktionen von Handlungswörtern zu erfahren.

Beispiel:
- ein Kind spricht Handlungswörter aus, die anderen führen die Handlung aus (Turnus, Rollenwechsel)

Das Kind, welches die Aufforderung ausspricht, erlebt dabei vorerst die **Wirkung** der Worte, d. h. dass sich die anderen bewegen, aktiv werden. Erst später wird auch darauf geachtet, was sie tun und was aus dem Tun entsteht, d. h. dass es Beziehungen gibt zwischen Wort, Art und Resultat der Handlung.

4. Phase:
Konzentration auf die Transformation des Gegenstandes, welche durch den Gebrauch von Handlungswörtern entsteht

In dieser Phase wird nun wieder auf den Gegenstand zurückgegriffen; auf ein gezieltes Einsetzen von Gegenstandswörtern wird aber noch verzichtet.

Die Aufmerksamkeit wird vielmehr auf die Verbindung Handlungs*wort*-Gegenstand und die daraus resultierenden Transformationen des Gegenstandes gelenkt.

Beispiele:
- Türe «schliessen» → Türe ist zu
- Ball «werfen», «treten», «verstecken» → Ortswechsel des Balls
- Gegenstand «nehmen», «geben» → Besitzerwechsel des Gegenstands

5. Phase:
Gemeinsame Handlung mit dem Gegenstand und damit Antizipation der Transformation

Am Anfang dieser Phase wird das Schwergewicht auf die Gemeinsamkeit der Handlung gelegt; erst später wird auf das gemeinsame Ziel einer Handlung und damit auf die Antizipation des Resultats geachtet.

Beispiele:
- gemeinsames Bild malen, zusammen musizieren (Schlaginstrumente)
- gemeinsam einen Turm, eine Strasse, ein Haus bauen
- gemeinsam «Coiffeur» (kämmen, föhnen, waschen), «Verkäuferlis» (kaufen, verkaufen), «Mütterlis» (essen, schlafen, kochen) spielen *(Spielsequenzen)*

Diese Phase bildet die Voraussetzung für die Fähigkeit, um Hilfe zu bitten. Entsprechend werden nun immer wieder Situationen eingebaut, welche dem Kind die Möglichkeit geben, die Funktion und das Resultat von Hilfeleistungen zu erfahren.

Beispiel:
- für die Spielsituation wichtige Gegenstände auf oder in den Schrank legen, in Schachtel mit kompliziertem Verschluss aufbewahren.

6. Phase:
Konzentration auf die Transformationen, welche durch den Gebrauch von Handlungs- und Gegenstandswörtern bei sich und beim anderen entstehen

Diese und die letzte Phase sind durch die Integration der kommunikativen und symbolischen Kompetenzen charakterisiert. Entsprechend verlangen die Spielsituationen immer komplexere Kombinationen der symbolischen und kommunikativen Kompetenzen, des Sprachverständnisses und der Sprachproduktion.

Beispiele:
- einander möglichst witzige, dumme, absurde Aufforderungen stellen
- Bilderbuch oder Bildersequenz anschauen, erzählen und anschliessend spielen (Rollen vertauschen)
- einander einfache Gegenstände nennen, welche anschliessend gemalt werden

7. Phase:
Antizipation der Transformationen, welche durch den Gebrauch verbaler Kommunikation entstehen

Beispiele:
- Gruppenspiele mit Regeln, gemeinsames Besprechen und Verändern der Regeln (Verstecken eines oder mehrerer Gegenstände oder Kinder; Ballspiele, Memory, Lotto usw.)
- Inhalt eines Bildes oder einer Bildsequenz zusammen besprechen und individuell oder gemeinsam malen
- Thema eines Theaters besprechen, Rollen verteilen und spielen

Zusammenfassend muss nochmals betont werden, dass dieses therapeutische Programm auf die untersuchten Kinder mit Spracherwerbsstörungen ausgerichtet ist.

Dies bedeutet aber nicht, dass Kinder mit Problemen in anderen Kompetenzbereichen nicht an diesem Programm teilnehmen können. So werden bspw. die gut entwickelten psychomotorischen und praktisch-gnostischen Fähigkeiten der spracherwerbsgestörten Kinder ausgenützt, um die Aufmerksamkeit auf das Resultat einer Handlung schlechthin zu lenken.

Bei der eigentlichen Ausübung der Handlung können diese Kinder denjenigen als Modell dienen, deren Hauptschwierigkeiten im psychomotorischen und/oder praktisch-gnostischen Bereich liegen. Umgekehrt können spezifische therapeutische Situationen, welche für andere Kinder geschaffen werden, durch leichte Veränderungen oder Erweiterungen, bzw. durch Zentrierung bestimmter Aspekte, immer auch für die Stimulierung der spracherwerbsgestörten Kinder ausgenützt werden.

Schliesslich ist zu beachten, dass auch Situationen, in denen das Kind *nicht* mit seinen Problemen konfrontiert wird, ihre Bedeutung für den therapeutischen Prozess haben.

Eine echte und adäquate sprachliche Kommunikation hat ihre Wurzeln in einer stabilen Ich-Entwicklung.

Die Stärke der **Gruppentherapie** besteht darin, dass sie über Momente der Krise und Sicherheit und über die Prozesse der gegenseitigen Nachahmung und Identifikation dieser Tatsache Rechnung zu tragen vermag.

8.5 Verlauf der Spracherwerbsstörung mit und ohne therapeutische Intervention

Im Kapitel zu den differentialdiagnostischen Kriterien (8.42) wurde die therapeutische Situation der 20 untersuchten Kinder bereits beschrieben. Zusammenfassend kann nochmals festgehalten werden, dass 9 Eltern die Therapie akzeptierten, 6 aus organisatorischen Gründen darauf verzichten mussten, sich aber regelmässig zur Kontrolle meldeten, und 6 freiwillig auf die therapeutische Intervention sowie auf die Kontrolluntersuchungen verzichteten. Im folgenden sollten nun die Entwicklungsprofile, im besonderen die sprachlichen Produktionen der Kinder mit und ohne therapeutische Intervention, dargestellt und miteinander verglichen werden.

In der Untersuchung direkt nach Ablauf der Therapie zeigten alle 9 behandelten Kinder gute symbolische Kompetenzen (Strukturierung eines hierarchischen Symbolspiels), gute kommunikative Fähigkeiten (Gebrauch aller vorhandenen kommunikativen Mittel zum Austausch von Informationen, Absichten und Gefühlen), ein altersadäquates Sprachverständnis (korrekte Ausführung aller Items des Sprachverständnis-Tests) sowie eine fortgeschrittene Ich-Entwicklung (Interesse am eigenen Bild ab Video, guter Eigen- und Fremdstandard).

Alle Kinder zeigten zudem schon direkt nach Ablauf der Therapie grosse Fortschritte in der Sprachproduktion. Alle waren fähig, die Bilder des Wortschatz-Testes ihrer jeweiligen Altersstufe zu benennen; alle zeigten jedoch noch immer mehr oder weniger ausgeprägte Dyslalien. 7 der 9 Kinder waren fähig, korrekte Subjekt-Verb-Objekt-Sätze zu bilden, 2 zeigten hingegen noch grosse Probleme vor allem auf der syntaktischen Ebene.

Bei der Kontrolluntersuchung nach Ablauf von weiteren 6 Monaten zeigten 7 Kinder eine altersadäquate sprachliche Produktion. Zwei Kinder konnten ihre Probleme auf der syntaktischen Ebene auch in der Zwischenzeit nicht überwinden und wurden deshalb für eine zweite therapeutische Intervention angemeldet.

Alle 5 Kinder, welche die therapeutische Gruppe nicht besuchen konnten, zeigten in den Kontrolluntersuchungen nur minime Fortschritte in den Kompetenzbereichen Symbolspiel, Kommunikation, Sprachverständnis und Ich-Entwicklung.

Was die Sprachproduktion anbelangt, konnte ein Kind nur seinen Wortschatz leicht erweitern, weshalb die Eltern sich für eine sofortige therapeutische Intervention entschlossen und sich entsprechend organisierten. Die restlichen vier Kinder hatten hingegen ihre Sprachproduktion auf semantischer und syntaktischer Ebene wesentlich erweitert, weshalb die Eltern zuversichtlich waren, dass sich die Probleme auch ohne therapeutische Intervention lösen würden.

Interessant ist die Tatsache, dass auch die Kinder ohne therapeutische Intervention Fortschritte in der Sprachproduktion aufwiesen, ohne ihre Fähigkeiten in den anderen Kompetenzbereichen wesentlich erweitert zu haben.

Eine Analyse dieser sprachlichen Produktionen und ein Vergleich mit den Äusserungen der behandelten Kinder mit spezifischen Problemen auf der syntaktischen Ebene ist deshalb angebracht.

Die Äusserungen der Kinder ohne therapeutische Intervention bestehen zum weitaus grössten Teil aus Kommentaren ihrer eigenen Handlung mit dem Gegenstand («das ist ein..», «noch ein...», «ich mache....»).

Die **Funktion** ihrer sprachlichen Äusserungen ist folglich primär beschreibend und selten kommunikativ oder informativ. Erfordert die Situation dennoch eine Mitteilung an den anderen, wird wieder auf die Gestik zurückgegriffen (Bsp. Andrea will, dass ihm die Mutter die Nase putzt. Er sagt «eh, mama» und zeigt auf seine Nase, obwohl er bspw. ein Bild der Nase korrekt benennen kann).

Im Vergleich dazu haben die meisten Äusserungen der behandelten Kinder mit spezifischen Problemen auf der syntaktischen Ebene eine primär kommunikative Funktion (ich... – du...).

Die von der Form her rudimentäre Sprache wird gebraucht, um den anderen Informationen über die eigene Handlung zu geben. Entsprechend werden die Äusserungen vor der Handlung gebraucht und mit Blickkontakt und indikativer Gestik verbunden.

Aufschluss darüber, wie die Kinder ohne therapeutische Intervention ihre Sprache weiter entwickeln konnten, gibt die Analyse der **Form** ihrer sprachlichen Äusserungen.

Die sprachlichen Produktionen bestehen fast alle aus mehr oder weniger starren Satzelementen (bspw. «dies ist» + Substantiv, «noch ein» + Substantiv, «ich» + Verb), bzw. aus einer Aneinanderreihung solcher Elemente. Ein ganz typisches Beispiel ist folgender Kommentar zum Bauen einer Brücke: «was ist das – noch eine Brücke – ich mache».

Die Tatsache, dass diese Kinder stark dazu tendieren, die Äusserungen des Erwachsenen direkt zu repetieren, verstärkt die Annahme, dass es sich bei diesen sprachlichen Produktionen um *Assoziationen* von Wörtern oder Satzteilen zu Gegenständen oder Situationen handelt – und nicht um deren Repräsentationen. Entsprechend tauchen auf der semantischen Ebene auch viele Unter- und Überdehnungen von Bedeutungen auf (Bsp. «Auto» für Garage; «alles» für viel, stark).

Interessant ist ein Vergleich mit den Spracherwerbsstrategien normaler Kinder. Der **Form** nach entsprechen die Äusserungen der nicht behandelten Kinder einer *expressiven* Strategie, der **Funktion** nach eher einer *referenziellen* Strategie.

Eine solche Strategienkombination ist in dem Sinne wenig effektiv, als sie sich weder auf die repräsentativen noch auf die kommunikativen Aspekte der Sprache konzentriert.

Die Wahl einer solchen Strategie lässt sich dennoch leicht über die nach wie vor bestehenden Probleme im kommunikativen und symbolischen Bereich erklären.

Im Vergleich dazu liegen die Probleme der behandelten Kinder mit spezifischen Problemen auf der syntaktischen Ebene in einem ganz anderen Bereich.

Da im Rahmen der therapeutischen Intervention die Probleme auf der kommunikativen und symbolischen Ebene sowie im Sprachverständnis gelöst werden konnten, sind sie fähig, alle ihnen zur Verfügung stehenden sprachlichen Mittel zur Kommunikation ihrer Absichten, Gedanken und Gefühle zu gebrauchen.

Diese Mittel, d. h. die Sprachproduktion, sind aber vor allem auf phonologischer und syntaktischer Ebene stark reduziert. Obwohl sie alle Laute isoliert korrekt produzieren können, zeigen sie schon bei der Repetition einer Sequenz von zwei sinnlosen Silben Lautassimilationen und Silbenreduktionen.

Auf der Wort- und Satzebene nehmen diese dann parallel zur Komplexität der Äusserung zu. Dazu einige Beispiele der sprachlichen Produktionen, welche während der Therapie registriert wurden: «Cata» (casa = Haus), «coco» (cavallo = Pferd) → «be-i tate» (belle case = schöne Häuser); «tutti otto» (tutti rotti – alle kaputt) → «totta io mio» (rotta, io mia = meines ist kaputt); «tre» (drei) → «no teni» (no treni = keine Züge).

Spezifische Probleme zeigt auch die Analyse der syntaktischen Struktur.

Bis zum Alter von dreieinhalb Jahren waren diese Kinder nicht fähig, eine einfache Subjekt-Verb-Objekt-Struktur zu produzieren.

Entweder bestehen die Äusserungen aus Subjekt-Objekt-(«io ponte» = ich Brükke; «io tetti ti» = ich diese da), aus Verb-Objekt-(«messo na» = ein anderes hingestellt; « no hanno brumbrum» = haben kein Auto) oder aus Objekt-Komplement-Strukturen («etto bimba a me» = diese Puppe mir).

Aufgrund dieser Analyse der Form der Äusserungen kann man davon ausgehen, dass es sich bei dieser Störung um eine Entwicklungsdysphasie handelt (siehe auch ZOLLINGER, D'ANDREA 1987).

8.6 Zusammenfassung und Diskussion

Aufgrund der Beobachtungsdaten, welche im Verlauf der Abklärung, Therapie und Kontrolluntersuchungen von spracherwerbsgestörten Kindern gesammelt wurden, können folgende Aussagen gemacht werden:

1. Kinder, welche im Alter von zwei bis drei Jahren nicht oder kaum sprechen und dabei keine offensichtlichen Probleme im instrumentellen, affektiven, psychomotorischen und praktisch-gnostischen Bereich aufweisen, können in zwei Gruppen aufgeteilt werden:
    a) Kinder, deren Entwicklungsprofil *ausschliesslich eine Verzögerung der sprachlichen Produktion* zeigt. Es handelt sich dabei um Kinder mit einer einfachen *Verzögerung der Sprachentwicklung*, d. h. mit einem verspäteten Sprechbeginn. Eine therapeutische Intervention ist bei diesen Kindern **nicht angezeigt**.
    b) Kinder, welche neben einer *Verzögerung der Sprachproduktion eine Verzögerung des Sprachverständnisses* sowie nicht altersadäquate symbolische und kommunikative Kompetenzen aufweisen. Bei dieser Störung handelt es sich um eine *Spracherwerbsstörung*, welche ohne therapeutische Intervention wahrscheinlich bis ins Kindergartenalter bestehen bleibt.
2. Die Kinder mit einer Spracherwerbsstörung zeigen folgende **Merkmale**: sie konzentrieren ihre Aufmerksamkeit hauptsächlich auf die statischen Aspekte der Realität, d. h. auf Gegenstände. Dies bedeutet nicht, dass sie nicht handeln können; im Gegenteil, ihre praktisch-gnostischen Kompetenzen sind oft überdurchschnittlich gut entwickelt. Ihre Handlungen sind aber vom Gegenstand bestimmt und nicht vom Interesse oder der Freude am Resultat der Handlung oder der durch sie bewirkten Transformation der Realität. Entsprechend behandeln sie

auch die eigenen Wörter und die Wörter der anderen als *Teile* von Gegenständen und Situationen. Sie scheinen *noch nicht entdeckt zu haben, was Sprache ist und wozu sie dient.*

3. Eine **therapeutische Intervention**, in welcher die Loslösung der Handlung vom Gegenstand und eine Konzentration auf die durch Handlungen bewirkten Transformationen der Realität erarbeitet wird, und wo das Kind über das Sprachverständnis die Funktion von Wörtern kennenlernt, zeigt *gute Resultate* auch bezüglich der Entwicklung der Sprachproduktion.

4. Fast alle spracherwerbsgestörten Kinder sind fähig, auch **ohne therapeutische Intervention** ihre Sprachproduktion zu erweitern. Zeigen sie aber nicht gleichzeitig auch Fortschritte im Sprachverständnis und in der kommunikativen und symbolischen Entwicklung, bleiben die *sprachlichen Äusserungen bezüglich ihrer Form und Funktion inadäquat*. Funktionsmässig sind sie auf Kommentare der eigenen Handlungen beschränkt, formal durch direkt aus der Erwachsenensprache übernommene, wenig flexible Satzelemente gekennzeichnet.

5. Etwa ein Fünftel der behandelten Kinder zeigt trotz **guter symbolischer und kommunikativer Kompetenzen und adäquatem Sprachverständnis** auch noch nach Ablauf eines Jahres ausgeprägte *Probleme vor allem auf der syntaktischen Ebene* der Sprache.
Ein Fünftel der nicht behandelten Kinder zeigte nach Ablauf der gleichen Zeit keine wesentliche Erweiterung der Sprachproduktion, insbesondere aber keine Fortschritte auf syntaktischer Ebene.

Die Überprüfung der **Arbeitshypothesen** zur Dynamik von Spracherwerbsstörungen aufgrund dieser Aussagen zeigt folgende Resultate:

1. Hypothese:
Spracherwerbsstörungen unterscheiden sich unter anderem darin, dass sie in Abhängigkeit davon, welche Prozesse gestört sind, zu verschiedenen Zeitpunkten der Entwicklung auftreten.

Bei den untersuchten Kindern trat die Störung im Alter zwischen 18 und 24 Monaten auf. Probleme im Bereich der frühen interaktiven Prozesse wären folglich auszuschliessen. Es müsste sich also entweder um eine Störung im Bereich der kognitiven Kompetenzen oder – gemäss Hypothese 3 – um ein Problem der Integration der symbolischen und kommunikativen Kompetenzen handeln.
Die Beobachtungsdaten zeigen, dass alle untersuchten Kinder einen direkten kommunikativen Austausch aufbauen und aufrechterhalten können. Ihr primärer Störungsbereich liegt in der Beziehung Gegenstand – Handlung. Im Entwicklungsalter

zwischen 15 und 18 Monaten, wo die symbolische Entwicklung eine Loslösung der Handlung vom Gegenstand und die kommunikative Entwicklung eine Integration von Gegenstand und Person erfordert, kam es zu einer Blockierung der Entwicklung dieser Kompetenzbereiche, wodurch auch deren Integration durch das Sprachverständnis verhindert wurde.

Die Tatsache, dass vier Fünftel der untersuchten Kinder nach einer Therapie, welche die Sprachproduktion nicht direkt förderte, keine sprachlichen Probleme mehr aufwiesen, zeigt zudem, dass bei diesen Kindern keine Störungen der neurolinguistischen Prozesse vorliegen. Dass aber Störungen dieser Prozesse von einem bestimmten Alter an isoliert auftreten können, zeigt das eine Fünftel der behandelten Kinder, welche trotz guter kommunikativer und symbolischer Kompetenzen und adäquatem Sprachverständnis grosse Probleme vor allem auf der syntaktischen Ebene der Sprache aufweisen. Die erste Arbeitshypothese kann deshalb grundsätzlich *bestätigt* werden.

2. Hypothese:
Störungen früherer Prozesse beeinflussen die Entwicklung späterer Prozesse negativ, noch frühere Prozesse werden hingegen kaum betroffen.

Die Störung der untersuchten Kinder liegt primär im Bereich der kognitiven Prozesse. Die interaktiven Prozesse sollten deshalb von dieser Störung weniger betroffen sein als die neurolinguistischen.

Die Beobachtungsdaten zeigen, dass die interaktiven Fähigkeiten der Kinder adäquat sind, solange es sich um einen direkten kommunikativen Austausch handelt. Sobald aber die kommunikative Entwicklung eine Integration bestimmter kognitiver Fähigkeiten verlangt, zeigen sich auch in diesem Bereich Probleme. Dass die syntaktische Ebene erst dann aufgebaut werden kann, wenn die kommunikativen und symbolischen Prozesse gefestigt und integriert sind, zeigt die Analyse der sprachlichen Äusserungen der Kinder ohne therapeutische Intervention, wie auch die Tatsache, dass die meisten der behandelten Kinder die syntaktische Ebene dann aufzubauen beginnen, wenn ihre kommunikativen und symbolischen Probleme gelöst sind.

Auch die zweite Arbeitshypothese kann folglich *bestätigt* werden; mit der Einschränkung, dass bei einer Störung der kognitiven oder neurolinguistischen Prozesse nur die Bereiche der Kommunikation weniger betroffen werden, bei denen es sich um einen direkten kommunikativen Austausch handelt.

3. Hypothese:
Der Ursprung einer Spracherwerbsstörung muss nicht gezwungenermassen in der Störung eines oder mehrerer Kompetenzbereiche liegen, sondern sie kann das Resultat einer mangelnden Integration dieser Prozesse darstellen.

Auf der Basis der Beobachtungsdaten der untersuchten Kinder kann diese Hypothese nicht bestätigt werden, da alle Kinder zumindest eine Störung eines Kompetenzbereiches aufweisen. Die Daten liefern aber auch keine Anhaltspunkte bezüglich einer möglichen Falsifizierung dieser Hypothese.

4. Hypothese:
Der Entwicklungsstand im Sprachverständnis ist ein guter Indikator für die Diagnose und Prognose von Spracherwerbsstörungen; das Sprachverständnis stellt damit ein geeignetes differentialdiagnostisches Kriterium dar.

Diese Hypothese wurde bereits in Kap. 8.42 überprüft und *bestätigt*.

5. Hypothese:
Eine Spracherwerbsstörung kann dadurch zustandekommen, dass sich ein Kind nicht für eine Strategie entscheiden kann oder zu stark an einer Strategie hängt.

Da die beobachteten Kinder im Rahmen der ersten Abklärung nur wenige Wörter produzierten, ist es schwierig, ihnen eine Strategie zuzuordnen. Eine Analyse der Äusserungen, welche die unbehandelten Kinder in den Kontrolluntersuchungen produzierten, hat hingegen gezeigt, dass diese Kinder eine Kombination der beiden bei normalen Kindern beobachteten Strategien gebrauchen. Diese Strategie hat der Funktion nach die Merkmale der referenziellen, der Form nach die Merkmale der expressiven Strategie.

Der Gebrauch dieser wenig effizienten Strategie scheint dabei direkt von den kommunikativen und symbolischen Kompetenzen dieser Kinder bestimmt zu sein.

Die 5. Arbeitshypothese müsste folglich *umformuliert* werden: Die Wahl und der Gebrauch einer Spracherwerbsstrategie ist abhängig von den kognitiven und kommunikativen Kompetenzen. Bestehen Probleme in diesen Bereichen, führt dies zum Gebrauch einer Strategie, welche diese Probleme widerspiegelt und sie dadurch noch verstärkt.

Anhand der Beobachtungsdaten können folglich vier der fünf Arbeitshypothesen zur Dynamik von Spracherwerbsstörungen bestätigt werden, womit indirekt auch die Annahmen zum normalen Spracherwerbsprozess eine Unterstützung erfahren.

Die Diskussion und Überprüfung der Arbeitshypothesen führt zu folgenden **neuen Fragestellungen:**

1. Mit neurolinguistischen Prozessen werden spezifische Hirnreifungsprozesse umschrieben, welche insbesondere für die Entwicklung der syntaktischen Ebene der Sprache verantwortlich sind. Diese Hirnreifeprozesse scheinen in engem Zusammenhang mit der Entwicklung der Hemisphärendominanz zu stehen. Eine gewisse Dominanz der linken Hemisphäre für Sprache ist dabei schon bei der

Geburt zu beobachten; ihren Höhepunkt scheint sie im Alter von fünf bis sieben Jahren zu erreichen, wobei ab etwa drei Jahren erste analytische und damit linksdominante Verarbeitungsprozesse von sprachlichen Strukturen beobachtet werden.
Es stellt sich nun die Frage, welche Prozesse in der Zwischenzeit ablaufen, bzw. anhand welcher Symptome auf eine mögliche Störung oder Verzögerung der Entwicklung der neurolinguistischen Prozesse im Alter von 18-36 Monaten geschlossen werden könnte.
Die Beantwortung dieser Frage ist von zentraler Bedeutung für die Differentialdiagnose von spracherwerbsgestörten Kindern mit und ohne Störungen der neurolinguistischen Prozesse. Ein besseres Verständnis des Entwicklungsverlaufs und der Funktion dieser Prozesse in frühen Phasen wäre zudem grundlegend für die Planung und Durchführung der therapeutischen Intervention.

2. Offen bleibt die Frage, welche Prozesse die phonologische Entwicklung bestimmen. Es scheint, dass bei Spracherwerbsstörungen, bei denen eine Störung der syntaktischen Ebene im Vordergrund steht, in den meisten Fällen auch die phonologische Ebene betroffen ist. Probleme bei der Produktion und Verarbeitung von Sequenzen spielen dabei eine besondere Rolle.
Man könnte deshalb bspw. die Hypothese aufstellen, dass auch die phonologische Entwicklung primär von neurolinguistischen Prozessen abhängig ist, bzw. dass diese sich in frühen Phasen gerade im Rahmen der Entwicklung der phonologischen Ebene manifestieren.

3. Die Probleme der spracherwerbsgestörten Kinder können durch eine Störung im Erkennen und Zentrieren von Transformationen der Realität charakterisiert werden.
Es stellt sich nun die Frage, wo eine solche Transformationsstörung ihren Ursprung hat, bzw. ab welchem Alter und in welcher Form sie beobachtbar wäre. Die Konzentration auf die Resultate von Handlungen kann aus entwicklungspsychologischer Sicht mit der Entwicklung von Intentionen in Verbindung gebracht werden.
Da aber die Theorien bezüglich des Auftretens und der Beobachtbarkeit von Intentionen noch stark voneinander abweichen, bleibt auch diese Frage vorläufig ungeklärt.

9. Daten und Analysen von Interaktionsstörungen

9.1 Arbeitshypothesen

Die folgenden Arbeitshypothesen wurden auf der Basis von Daten entwickelt, welche aus den Beobachtungen der interaktiven Prozesse im Bereich der normalen und gestörten Entwicklung resultieren.

Es handelt sich dabei um Annahmen, deren Überprüfung zum Ziel hat, das *Verständnis* für Interaktionsstörungen im Rahmen des klinischen Bereiches zu erweitern und damit eine Basis für die Form und den Inhalt der Elternarbeit zu schaffen.

1. Interaktion ist als mindestens dreiteiliger Prozess aufzufassen, in dem jeweils die Handlungen des einen Partners diejenigen des zweiten beeinflussen, was beim ersten wiederum bestimmte Reaktionen auslöst.

   Entwicklungsverzögerungen oder -störungen führen zu weniger oder mehr, meist aber zu veränderten Handlungen des Kindes. Diese lösen bei der Mutter Reaktionen aus, welche sich ihrerseits auf das Kind auswirken.

   Werden zu einem bestimmten Zeitpunkt der Entwicklung veränderte Interaktionsmuster beobachtet, entsprechen diese dem Resultat einer solchen gegenseitigen Beeinflussung.

   Man kann nun davon ausgehen, dass das **Ausmass der Veränderung der Interaktionsmuster umso geringer ist, desto früher die Interaktion beobachtet wird, bzw. je jünger das Kind ist, wenn es zur Abklärung gebracht wird.**

2. Die Entwicklung der Mutter-Kind-Interaktion ist durch das gegenseitige Bedürfnis gekennzeichnet, zu einem psychologischen Gleichgewicht zu gelangen, welches den zunehmenden Fähigkeiten des Kindes Rechnung trägt.

   Von der Mutter verlangt dies, mit zunehmendem Alter des Kindes die primär regulierenden durch echte interaktive Verhaltensweisen zu ersetzen. Die Mutter-Kind-Beziehung entwickelt sich dadurch von einem Verhältnis, in dem die Mutter «für das Kind» handelt, zu einem solchen, in dem sie «mit dem Kind» handelt.

   Eine Störung oder Verzögerung einer oder mehrerer der sich entwickelnden Fähigkeiten des Kindes kann zu einem psychologischen Ungleichgewicht im Rahmen der Mutter-Kind-Beziehung führen. Auf der Basis der theoretischen Ausführungen zur Entwicklung der Mutter-Kind-Interaktion und entsprechenden klinischen Beobachtungen kann man davon ausgehen, dass **eine Störung des interaktionalen Gleichgewichts nicht vom Schweregrad der Behinderung abhängt,** sondern von der Anzahl bestehender Dissoziationen zwischen den verschiedenen **Kompetenzen des Kindes.**

3. Der Prozess der gegenseitigen Anpassung basiert auf dem Bedürfnis, zu verstehen und verstanden zu werden.

Anamnestischen Berichten zufolge spüren Mütter meist schon sehr früh, wenn das kommunikativ-interaktive Gleichgewicht zwischen ihnen und ihren Kindern unstabil oder gestört ist. Sind die Feedbacks des Kindes weniger häufig, weniger klar, unregelmässig oder sogar widersprüchlich, kommt es zu ersten Regulationsschwierigkeiten, Unsicherheiten und psychologischem Stress. In dieser Zeit taucht meist der erste Verdacht auf, welcher einen neuen Prozess einleitet, nämlich die Suche nach der Antwort auf die Fragen der Ursache, Art und Zukunft der Störung, d. h. das Bedürfnis, zu verstehen.

Ein solches Verständnis ist in doppelter Hinsicht wertvoll: einerseits erleichtert es den Anpassungsprozess, andererseits ermöglicht es die Erarbeitung insbesondere der «Schuldfrage» und der damit zusammenhängenden Unsicherheiten.

Man kann davon ausgehen, dass **das Erreichen des Verständnisses von Entwicklungsstörungen besonders schwierig ist, da diese sich meist durch viele, aber geringe Dissoziationen charakterisieren.**

Im folgenden werden klinische Daten aus der Beobachtung von Mutter-Kind-Interaktionen sowie aus der Arbeit mit Eltern vorgestellt und überprüft, inwiefern sie eine Bestätigung dieser Arbeitshypothesen liefern können.

Um die Dynamik der Interaktion besser verständlich zu machen, beschränken sich die Beobachtungsdaten nicht auf Kinder mit Spracherwerbsstörungen und ihre Eltern, sondern es wird eine Erweiterung auf den klinischen Bereich der Entwicklungsstörungen vorgenommen.

9.2 Beobachtungsvariablen von Mutter-Kind-Interaktionen im klinischen Bereich

9.21 Material und Methode

Die folgenden Ausführungen basieren auf den Beobachtungen von über 180 entwicklungsgestörten Kindern in Interaktion mit ihren Müttern.[1]

---

[1] Die Beobachtung der Interaktion wurde jeweils mit der primären Bezugsperson des Kindes durchgeführt.
In 90 % der Fälle war dies die Mutter, in den restlichen 10 % der Vater oder die Grossmutter.
In bestimmten Situationen wurden Aufnahmen mit mehreren Bezugspersonen durchgeführt, bspw. bei spezifischen Kommunikationsstörungen.

Alle Videoaufnahmen entstanden in demselben Raum, ausgestattet mit einem niedrigen Tisch und Stühlen, einem grossen Puppenhaus, einem Ball, Zeichenmaterial und einer Schachtel gemischten Spielmaterials. Dieses bestand aus konstruktivem (Bauklötze, Lego-Steine) sowie symbolischem Material (Stoffpuppen, Koch- und Essgeschirr, Tiere, Häuser, Autos). Unter den Spielsachen befanden sich einzelne kaputte Gegenstände (bspw. Autos ohne Räder), sowie Gegenstandsteile (bspw. Stiel einer Pfanne). Die Kamera befand sich in einer Ecke des Raume. Die Mütter wurden folgendermassen in die Situation eingeführt: «Da das Kind Sie viel besser kennt als mich, möchte ich nun zuerst beobachten, wie es mit Ihnen spielt und sich mit Ihnen unterhält. Dabei werde ich eine kurze Filmaufnahme machen, die wir uns nachher zusammen ansehen.»

Die Beobachtung dieser Spielsituation dauerte jeweils etwa 30 Minuten; die mittleren 10–15 Minuten wurden gefilmt, die restliche Zeit protokolliert. Das gemeinsame Anschauen der Aufnahme diente vorerst dazu, den Vorgang für die Mütter möglichst durchsichtig und natürlich zu gestalten. Die meisten freuten sich zudem, da es oft das erste Mal war, dass sie sich und das Kind «im Fernsehen» sahen. Mit der Zeit entwickelte sich diese Phase auch zu einer zusätzlichen Möglichkeit, das Kind zu beobachten.

Eine Besprechung der Aufnahmen mit der Mutter fand zu diesem Zeitpunkt nicht statt. Die Beobachtungsdaten wurden den Eltern zusammen mit den Daten aus der neurolinguistischen und/oder psychodiagnostischen Abklärung durch die Neuropsychiaterin in einem Gespräch mitgeteilt.

Dadurch konnte vermieden werden, dass die Eltern von verschiedenen Personen verschiedene Resultate erfahren, welche sie selbst nicht zu integrieren vermögen.

Eine Beschreibung und Analyse der Beobachtungsdaten fand Eingang in die Krankengeschichte.

Für die Darstellung und Diskussion der Beobachtungsdaten von Mutter-Kind-Interaktionen im Rahmen verschiedener Störungsbilder wurde folgendes **Vorgehen** gewählt:

1. Das Gesamtmaterial wurde nach Störungsbild und Alter des Kindes sondiert.
2. Von jeder Behinderungsgruppe wurden 12 Kinder derselben Altersgruppe ausgewählt. Da sich in der Gruppe mit Spracherwerbsstörungen sehr viele Kinder in zwei Altersgruppen befanden, wurde je eine Gruppe jüngerer und älterer spracherwerbsgestörter Kinder in die Analyse einbezogen.
    Auf eine Interaktionsanalyse der Kinder mit Entwicklungsdysharmonie wurde verzichtet, da sie sich bezüglich ihres Alters und deshalb auch bezüglich ihres Störungsbildes stark voneinander unterschieden.
3. Die Analyse der Interaktionsmuster erfolgte auf der Basis der Berichte über die Beobachtung der Mutter-Kind-Interaktion.

Das in die Analyse einbezogene Material charakterisiert sich folgendermassen:

Gruppe 1:
12 spracherwerbsgestörte Kinder mit einem chronologischen Alter zwischen 18 und 36 Monaten (Durchschnittsalter [DA]: 25 Monate);
→ allgemeines Entwicklungsalter (EA): 18–36 Monate
→ sprachliches Entwicklungsalter (SA): 12–18 Monate

Gruppe 2:
12 spracherwerbsgestörte Kinder zwischen 36 und 60 Monaten (DA: 51 Monate)
→ EA: 36–60 Monate
→ SA: 18–36 Monate

Gruppe 3:
12 leicht geistig behinderte Kinder zwischen 36 und 60 Monaten (DA: 50 Monate)
→ EA: 18–36 Monate
→ SA: 18–36 Monate

Gruppe 4:
12 leicht geistig behinderte Kinder mit zusätzlicher Sprachstörung zwischen 36 und 60 Monaten (DA: 53 Monate)
→ EA: 18–36 Monate
→ SA: 12–18 Monate

Gruppe 5:
12 mittel bis schwer geistig behinderte Kinder zwischen 36 und 70 Monaten (DA: 55 Monate)
→ EA: 12–18 Monate
→ SA: 12–18 Monate

Eine Zusammenfassung der Beobachtungsdaten findet sich in Tabelle 2 (S. 147/148).

9.22 *Analyse und Diskussion der Beobachtungsdaten*

Die folgende Analyse und Diskussion der Beobachtungsdaten hat das **Ziel**, *Tendenzen* bezüglich der Interaktionsmuster von Müttern und Kindern mit verschiedenen Störungsbildern zu beschreiben und diese zu den klinischen Merkmalen des Störungsbildes in Beziehung zu setzen.

Es geht folglich *nicht* um eine Typisierung von solchen Interaktionsmustern, sondern darum, Ähnlichkeiten und Unterschiede aufzuzeigen und zu begründen.

Wie bereits aus den Entwicklungsprofilen der verschiedenen Störungsbilder hervorgeht, weisen alle beobachteten Kinder bezüglich ihres chronologischen Alters einen Entwicklungsrückstand im Bereich der sprachlichen Kompetenzen auf.

Die Beobachtungsdaten zeigen zudem, dass alle Kinder Schwierigkeiten haben, Handlung und Interaktion zu verbinden; sehr viele tendieren dazu, allein zu spielen.

Die Interaktionspartner dieser Kinder stehen folglich alle in einer ähnlichen **Situation**: *wie kann man mit einem Kind kommunizieren und interagieren, welches allein handelt und auch nicht fähig ist, über diese Handlungen zu sprechen?*

Die **gemeinsamen Kommunikations- und Handlungsprobleme** der Kinder erklären folgende, gemeinsamen Interaktionsmuster:

- sehr wenigen Müttern gelingt es, mit dem Kind gemeinsam zu spielen;
- die am häufigsten beobachteten Handlungsmuster bestehen aus Handlungsvorschlägen;
- verhältnismässig viele Mütter tendieren dazu, sehr viel, ja fast andauernd zu sprechen;
- die Hauptfunktionen der mütterlichen Äusserungen bestehen aus Aufforderungen zur Benennung und aus Handlungsanweisungen;
- die meisten Paare koordinieren sich so, dass die Mutter spricht und das Kind handelt, wobei es nicht allen gelingt, die sprachlichen Äusserungen dem Kind anzupassen;
- nur in wenigen Interaktionen wird das Kind inhaltlich stimuliert; d. h. es werden kaum Informationen, Gedanken und Gefühle kommuniziert;
- die meisten Interaktionssequenzen bestehen aus zwei bis drei Einheiten (Mutter schlägt vor – Kind führt aus, Mutter fragt nach Namen von Gegenständen – Kind benennt).

In Abhängigkeit der unterschiedlichen Störungsbilder ergeben sich aber auch unterschiedliche **Ausgangslagen** für die Interaktion und damit unterschiedliche *Interaktionsmuster*.

Bei den **jüngeren spracherwerbsgestörten Kindern** ist die Dissoziation zwischen dem sprachlichen und allgemeinen Entwicklungsstand nicht sehr gross.
Dazu kommt, dass die Probleme noch nicht sehr lange bestehen, weshalb man annehmen kann, dass die Beeinflussung der durch die Störung hervorgerufenen Reaktionen auf die Störung selbst noch nicht sehr ausgeprägt ist.
Andererseits führt die Tatsache der verhältnismässig kleinen Dissoziationen zwischen sprachlichem und allgemeinem Entwicklungsstand dazu, dass die Probleme des Kindes schlecht zu erkennen und zu interpretieren sind, was zu Unsicherheiten und entsprechenden *kompensatorischen Strategien* führen kann.
Im Gegensatz dazu sind die Schwierigkeiten der **älteren spracherwerbsgestörten Kinder** offensichtlicher. Die Problematik der Interaktion liegt deshalb auch in einem ganz anderen Bereich: Der Unterschied zwischen dem, was diese Kinder denken, wollen und fühlen und dem, wie sie solche Gedanken, Absichten und Gefühle ausdrücken können, ist sehr gross.
Meist ebenso gross ist auch der Unterschied zwischen ihrem Wissen über die Realität und dem, was sie von den sprachlichen Äusserungen über diese Realität verstehen.
Die Interaktion mit diesen Kindern ist folglich durch die *Unsicherheit beider Partner* gekennzeichnet, den anderen wirklich verstanden zu haben und vom anderen verstanden zu werden.

Bei den **leicht geistig behinderten Kindern** ist die Lage jener der jüngeren spracherwerbsgestörten Kinder ähnlich: Auch hier führt die Tatsache, dass es sich um eine relativ kleine Dissoziation zwischen dem chronologischen und dem Entwicklungsalter handelt, primär zu *Unsicherheiten*.

Da diese Kinder aber älter sind und erste Störungen in den meisten Fällen schon in sehr frühen Entwicklungsphasen beobachtbar oder spürbar waren, kann man davon ausgehen, dass die Interaktion mit diesen Kindern schon einige mehr oder weniger *starre Muster* enthält.

Am schwierigsten ist wohl die Ausgangslage bei den **leicht geistig behinderten Kindern mit zusätzlicher Sprachstörung**. Bei diesen Kindern liegt eine Art Kombination der beschriebenen Interaktionsprobleme bei den älteren spracherwerbsgestörten und den leicht geistig behinderten Kindern vor.

Wegen der vielen kleineren und grösseren Dissoziationen verhalten sich diese Kinder in bestimmten Situationen fast wie ihre «normalen» Alterskameraden; in anderen Situationen, bspw. wenn sie sprechen, sind sie eher mit Babys zu vergleichen. Die Interaktion ist deshalb von *Anpassungsproblemen und Unsicherheiten* gekennzeichnet.

Bei den **mittel bis schwer geistig behinderten Kindern** ist die Situation insofern einfacher, als die Mütter meist schon sehr früh und in deutlicher Art und Weise mit den Problemen des Kindes konfrontiert worden sind.

Damit sind sie meist schon seit längerer Zeit in Kenntnis der Art und des Schweregrades der Störung und hatten deshalb auch mehr Zeit, diese zu er- und verarbeiten.

Das Hauptinteraktionsproblem liegt denn auch meist darin, Wege und Möglichkeiten eines optimalen Zugangs zum Kind zu finden, d. h. bspw. das Kind nicht durch Überstimulation in noch grössere Passivität zu führen.

Diese verschiedenen Ausgangslagen widerspiegeln sich in **unterschiedlichen Interaktionsmustern**; sie liefern aber auch verschiedene Erklärungsansätze für solche, die ähnlich sind.

Das am häufigsten beobachtete Koordinationsmuster besteht darin, dass die **Mutter spricht und das Kind handelt**. Während die Mütter sowohl der jüngeren spracherwerbsgestörten sowie der mittel bis schwer geistig behinderten Kinder ihre Sprache gut mit den Handlungen des Kindes *koordinieren* können, zeigen diesbezüglich die Mütter der leicht geistig behinderten Kinder mit zusätzlicher Sprachstörung die grössten Schwierigkeiten.

Diese Probleme können als Resultat der Unsicherheiten im Anpassungsprozess verstanden werden.

Ähnliche Probleme werden von diesen Müttern auch durch die Tendenz ausgedrückt, für das Kind zu handeln und zu sprechen. Von denselben Koordinationsschwierigkeiten zeugt schliesslich auch der relativ seltene Gebrauch des triangulären **Blickkontakts**.

Da sowohl die inhaltliche wie die formale **Stimulation** eine Anpassung an die Fähigkeiten des Kindes voraussetzt, verwundert es nicht, dass insbesondere die Mütter leicht geistig behinderter Kinder dieses nicht adäquat zu stimulieren vermögen.

Eines der auffallendsten und ausgeprägtesten Interaktionsmuster liegt in der **Quantität der an das Kind gerichteten Äusserungen**. *Sehr viel oder sehr wenig sprechen* scheint dabei weniger eine Funktion des sprachlichen Entwicklungsstandes des Kindes zu sein, sondern das Resultat von unterschiedlichen Kompensationsmechanismen.

Vor allem die Mütter beider Gruppen leicht geistig behinderter Kinder erwecken manchmal den Eindruck, sie müssten die Probleme des Kindes durch Sprechen wettmachen oder verdecken, als würden diese in der Stille klarer zu Tage treten.

Dass einige Mütter dabei sehr schnell, leise oder sogar unverständlich sprechen, deutet darauf hin, dass es ihnen oft nicht in erster Linie um die Vermittlung von Inhalten geht.

Bei den Müttern der älteren spracherwerbsgestörten und der mittel bis schwer geistig behinderten Kinder scheint das übermässig viele Sprechen hingegen eher damit zusammenzuhängen, dass sie sich «zu stark» daran gewöhnt haben, mit einem nicht sprechenden Kind zu interagieren und deshalb für dieses sprechen «gelernt» haben.

Was die **Funktion der sprachlichen Äusserungen** betrifft, bestätigen die Daten die oft gemachte Beobachtung, dass vor allem Mütter geistig behinderter Kinder eine grosse Anzahl *Imperative* gebrauchen.

Verschiedene Störungsbilder im Rahmen der geistigen Behinderung führen aber zu verschiedenen Ausgangslagen für die Interaktion und damit zu verschiedenen Erklärungsansätzen für solche direktiven Verhaltensmuster.

Bei den Müttern der mittel bis schwer geistig behinderten Kinder scheint dieser häufige Gebrauch von Imperativen insofern natürlich, als das Kind in seiner Passivität ja ständig zu Handlungen aufgefordert werden muss.

Vor allem bei den Müttern der leicht geistig behinderten Kinder mit zusätzlicher Sprachstörung kann man hingegen annehmen, dass sie Imperative hauptsächlich deswegen gebrauchen, weil sie nur so beurteilen können, ob das Kind ihnen überhaupt zuhört.

Zusätzlich liefert auch die oft beobachtete Unstabilität vieler leicht geistig behinderter Kinder eine Erklärung für den Gebrauch von kontrollierenden, direktiven Verhaltensweisen.

Mit anderen Worten können zwei genau entgegengesetzte Verhaltensweisen des Kindes, nämlich Passivität auf der einen und Hyperaktivität auf der anderen Seite, äusserlich zu denselben Reaktionen führen.

Eine Typisierung solcher Reaktionen ist deshalb aus klinischer Sicht sinnlos, ja gefährlich.

Zusammenfassend zeigen die Beobachtungsdaten deutlich, dass die Interaktionsmuster der Mütter grösstenteils als *Ausdruck der Geschichte, Form und Dynamik des Störungsbildes* des Kindes verstanden werden können.

Grundsätzlich muss aber nochmals betont werden, dass es auch Mütter gibt, welche weniger oder keine solchen Schwierigkeiten zeigen und andere, bei denen die Interaktionsprobleme nicht nur Ausdruck der Störung des Kindes sind.

Auf eine Beobachtung der Interaktion kann deshalb in keinem Falle verzichtet werden; die Interpretation der Beobachtungsdaten muss sich aber immer am Störungsbild des Kindes orientieren. Wie stark das Störungsbild und insbesondere auch seine durch die Therapie bedingten Veränderungen die Interaktion beeinflussen, wird im folgenden anhand eines Fallbeispiels dargestellt. Es handelt sich dabei um Stefania und ihre Mutter, deren Interaktion für die Dauer eines Jahres im Rahmen einer Longitudinalstudie beobachtet wurde.

Die Mutter von Stefania hat selbst grosse Probleme, insbesondere im sprachlichen Bereich, weshalb die Dynamik zwischen ihr und dem Kind mit seiner Störung besonders stark ausgeprägt ist.

Um diese Dynamik besser verständlich zu machen, werden im Fallbeispiel in Kapitel 9.32 die Äusserungen der Mutter und des Vaters von Stefania im Rahmen der Elterngruppe dargestellt.

9.23 Fallbeispiel

Stefania wurde im Alter von 2; 9 Jahren wegen Problemen in der Sprachproduktion zur Abklärung vorgestellt.

Zusammenfassung der **anamnestischen Daten**:
- familiäre Anamnese: Der **Vater** ist 36jährig, Angestellter, er hat einen stotternden Bruder. Die **Mutter** ist 34jährig, Lehrerin, seit der Schwangerschaft mit Stefania jedoch nicht mehr berufstätig; sie stottert, aber ausschliesslich in Situationen, in denen sie von sich selbst sprechen muss. Der Bruder ist neunjährig und scheint keine Probleme zu haben.
- persönliche Anamnese: Während der ganzen **Schwangerschaft** stand die Mutter unter Wirkung von Medikamenten, im 3. Monat entstand eine akute Abortgefahr, weshalb sie einen künstlichen Uterus-Verschluss erhielt und bis zum Ende der Schwangerschaft das Bett hüten musste.
Die **Geburt** erfolgte zum Termin, das Kind schrie sofort; Gewicht: 3,150 Kg.
Die Mutter konnte das Kind 4 Monate stillen, es saugte gut.
Über die **psychomotorische Entwicklung** kann die Mutter kaum etwas aussagen, ausser dass Stefania mit 15 Monaten gehen lernte.
Im Alter von 8 bis 9 Monaten sagte das Kind «Mama» und etwas später «Papà», dann folgten keine Wörter mehr.
Schon früh zeigten sich **Schlafstörungen**; seit dem Alter von 2 Jahren schläft Stefania bei den Eltern.
Das Kind nimmt nur pürierte **Nahrung** zu sich, trinkt gut.
Stefania war zum Zeitpunkt der Abklärung noch nicht trocken.

Zusammenfassung des **Entwicklungsprofils**:
Im Bereich der psychomotorischen und praktisch-gnostischen Kompetenzen weist Stefania einen Entwicklungsstand zwischen 24 und 30 Monaten auf.
Mit einem durchschnittlichen Entwicklungsalter von 15 bis 18 Monaten zeigt sich aber vor allem in den Kompetenzbereichen des Sprachverständnisses und der Sprachproduktion, Kommunikation und des Symbolspiels sowie in der Ich-Entwicklung ein auffälliger Entwicklungsrückstand.

Therapeutische Intervention:
Im Alter zwischen 35 und 38 Monaten besucht Stefania die therapeutische Gruppe. Schwerpunkte des Therapieprogramms bilden die Kompetenzbereiche der Ich-Entwicklung und Kommunikation, des Symbolspiels und des Sprachverständnisses.

Zusammenfassung der **therapeutischen Fortschritte**:
Im Bereich der Ich-Entwicklung und Kommunikation kann Stefania die Regeln gemeinsamer Spiele (bspw. den Turnus) akzeptieren; sie richtet spontan Aufforderungen an den Erwachsenen und akzeptiert, seine Vorschläge auszuführen. Vor allem in motorischen Spielen zeigt sie aber eine starke Hyperaktivität und hat eine bestimmte *Aggressivität* anderen Kindern gegenüber entwickelt.
Im Symbolspiel führt Stefania 1-2 Sequenzen aus und gebraucht Mimik und Gestik zur Repräsentation abwesender Gegenstände.
Sie ist grundsätzlich mehr an der Sprache interessiert, zeigt aber immer noch Probleme bei der korrekten Ausführung einfacher, nicht situationaler Befehle.
In der Sprachproduktion tendiert sie dazu, alle Wörter des Erwachsenen zu wiederholen; beginnt aber, auch spontan mehrere Wörter zu produzieren.

1. **Beobachtung der Mutter-Kind-Interaktion im Rahmen der Abklärung (Alter: 33 Monate)**
Stefania sitzt passiv am Tisch und dreht die Gegenstände, welche die Mutter ihr gibt, hin und her.
Die Mutter fordert sie auf zu spielen. Stefania schaut sie kurz an, senkt dann den Kopf und verschliesst sich. Die Mutter schaut den Therapeuten hilflos an, nimmt dann andere Gegenstände und stellt sie auf den Tisch.
Stefania schaut der Mutter zu und beginnt nun, selbst einige Gegenstände zu nehmen und ebenfalls auf den Tisch zu stellen. Dazu gebraucht sie aber weder Vokalisation noch Wörter.
Nach zwei, drei anfänglichen Kommentaren und einer Aufforderung zum Spiel hört auch die Mutter zu sprechen auf, so dass die Interaktion in *absoluter Stille* verläuft.
Ganz selten schauen sich Mutter und Kind an, wobei Stefania als Reaktion gleich wieder den Kopf senkt.

2. **Beobachtung während der Therapiephase (Alter: 37 Monate)**
Stefania beginnt sofort, Gegenstände aus der Schachtel zu nehmen, manipuliert sie kurz und stellt sie auf den Tisch. Bei jedem Gegenstand vokalisiert sie stark «iiih!», «oooh!».
Die Mutter nimmt nun ebenfalls einzelne Gegenstände, hält sie vor Stefania und fragt: «Was ist das?.» Stefania benennt einzelne Dinge, vor allem Tiere («fante» = elefante; «pepea» = pecora) und repetiert die Benennung durch die Mutter.
Diese beginnt nun, Stefania danach zu fragen, «wie die Tiere machen», und das Kind antwortet mit entsprechenden Onomatopoeien (Vogel? → «pipip»; Hund? → «baubau»; Pferd? → «ihih»; Katze? → «mio», usw.).
Nach jeder Äusserung lacht die Mutter, schaut den Therapeuten triumphierend an und erzählt ihm weitere sprachliche Ereignisse ihrer Tochter.
Stefania versucht unterdessen, sich mit neuen Gegenständen auseinanderzusetzen, wird aber immer wieder durch Fragen der Mutter unterbrochen.
Während also die erste Sitzung durch ein gegenseitiges Schweigen gekennzeichnet war, ist die Situation in der 2. Sitzung durch das *viele Sprechen* der Mutter bestimmt.
Leider führt der Enthusiasmus über die Wortproduktionen des Kindes dazu, dass die Sprache der Mutter nur darauf ausgerichtet ist, diese Wörter vom Kind immer und immer wieder zu hören.
Dies führt zu einer völligen *Diskoordination* zwischen der Handlungsebene des Kindes und den sprachlichen Äusserungen der Mutter.

3. **Beobachtung nach der therapeutischen Intervention (39 Monate)**
Stefania nimmt einzelne Gegenstände oder zeigt darauf und benennt sie spontan.
Auf Initiative der Mutter beginnen beide, einen Zug zu bauen. Die Mutter unterbricht diese Handlung aber immer wieder, indem sie Stefania Fragen bezüglich der Kindergruppe stellt (M: «Wer hat jeweils die Kinder an den Haaren gerissen?» - St: «io»; M: «Wo sind die anderen Kinder jetzt?» - St: «via» = fort).

Stefania nimmt nun neue Gegenstände aus der Schachtel, zeigt sie der Mutter und macht einige Kommentare («è pito» = es ist klein; «no li» = nicht dort; «n'atto» = noch einer; «è mio» = es ist meins). Auf diese Äusserungen Stefanias reagiert die Mutter nicht, sondern schlägt vor, mit den Tieren eine Farm zu bauen; sie beginnt aber zugleich wieder, nach Namen und Merkmalen der Tiere zu fragen.

Auch in dieser Sitzung besteht die Kommunikation primär aus einem einfachen *Frage-Antwort-Spiel*, welches diesmal jedoch etwas stärker von Stefania bestimmt ist.

Nach wie vor sind aber die sprachlichen Äusserungen der Mutter schlecht mit ihren eigenen und den Handlungen des Kindes koordiniert.

4. Zusammenfassung der weiteren Beobachtungen im Alter von 41, 43 und 45 Monaten

Die Interaktionsmuster verändern sich vor allem durch die ausgeprägten Fortschritte Stefanias im Rahmen des *Ablösungsprozesses* und der Ich-Entwicklung.

Stefania bewegt sich nun des öfteren frei im Raum und zeigt Interesse an den verschiedensten Gegenständen.

Den Aufforderungen der Mutter, sich an den Tisch zu setzen und zu spielen, *widersetzt* sie sich immer häufiger, was die Mutter stark zu verunsichern scheint.

Die einzige Interaktionsmöglichkeit aus der Sicht der Mutter besteht nach wie vor darin, das Kind nach Namen von Gegenständen zu fragen.

Noch im Alter von 45 Monaten sind die Partner nicht fähig, ein gemeinsames Spiel zu entwickeln und sich darüber Informationen oder Gefühle mitzuteilen.

Stefania hat zwar weitere sprachliche Fortschritte gemacht, hat aber immer noch Schwierigkeiten, diese Sprache kommunikativ adäquat zu gebrauchen.

Probleme im Bereich des *Sprachverständnisses* scheinen auch noch immer vorhanden zu sein; sie wurden durch eine 2. Abklärung im Alter von 46 Monaten auch bestätigt.

Aufgrund dieser Probleme sowie der Schwierigkeiten der Mutter, vor allem die durch die Ablösung und Individuation bewirkten Veränderungen des Kindes zu akzeptieren, wurde zu diesem Zeitpunkt eine **zweite Therapiephase** für das Kind beschlossen, verbunden mit dem erneuten Besuch der Gruppe durch die Eltern.

Kommentar

Zum Zeitpunkt, als die erste Abklärung stattfand, war Stefania eines der jüngsten beobachteten Kinder. Die Beobachtungsmethoden und Vergleichsmöglichkeiten waren deshalb noch verhältnismässig beschränkt.

Aufgrund der grossen sprachlichen Schwierigkeiten wurde damals *Entwicklungsdysphasie* als provisorische Diagnose gestellt. Aufgrund der späteren Beobachtungen kann man jedoch annehmen, dass es sich bei Stefanias Störung um eine **Entwicklungsdysharmonie** handelt, d. h. die sprachliche Störung scheint eine eher sekundäre Auswirkung ihrer grossen Probleme im Bereich der Ich-Entwicklung zu sein.

Die Tatsache, dass sogar Fachleute Schwierigkeiten bei der Diagnose- und Prognosestellung zeigten, deutet darauf hin, dass es für die Mutter besonders schwierig war, das Kind und seine *Störung zu verstehen*.

Zusätzlich haben die *persönlichen Probleme der Mutter* wahrscheinlich von Anfang an eine grosse Rolle bei Entwicklung und Verlauf der Störung gespielt; dies zeigen die Beobachtungsdaten, insbesondere aber die Äusserungen der Eltern im Rahmen der Elterngruppe.

Ganz deutlich wird jedoch, wie stark sich die *Schwierigkeiten der Mutter* einerseits und das sich *verändernde Kind mit seiner Störung* andererseits **beeinflussen**. Interaktionsmuster sind folglich nicht nur das Resultat einer Reaktion auf bestimmte gestörte Verhaltensweisen des Kindes, sondern in grossem Ausmass auch Resultat einer Reaktion auf die Tatsache, *dass das Kind gestört ist*, bzw. Eltern eines gestörten Kindes zu sein.

Mit welchen Problemen Eltern entwicklungsgestörter Kinder konfrontiert werden, und wie diese therapeutisch angegangen werden können, wird im folgenden beschrieben und diskutiert.

9.3 Erarbeitung und Verarbeitung von Entwicklungsstörungen durch die Eltern

Obwohl es sich bei den Entwicklungsstörungen aus klinischer Sicht um ganz verschiedene Störungsbilder handelt, zeigen diese gerade bezüglich ihres Ursprungs und Verlaufs viele Gemeinsamkeiten (s. LEVI 1982):

a) Die Störung entwickelt sich in **progressiver Art und Weise**; ein erster Verdacht entsteht oft schon in den ersten Monaten; für die Eltern ist es aber meist noch nach Jahren schwierig, die *Grenzen* zwischen Behinderung, Verzögerung und Normalität *abzuschätzen*.

b) Die Störung ist mehr oder weniger **selektiv**, d. h. sie betrifft nur eine einzelne oder aber mehrere Fähigkeiten, und sie **verändert** sich mit der Zeit: Die Eltern können schlecht unterscheiden, welche Funktionen wirklich betroffen sind.

c) Die Störung hat «**neurologische**» und «**psychologische**» **Wurzeln**: Die Eltern wissen nie genau, wo die organische Krankheit und wo die emotive Störung liegt, bzw. wo die «genetische *Schuld*» und wo der «*Erziehungsfehler*» zu suchen ist.

Bei dem Versuch, das Kind mit seinem Problem zu verstehen, stossen Eltern folglich auf eine ganze Reihe von Fragen: nach der **Ursache** (wovon, von wem ist die Störung abhängig?), der **Art** der Störung (ist es nervös, hat es etwas im Gehirn, versteht es nicht?), den **Grenzen** der Störung (was kann es, was will es nicht tun?), den **Prognosen** (wird es in die Schule gehen können, was macht es, wenn es erwachsen ist?) und nach den **Konsequenzen** der Störung (versteht es, dass es anders ist?).

Immer auf der Suche nach den Antworten auf diese Fragen sind Eltern oft nicht mehr fähig, das Kind, das ihnen hier und jetzt gegenübersteht, zu sehen.

Aus therapeutischer Sicht ist es deshalb von zentraler Bedeutung, sie bei dieser Suche zu unterstützen, um den Prozess der Er- und Verarbeitung der Störung einzuleiten und damit das *Kind selbst wieder ins Zentrum der Aufmerksamkeit* zu rücken.

9.31 Inhalt und Ablauf von Elterngruppen

Am Kinderneuropsychiatrischen Institut der Universität Rom wird die Unterstützung der Eltern in Form von **Elterngruppen** gewährleistet.

Solche Elterngruppen werden jeweils parallel zu den Kindergruppen zweimal wöchentlich durchgeführt, was durchschnittlich 20 Sitzungen pro Gruppe ergibt.

Die Gruppen werden gemeinsam von einer Neuropsychiaterin und einer Psychologin geleitet.

Grundsätzlich wird versucht, die Fragen und Beobachtungen der Eltern durch diese selbst kommentieren und beantworten zu lassen, und in Anlehnung an die Methodik des nicht-direktiven Beratungsgesprächs die Aussagen der Eltern widerzuspiegeln und zusammenzufassen.

Obwohl alle Eltern in Gesprächen vor Eintritt in die Gruppe über Diagnose, wahrscheinliche Ursachen und den möglichen Verlauf der Störung informiert werden, besteht die Erwartung der Eltern bezüglich der Gruppe meist darin, von den Fachleuten Antworten auf ihre Fragen zu erhalten.

Vor allem in der ersten Phase stellt deshalb die Vorgehensweise der nicht-direktiven Gesprächsführung für die Gruppenleiter eine grosse Belastung dar, da die Eltern schnell an deren fachlicher Kompetenz zu zweifeln beginnen.

Die über zehnjährige Erfahrung mit solchen Gruppen zeigt, dass die Eltern bei der Er- und Verarbeitung der kindlichen Störung drei wichtige Phasen durchlaufen (vgl. LEVI et al. 1984b):

1. Phase

Nach einem ersten Moment der *Unsicherheit*, wo die meisten Eltern feststellen, sie hätten nichts zu sagen, beginnen sie, *pausenlos zu sprechen*: Sie beschreiben das Kind und vor allem seine Störung, indem sie einzelne Verhaltensweisen aus dessen täglichen Leben erzählen.

> Beispiele: «er macht noch ins Bett» – «wenn ich sie nicht verstehe, wird sie wütend» – «er hat Angst vor dem Dunkeln» – «es will das Essen nicht kauen» – «am Fernsehen gefällt ihm nur die Musik»

Das Bild nach dieser ersten Beschreibung ist sehr konfus und *zerstückelt*. Es ist schwierig, die «normalen» Verhaltensweisen von denjenigen zu unterscheiden, welche mit der Störung zusammenhängen.

Die Gruppe ist in dieser Phase noch nicht fähig, Fragen zu stellen, die zu einer solchen Differenzierung führen könnten. Allen Verhaltensweisen wird die gleiche Bedeutung und der gleiche Stellenwert zugemessen.

Die Eltern scheinen zu diesem Zeitpunkt ihre Sicherheit darin zu finden, bei anderen Kindern ähnliche Verhaltensweisen aufzudecken. Dabei sind sie aber nicht fähig, sich zu fragen, welche Bedeutung diese für ihr eigenes bzw. für das andere Kind haben.

Die ersten Fragen, die sich die Gruppe stellt, betreffen denn auch nicht das Kind, sondern die **Ursachen der Störung**.

Beispiele:«man hat mir gesagt, dass bei der Geburt etwas nicht in Ordnung gewesen sei» – «ich glaube, er hat eine Blockierung wegen der Geburt seiner Schwester» – «ich weiss, dass er mit neun Monaten ein böses Fieber hatte und darüber bin ich beunruhigt» – «ich dachte bei meiner Tochter an eine Verzögerung, aber dann hatte auch ihr Bruder Probleme» – «meine Frau will unbedingt wissen, was los ist; aber ich habe mich entschlossen, mich nicht mehr aufzuregen»

Die *Angst* der Gruppe steigt in dieser Phase stark an, da die Diskussion der Ursachen zugleich die *Schuldfrage* aufwirft. Mehr oder weniger explizit müssen sich alle die Frage stellen: «Hätte ich es irgendwie verhindern können?»

Es entsteht eine Art Hin- und Hergerissensein zwischen dem Wunsch nach «neurologischen», bzw. «psychologische» Ursachen:

Neurologische Ursachen entheben die Eltern von der Angst, Erziehungsfehler begangen zu haben; die Störung wird aber als unheilbar eingeschätzt.

Psychologische Ursachen hingegen erlauben, auf eine nur momentane Blockierung zu hoffen; dafür wird die Fähigkeit der Eltern, für das Kind zu sorgen, in Frage gestellt.

2. Phase

Die Eltern bemerken erste **Veränderungen des Kindes** durch die Therapie und beginnen nun, sich für das Kind selbst zu interessieren.

Beispiele: «es gebraucht noch keine neuen Wörter, aber es spielt besser» – «es schenkt den Dingen mehr Aufmerksamkeit» – «es versteht mich jetzt besser»

Die Veränderungen des Kindes, auf welche bis anhin nur gehofft werden konnte, veranlassen die Eltern jetzt, da diese real geworden sind, zu einer Reihe von **Zweifeln**.

Beispiele: «er macht Grimassen, das hat er vorher nie gemacht» – «er ist nervöser» – «er widersetzt sich, wenn ich ihm etwas sage»

Der mit den Veränderungen verbundene Verlust der Kontrolle über das Kind führt aber auch zu Sorgen über die **Zukunft**.

Beispiele: «wie wird er sein, wenn er gross ist?» – «wird sie sich allein durchschlagen können?»

Und noch einmal wird eine Beschäftigung mit der Gegenwart verhindert; diesmal nicht durch Fragen nach der Vergangenheit, sondern nach der Zukunft des Kindes.

Positive Therapieresultate führen aber auch zur Angst, nicht mehr allein für das Kind verantwortlich zu sein und es möglicherweise zu *verlieren*.

Es ist in dieser Phase deshalb sehr wichtig, dass die Eltern ihre Beziehung zur Therapie in allen ihren Aspekten so lange diskutieren, bis diese sich nicht nur für das Kind, sondern auch für die Eltern zu einer positiven Erfahrung entwickelt hat.

Dabei kann die Gleichzeitigkeit der beiden Gruppen dazu beitragen, dass sich die Eltern als aktive Teilnehmer an der Therapie erleben und dadurch zum Bewusstsein gelangen, dass auch sie wichtige Elemente bezüglich der Behandlung des Kindes erhalten und beitragen.

3. Phase

Nachdem sie ihre Beziehung zur Therapie erarbeitet haben, können die Eltern wieder **vom Kind selbst** sprechen.
Die Beschreibungen sind jetzt klarer, d. h. die Eltern zeigen, dass sie fähig sind, die Möglichkeiten und Probleme des Kindes richtig einzuschätzen.

> Beispiele: «ich habe verstanden, dass es zum Sprechen lernen zuerst Spielen lernen musste» – «ich weiss, dass er anders sein wird, wenn er zur Schule geht» – «jetzt weiss ich, was ich von ihm verlangen kann; bei den anderen Kindern war dies nie ein Problem, bei ihm schon»

Die Fähigkeit, das Kind und seine Störung besser zu verstehen, führt aber auch dazu, dass der *Mythos der Blockierung* fällt. Die meisten Eltern wissen nun, dass ihr Kind trotz Besserung immer Probleme haben wird.
In dieser Endphase zeigt denn die Gruppe häufig eine Art **Depression** als Reaktion auf den Verlust des mystifizierten Kindes.
Ein anderer Aspekt dieser Depression besteht im Bewusstsein, sich nach Abschluss der Gruppentherapie wieder allein mit den Alltagsproblemen konfrontieren zu müssen.

Zusammenfassend bewegt sich die Gruppe von der Suche nach den Ursachen der Störung und der damit verbundenen Angst vor der Schuldfrage zur Idee, alles liesse sich arrangieren; von den Phantasien über die Vergangenheit zu jenen über die Zukunft.
Die *zentrale Schwierigkeit* scheint darin zu bestehen, *ein Bild des Kindes* sowie von sich selbst als *Eltern dieses Kindes* in der *Hier- und Jetzt-Situation* aufbauen und akzeptieren zu können.
Wie schwierig sich gerade die Differenzierung zwischen den eigenen Problemen und denjenigen des Kindes gestalten kann, wird am Beispiel von Stefanias Mutter deutlich.
Das Protokoll zeigt zudem, und das soll abschliessend auch betont werden, dass im Rahmen der Gruppenarbeit lange nicht alle Probleme der Eltern gelöst werden können.

9.32 Fallbeispiel

Im folgenden werden die Protokolle der Äusserungen wiedergegeben, welche die Eltern von Stefania in 7 Sitzungen der Elterngruppe produzierten.

Anamnestische und Abklärungsdaten von Stefania sowie Beobachtungsdaten zur Interaktion mit ihrer Mutter wurden in Kapitel 9.23 beschrieben.

1. Sitzung:
Die Gruppe spricht über die Schwierigkeiten des Kindes

M: Meine ist klein, sie spricht nicht.
M: Zuerst kam sie gern, jetzt weint sie, vielleicht realisiert sie die Trennung.
M: Sie weigert sich, «Wasser» zu sagen; sie macht alles über die Gestik; um zu verstehen geht es, aber wenn sie sprechen will, sagt sie ein paar Wörter, und man versteht sie nicht.
M: Ein wichtiges Problem ist das Essen; sie isst nur, wenn sie abgelenkt wird – und das ab 6 Monaten – sie kaut nicht.
M: Meine Tochter trägt Windeln; diesen Sommer, ohne Windeln, verweigerte sie für zwei Tage, Cacca zu machen – und dann will sie nicht gehen, sie ist wie ein totes Gewicht – jetzt kaut sie die Fingernägel – sie ist in einer Gruppe, wo sie am besten steht – sie macht komische Bewegungen.
M: Das erste Mal hierherzukommen war ein Schock für mich; ich hatte eine Schwangerschaft mit künstlichem Verschluss – aber alles ging gut.

2. Sitzung:
Die Gruppe spricht über Veränderungen und erste Fortschritte des Kindes; erste Zweifel treten auf, und die Gruppe diskutiert die Erwartungen an die Therapie

M: Sie sagt ein paar Wörter mehr – bis zwei Jahre haben wir nichts gemerkt – und dann das Problem mit dem Hafen – mit dem Essen dasselbe; sie isst nur, wenn sie abgelenkt wird.
V: Ich sehe keine Fortschritte. Ich möchte besser informiert sein über den medizinischen Status – auch wenn die Examen gut gegangen sind – für die Zukunft hat das Herz wenigstens Ruhe.
M: Sie ist so scheu – sie ist oft müde.
M: Ich bin am Endpunkt, und mit meinem Mann immer die Diskussionen; er will Sicherheit.
V: Den Sinn der Sprache versteht sie, aber sie spricht nicht und man ist nie ruhig.
M: Wie sollen wir sie behandeln, man hat immer Angst.

3. Sitzung:
Die Gruppe spricht über Veränderungen und spezielle Probleme des Kindes

M: Von Stefania haben wir einige kleine Fortschritte gesehen; sie spricht jetzt mit dem «t». Sie ist schneller. Sie geht aufs WC, aber dann ist's wie eine Blockierung. Hier, sagen sie, macht sie's. Das scheint mir seltsam, zu Hause nicht. Beim Essen muss man sie ablenken. Wir müssen aufpassen, sie zu verstehen, sonst wird sie böse. Wir sehen Veränderungen.
V: Sie ist schneller in den Bewegungen. Sie macht kein richtiges Gespräch, aber wenn sie will, antwortet sie mit richtigen Wörtern. Sie lügt auch.
Wenn sie will, kann sie antworten.
M: Sie ist sehr eitel; wenn sie den Vater oder den Grossvater sieht, hebt sie die Haare. Hier hilft man ihr für ihre Schüchternheit. Zum ersten Mal hat sie allein die Suppe gegessen. Wenn sie zufrieden ist, zeigt sie ihre Fröhlichkeit fast mit Gewalt.
M: In der ersten Abklärung habe ich zu weinen begonnen. Von Zeit zu Zeit erscheint die Angst, dass sie nie gut sprechen könnte.

4. Sitzung:
Die Gruppe spricht über Ursachen

M: Es gibt Fortschritte. Sie ist ein bisschen starrköpfig geworden; sie fixiert sich auf etwas, isst nicht, wenn man nicht spielt. Sie will die Spielzeuge des Bruders, und wir wissen nicht, was machen – sie verbessert sich in allem und sagt auch das «l».
V: Wenn ich sie anschaue, schämt sie sich.
M: Ich bin 6 Monate im Bett gewesen – es war eine sehr schwierige Schwangerschaft. Die Angst ist immer, ein nicht normales Kind zu haben.

5. Sitzung:
Die Gruppe spricht über Nervosität und Starrköpfigkeit, von den Sorgen und den damit verknüpften Erwartungen an die Therapie

M: Stefania ist nervös, im Bus, zu Hause. Ich weiss nicht, ob es Nervosität oder Starrköpfigkeit ist – damit sie brav ist, gebe ich ihr Süsses.
M: Sie beginnt zu repetieren, aber dann vergisst sie alles.
V: Sicher, das Kind an die «Neuro» zu bringen, ist immer ein Trauma. Wenn ich daran denke, dass sie in drei Jahren immer noch nicht spricht – manchmal ist man Pessimist, um Überraschungen zu vermeiden.
V: Ja, Fortschritte gibt es, aber dann gibt's immer noch Probleme.
M: Diese Kinder, werden sie in Zukunft wohl Behinderte sein?

6. Sitzung:
Die Gruppe spricht über das Wollen und Können, über Möglichkeiten der Kompensation und des Aufholens

M: Nächste Woche wird Stefania entlassen, und wir haben Fortschritte gesehen bei den Wörtern und im Essen.
V: Sie repetiert Wörter, macht aber keine Sätze.
M: Mit ein, zwei Wörtern macht sie einen ganzen Satz. Sie interessiert sich an allem, antwortet am Telefon, will schätzeln, schaut Fernsehen, fragt nach den Dingen – die Windeln, hier macht sie es, aber zu Hause nicht.
M: Wir haben Vertrauen ins Zentrum und ins Kind. Bleibt die Frage des letzten Mals – werden diese Kinder Behinderte?
M: Jetzt ist sie weniger schamhaft, manchmal ironisch. Gestern hat sie zum ersten Mal allein gespielt. Sie singt auch allein.
M: Oft sieht man, dass sie spricht, aber oft kommt das Wort nicht heraus, als ob es nicht im Kopf wäre.
M: Zum ersten Mal hat sie auf einen Vorwurf reagiert und hat mir «dumme Kuh» gesagt.
M: Sollen wir normal mit ihr sprechen oder sie zwingen – wird sie alles einholen können?

7. Sitzung:
Die Gruppe spricht über die Zeit nach der Therapie

M: Wir haben Fortschritte gesehen; jetzt wird das Problem mit den Windeln bleiben.
M: Jetzt kann sie besser warten – hoffen wir mit der Zeit...

Zusammenfassung und Interpretation

Bereits in der **ersten Sitzung** formuliert Stefanias Mutter die für sie zentralen Probleme des Kindes: das *Essen*, das *Einnässen* und das *Sprechen*.
In der gleichen Sitzung spricht sie auch von ihrem eigenen Hauptproblem, dem *künstlichen Uterusverschluss* während der Schwangerschaft. Ihr anderes wichtiges Problem, das *Stottern* formuliert sie nie; es kam aber jedesmal dann zum Ausdruck, wenn sie nicht vom Kind, sondern von sich sprach.

In der **zweiten Sitzung** wird die Schwierigkeit deutlich, zwischen den eigenen Schwierigkeiten und denjenigen des Kindes zu *unterscheiden* (Schüchternheit, «ich bin am Ende» – «sie ist so scheu, sie ist oft müde»).

Von der **dritten Sitzung** an kommt dann zusätzlich die Angst vor der *Aggressivität* des Kindes zum Ausdruck («sie wird böse» – «sie zeigt ihre Fröhlichkeit fast durch Gewalt» – «sie ist starrköpfig»).

Die Äusserungen der Mutter wurden nachträglich folgendermassen **interpretiert**:
Die Hauptprobleme der **Mutter** drehen sich um die Fähigkeit, etwas *einnehmen, behalten und hinauslassen* zu können (Abortgefahr, Stottern, Schüchternheit).

Die Hauptschwierigkeiten des Kindes liegen für sie in demselben Bereich: *Essen* (nicht einnehmen können), *Einnässen* (nicht behalten können), *Sprechen* (nicht hinauslassen können), *Aggressivität* (zu stark hinauslassen).

Auf einer ganz anderen Ebene liegen die Probleme des **Vaters**: Seine Äusserungen drehen sich primär um *Wissen und Sicherheit* («Überraschungen vermeiden», «das Herz in Ruhe haben»).

Es besteht folglich ein grosser **Kontrast** zwischen den Gefühlen der beiden Elternteile; durch die Tatsache, dass die Mutter selbst Probleme im sprachlichen Bereich aufweist, fühlt sie sich als Schuldige und lebt deshalb in ständiger Angst vor der Kritik ihres Mannes.

Schliesslich ist bei der Interpretation der Äusserungen beider Eltern nicht zu vergessen, dass Stefania ein sehr komplexes, durch viele Dissoziationen und Veränderungen gekennzeichnetes Störungsbild aufweist.

Wie sich diese Schwierigkeiten der Mutter in der Interaktion mit ihrer Tochter auswirken, zeigen die Beobachtungen, welche in Kapitel 9.23 beschrieben wurden.

9.4 Zusammenfassung und Diskussion

Zur Dynamik von interaktiven Prozessen im Rahmen von Entwicklungsstörungen können aufgrund der gesammelten klinischen Daten folgende Punkte festgehalten werden:

1. Veränderungen oder Störungen der Mutter-Kind-Interaktion können in den meisten Fällen von Entwicklungsstörungen beobachtet werden.

Solche Veränderungen oder Störungen des interaktiven Gleichgewichts stehen in Abhängigkeit von der *Zeit*, welche zwischen dem ersten Verdacht und der Abklärung und Therapie verläuft, sowie von der *Art der Störung*, d. h. von Anzahl und Ausmass der Dissoziationen zwischen den verschiedenen Kompetenzbereichen.

2. Je grösser die Anzahl der Dissoziationen und je geringer die Unterschiede zwischen Normalität und Pathologie sind, desto schwieriger ist es, die *Störung definieren* und verstehen zu können.

   Die Suche der Eltern nach der Beantwortung der Fragen, welche zu Definition und Verständnis führen könnten, verhindert oft eine Konzentration auf das *Kind in seiner Hier- und Jetzt-Situation*. Damit wird der Anpassungsprozess in zusätzlichem Mass erschwert.

3. Entwicklungsstörungen betreffen nicht nur die *Persönlichkeit* des Kindes, sondern auch diejenige *der Eltern*. Die Tatsache, Eltern eines gestörten Kindes zu sein, führt zu Unsicherheits- und Schuldgefühlen, welche die affektive Beziehung zum Kind belasten.

4. Die Verarbeitung dieser Tatsache wird dann erschwert, wenn die Eltern eigene Probleme in ähnlichen Bereichen aufweisen. In solchen Fällen werden diese Probleme durch die Störung des Kindes widergespiegelt und zugleich auf das gestörte Kind projiziert.

Diese klinischen Daten *bestätigen* folglich die eingangs des Kapitels formulierten **Arbeitshypothesen**.

Die Ausgangslage bezüglich der **Form und des Inhalts der Elternarbeit** präsentiert sich damit folgendermassen:

Beobachtbare Schwierigkeiten in der Interaktion zwischen Eltern und ihren entwicklungsgestörten Kindern müssen als *Resultat eines doppelten wechselseitigen Prozesses* beurteilt werden:

- Einerseits wird der Anpassungsprozess durch die Undurchsichtigkeit und Komplexität kindlicher Entwicklungsstörungen erschwert, was zu inkonstanten oder starren Interaktionsmustern führt, welche ihrerseits die Störung negativ beeinflussen.

- Andererseits führt dieselbe Undurchsichtigkeit und Komplexität zu einem mangelnden Verständnis und damit zu unverarbeiteten Schuldgefühlen, Unsicherheiten und Angstgefühlen, welche ihrerseits die affektive Beziehung belasten und den Anpassungsprozess erschweren.

Diese Sichtweise des interaktiven Prozesses führt indirekt auch zu folgenden Annahmen:

- Entstehen Anpassungsschwierigkeiten aufgrund der Komplexität der kindlichen Störung, sollten sich diese dann automatisch verringern, wenn über eine **Therapie des Kindes** ein homogeneres Entwicklungsprofil erreicht wird.
- Entstehen Unsicherheiten und damit Interaktionsschwierigkeiten aufgrund eines mangelnden Verständnisses für das Kind und seine Störung, sollten sich diese über eine **Er- und Verarbeitung der Störung durch die Eltern** ebenfalls vermindern.

Die praktische Ableitung dieser Annahmen führt zu den in Kapitel 8 und 9 dargestellten therapeutischen Ansätzen.

Aus klinischer Sicht ist es selbstverständlich, dass auch auf der Basis eines solchen therapeutischen Vorgehens nicht immer alle Probleme gelöst werden können.

Es liegt deshalb am Therapeuten, von Fall zu Fall zu entscheiden, ob die Eltern einer zusätzlichen Behandlung im Sinne einer Psychotherapie bedürfen, oder ob ihnen ganz konkrete Handlungsanleitungen oder -modelle im Umgang mit dem Kind eine weitere Unterstützung sein könnten.

Primär haben die Eltern das *Recht* und meistens auch die *Fähigkeit*, zu verstehen und aufgrund dieses Verständnisses ihr Verhalten in autonomer Weise so zu verändern und anzupassen, wie es ihren persönlichen Fähigkeiten und Möglichkeiten entspricht.

Eine der wichtigsten therapeutischen Erfahrungen besteht denn auch darin, akzeptieren zu lernen, dass die **Welt des Kindes**, d. h. die sozialen, ökonomischen und kulturellen Verhältnisse seiner Umwelt auch mit noch soviel therapeutischem Engagement *nicht verändert* werden können.

IV. Schluss: Zusammenfassung

Diese Arbeit hatte das Ziel, ein umfassendes *Verständnis* des normalen Spracherwerbs zu erreichen und damit eine Grundlage für die Erklärung, Beschreibung, Abklärung und Behandlung von Spracherwerbsstörungen zu schaffen.

Die Ausführungen können als das Resultat eines *wechselseitigen* Prozesses der Konfrontation klinischer Beobachtungen, theoretischer Erkenntnisse und entsprechender Forschungsarbeiten betrachtet werden.

Dies bedeutet, dass viele der theoretischen Ausführungen, welche im ersten Teil der Arbeit dargestellt und als Basis für die Analyse und Diskussion der klinischen Beobachtungsdaten gebraucht wurden, in Wirklichkeit aus den klinischen Erfahrungen selbst resultierten.

Denn ein grundlegendes Verständnis des Spracherwerbs wird oft erst über Beobachtungen und Analysen der sprachlichen wie nichtsprachlichen Verhaltensweisen spracherwerbsgestörter Kinder möglich.

Die Schwierigkeit, gerade im Rahmen klinischer Forschung eine genügend grosse Anzahl *vergleichbarer* Kinder oder Erwachsener zu finden, kann dadurch kompensiert werden, dass der Praktiker durch seine Tätigkeit die zentralen Probleme sowie die untersuchten oder zu untersuchenden Personen und ihre Störungen kennt und bei der Interpretation bestimmter Daten auf seine Erfahrungen zurückgreifen kann.

Die Arbeit versteht sich deshalb auch als Aufforderung an die Fachleute, welche im Bereich der Sprachpathologie tätig sind, ihre Erfahrungen vermehrt zu reflektieren, andern zugänglich zu machen und damit einen Beitrag zum besseren Verständnis des normalen und gestörten Spracherwerbs zu leisten.

Im theoretischen Teil wurde die Entwicklung der Prozesse beschrieben, welche zur Entdeckung der Sprache führen.

Auf der Basis entsprechender Forschungsarbeiten wurde jeweils versucht, ihre Funktion näher zu bestimmen und zu untersuchen, welche Rolle sie im Rahmen gestörter Spracherwerbsprozesse spielen könnten. Die Prozesse wurden so aufgeteilt und beschrieben, wie sie während der Abklärung beobachtet werden können.

Neben den neurolinguistischen, kognitiven und kommunikativen Prozessen wurden deshalb auch die Ich-Entwicklung und das Sprachverständnis separat behandelt, obwohl erstere auch als Teil der interaktiv-kommunikativen Prozesse und letzteres als mehr integrativer Prozess betrachtet werden können.

Die neurolinguistischen Prozesse sind zwar *noch* nicht beobachtbar, sie spielen aber für den Spracherwerb sicher eine wichtige Rolle, und es ist überdies zu hoffen, dass in absehbarer Zeit entsprechende Beobachtungsinstrumente entwickelt werden.

Am Ende des theoretischen Teils wurde beschrieben, wie das Kind über eine stufenweise Integration und Koordination dieser Prozesse die Sprache entdecken, kennen und aufbauen lernt.

Von den Theorien und Forschungsdaten zum Spracherwerb wurde die Annahme abgeleitet, dass die verschiedenen Prozesse in den verschiedenen Phasen des Spracherwerbs eine unterschiedliche Rolle spielen würden. Während im ersten Lebensjahr vor allem kommunikativ-interaktive Prozesse im Vordergrund stehen, wodurch das Kind die kommunikativen Aspekte der Sprache kennenlernt, spielen im zweiten Lebensjahr für den Aufbau der repräsentativen Funktion der Sprache die kognitiven Prozesse eine entscheidende Rolle.

Aufbau, Festigung und Integration der kommunikativen und kognitiven Prozesse bilden die Basis dafür, dass die neurolinguistischen Prozesse manifest werden können.

Es wurde folglich davon ausgegangen, dass sich alle Prozesse von Geburt an in kontinuierlicher Weise entwickeln, dass sie sich aber im Rahmen des Spracherwerbs in unterschiedlichen Entwicklungsphasen und in Abhängigkeiten von der Entwicklung und Integration vorhergehender Prozesse *manifestieren*.

Im klinischen Teil der Arbeit wurden auf der Basis dieses Modells Hypothesen zur Dynamik von Spracherwerbsstörungen entwickelt und anhand klinischer Beobachtungsdaten überprüft. Die Beobachtungen aus der Abklärung und aus Kontrolluntersuchungen von Kindern mit und ohne therapeutischer Intervention konnten als Bestätigung dieser Hypothesen aufgefasst werden.

Kinder, welche mit zwei Jahren nicht zu sprechen begonnen hatten, zeigten primär Probleme im Bereich der symbolischen Kompetenzen sowie eine mangelnde Integrationsfähigkeit der kognitiven und kommunikativen Prozesse, was sich in einem sehr tiefen Sprachverständnis äusserte.

Nach einer dreimonatigen, auf diese Aspekte zentrierten Therapie, zeigten vier Fünftel der Kinder einen rapiden quantitativen und qualitativen Zuwachs der Sprachproduktion.

Vier Fünftel der Kinder ohne therapeutische Intervention konnten zwar die Sprachproduktion quantitativ erweitern; eine Analyse der Qualität ihrer Äusserungen zeigte aber, dass ihnen eine hierarchische Strukturierung fehlte und legte die Vermutung nahe, dass sie diese sprachlichen Äusserungen über Imitation, d. h. in assoziativer Art und Weise gelernt hatten.

Je ein Fünftel der Kinder mit und ohne therapeutische Intervention zeigte auch nach Ablauf eines Jahres eine nur geringe Erweiterung der sprachlichen Produktion. Man kann annehmen, dass diese Kinder neben der Verzögerung der kognitiven Prozesse und der mangelnden Integration mit den kommunikativen, auch grundlegende Probleme im Bereich der neurolinguistischen Prozesse aufweisen.

Man könnte folglich davon ausgehen, dass Störungen auf der morphosyntaktischen Ebene sowohl aufgrund mangelnder Entwicklung oder Integration der kommunikativen und kognitiven Prozesse wie auch aufgrund einer Störung der neurolinguistischen Prozesse selbst entstehen können.

Solange aber bezüglich der Entwicklung und Funktion der neurolinguistischen Prozesse in den ersten zwei bis drei Lebensjahren nicht auf entsprechende Untersuchungsdaten normaler Kinder zurückgegriffen werden kann, gestalten sich Differentialdiagnose sowie Planung und Durchführung gezielter Therapien in diesem Bereich speziell schwierig.

Die bedeutendste Funktion im Rahmen der Dynamik des normalen und gestörten Spracherwerbs wurde den *Verstehens- und Verständnisprozessen* zugeschrieben.

Auf der einen Seite zeigen die Beobachtungsdaten zur Entwicklung der Mutter-Kind-Interaktion, dass die Anpassungsprozesse primär über den Wunsch zustande kommen, zu verstehen und verstanden zu werden. Entsprechend können die Schwierigkeiten der Mütter, mit ihren entwicklungsgestörten Kindern zu interagieren, als das Resultat eines mangelnden Verständnisses für das Kind und seine Störung interpretiert werden.

Auf der anderen Seite weisen sowohl die Daten zum normalen Spracherwerb wie vor allem die Beobachtungen spracherwerbsgestörter Kinder darauf hin, dass das Sprachverständnis für den Spracherwerb eine Rolle spielt, die bis jetzt weit unterschätzt wurde.

Entsprechende Beobachtungen zeigen, dass dabei insbesondere das Verständnis von *Handlungswörtern* von Interesse ist.

Erstens scheint sich das normale Kind im Sprachverständnis primär auf Verben zu konzentrieren, d. h. die Mutter hebt diese in der sprachlichen Interaktion besonders hervor; in der Sprachproduktion benennt das Kind aber zuerst weniger Handlungen, sondern Gegenstände. Man kann annehmen, dass dieser Kombination des Verstehens von Handlungswörtern und der Produktion von Gegenstandswörtern eine zentrale Bedeutung für die semantische und syntaktische Entwicklung zukommt.

Zweitens zeigen die Beobachtungen spracherwerbsgestörter Kinder, dass diese gerade im Verständnis von Handlungswörtern besondere Schwierigkeiten aufweisen. Eine entsprechende Analyse ergab, dass diese Schwierigkeiten mit einer mangelnden Konzentration auf die Transformationen der Realität zusammenhängen.

Damit stellt sich einerseits die Frage, wo solche Transformationsprobleme ihren Ursprung haben; andererseits wird deutlich, dass der Erwerb von Handlungswörtern wahrscheinlich anderen Gesetzmässigkeiten folgt als derjenige von Gegenstandswörtern. Obwohl der Handlung selbst in den letzten Jahren psycholinguistischer und sprachpathologischer Forschung und Theoriebildung eine spezielle Funktion zugeschrieben wurde, wird bis heute bei der Erklärung und Beschreibung des Erwerbs von Wörtern und dessen Störungen selten zwischen Handlungs- und Gegenstandswörtern unterschieden.

Zusammenfassend kann man davon ausgehen, dass ein neues Verständnis des Wortes wahrscheinlich viel dazu beitragen könnte, den Spracherwerb und seine Störungen in frühen Entwicklungsphasen besser zu verstehen und damit eine Früherfassung und Frühtherapie zu gewährleisten, welche nicht einer «Breitbandstimulation», sondern einer individuellen, auf das Kind und seine Störung ausgerichteten therapeutischen Intervention entsprechen würde.

Wörter kann man verstehen und produzieren – es gibt vorsymbolische und symbolische, vorkommunikative und kommunikative Wörter – es gibt Wörter, welche ein Du haben und andere, welche ins Leere gehen ...

Tabelle 1: Zusammenfassung der Beobachtungsdaten von 20 spracherwerbsgestörten Kindern

Name	Alter in Monaten	Symbolische Kompetenzen			Kommunikative Kompetenzen					Sprachproduktion
		Spontanspiel	Anzahl symbolischer Handlungen mit Modell	triangulärer Blickkontakt	indikative Gestik	Gegenstand erreichen	um Hilfe bitten	Gebrauch von Wörtern		
1. Luigi	22	Gg in- und aufeinander, wegwerfen	1	selten	+	organisiert sich selbst	–	Kommentar		mama, papà, no, bumbum
2. Flavio	22	funkt. Gebrauch von Gg. Ball	1	–	+	zeigt und vokalisiert	–	Aufmerksamkeit auf sich ziehen		mama, papà, nonna
3. Maurizia	24	Gebrauch von Gg auf sich, umleeren	1	+	+	zeigt oder vokalisiert	–	Kommentar		ca mama, papà no, pipi
4. Tiziano	24	Gebrauch von Gg auf sich	1	+	–	triang. Blickkontakt und Vokalisation	–	Mutter rufen		mama, papà
5. Andrea	24	bringt Gg der Mutter	1	+	+	indikative Gestik und triang. Blickkontakt	–	«no» auf alle Äusserungen des Erwachsenen		mama, papà, no
6. Alessandro	24	bringt Gg der Mutter	1	+	+	triang. Blickkontakt und Vokalisation	–	Kommentar		mama, papà, no, si, popò, tutu, a-a, tate
7. Emanuele	25	funkt. Gebrauch von Gg	1	–	+	zeigt auf Gg	–	Kommentar		mama, papà, nonna, no, pupa, otto, appe, pipi
8. Gianluca	25	funkt. Gebrauch von Gg	1	selten	+	zeigt auf Gg	–	Handlung begleitend		mama, papà, pumpum, am, tete
9. Luca	25	Gg in-, aufeinander	1	selten	+	zeigt auf Gg	–	Antwort auf Fragen		mama, papà, am, bumma, avia, tau
10. Simone	26	Gebrauch von Gg 1 Handlung mit Gg	1	+	+	triang. Blickkontakt und Zeigen	–	Kommentar		mama, papà, te, ai, do, ti, no

Gg = Gegenstand; gen. Gg = genannter Gegenstand

Fortsetzung Tabelle 1

Name	Alter in Monaten	Symbolische Kompetenzen			Kommunikative Kompetenzen					Sprachproduktion
		Spontanspiel	Anzahl symbolischer Handlungen mit Modell	triangulärer Blickkontakt	indikative Gestik	Gegenstand erreichen	um Hilfe bitten	Gebrauch von Wörtern		
11. Gianni	26	mit Gg auf Tisch schlagen, Gg aufeinander	1	+	+	triang. Blickkontakt und Zeigen	–	Mutter rufen		mama, papà
12. Sara	26	umleeren, 1 Handlung mit mehreren Gg	1	+	+	triang. Blickkontakt und Vokalisation	–	Handlung begleitend		mama, papà, no, pappa, pumma, lo, pila
13. Sarah	28	Handlung mit Gg auf sich selbst	2	+	+	triang. Blickkontakt und Zeigen	–	Kommentar		mama, papà, lulu, no, si, io, butta, cacca, tutto, tau
14. Francesco	29	Gg in-, aufeinander	2	+	+	triang. Blickkontakt und Vokalisation	–	Antwort auf Fragen		mama, papà, ma-ma, ca-ca
15. Danilo	31	bringt Gg der Mutter	1	selten	+	vokalisiert	–	Antwort auf Fragen		mama, papà, nonna, pappa, lallen
16. Claudio	32	gleiche Handlung auf sich und allen Gg	3	+	+	triang. Blickkontakt und Zeigen	–	Kommentar		mama, papà, no, tau baubau
17. Fabio	32	gruppiert Gg legt in Reihe	1	selten	+	zeigt auf Gg	–	Kommentar		mama, papà, no, na, bo
18. Giorgio	34	funkt. Handlung mit Gg	1	selten	+	triang. Blickkontakt und Vokalisation	–	Kommentar		mama, papà, no-te, si, no, atto, ti, ia, bau
19. Claudia	35	umleeren, 1 Handlung mit mehreren Gg	1	+	+	triang. Blickkontakt und Zeigen	–	Handlung begleitend		mama, papà, no, io, n'atto, tutto, ecco, potto, tetto
20. Romina	36	kurze Sequenz symb. Handlungen mehrmals repetiert	3	+	+	triang. Blickkontakt und Vokalisation	–	Kommentar		mama, papà, nonna, no, bumbum, pipi, baubau

Tabelle 1: Fortsetzung

Name	Sprachverständnis						Ich-Entwicklung				
	Gg zeigen	Bilder zeigen	Aufforderung ohne symbolischen Inhalt	Aufforderung mit symbolischem Inhalt	Aufforderung mit absurdem Inhalt	zusammengesetzte Aufforderung	Spiegel Video	kommt ohne Mutter	Kollaboration	Eigenstandard	Reaktion auf defekte Gegenstände
1. Luigi	-	-	schaut kurz auf genannte Gg	schaut kurz auf genannte Gg	schaut kurz auf genannte Gg	-	küsst Spiegel	-	+/-	-	keine
2. Flavio	+	3/10	+	tut, als ob er nicht gehört hätte	tut, als ob er nicht gehört hätte	-	?	-	+/-	-	keine
3. Maurizia	-	-	nimmt gen. Gg. u. führt entspr. funkt. Handl. aus	nimmt gen. Gg. u. führt entspr. funkt. Handl. aus	nimmt gen. Gg. u. führt entspr. funkt. Handl. aus	-	keine Reaktion	-	+	-	++
4. Tiziano	-	-	reagiert nicht auf Aufforderung	reagiert nicht auf Aufforderung	reagiert nicht auf Aufforderung	reagiert nicht auf Aufforderung	?		+/-	-	keine
5. Andrea	+	5/10	+	führt mit gen. Gg funkt. Handlungen aus	führt mit gen. Gg funkt. Handlungen aus	-	will spielen	-	+/-	-	keine
6. Alessandro	+	-		schaut auf oder nimmt gen. Gg	schaut auf oder nimmt gen. Gg	-	?	-	+/-	-	keine
7. Emanuele	+	-	+	schaut kurz gen. Gg an	schaut kurz gen. Gg an	-	keine Reaktion	-	+/-	-	++ Ordnung!
8. Gianluca	+	2/10	+	macht irgend etwas	macht irgend etwas	-	?	+	+	-	keine
9. Luca	-	-	wenn er Gg in der Hand hält	wenn er Gg in der Hand hält	macht irgend etwas	macht irgend etwas	keine Reaktion	-	+	-	keine
10. Simone	+	5/10	+	führt mit gen. Gg funkt. Handlungen aus	führt mit gen. Gg funkt. Handlungen aus	-	keine Reaktion	-	+	-	++ Ordnung!

Tabelle 1: Fortsetzung

Name	Sprachverständnis						Ich-Entwicklung				Reaktion auf defekte Gegenstände
	Gg zeigen	Bilder zeigen	Aufforderung ohne symbolischen Inhalt	Aufforderung mit symbolischem Inhalt	Aufforderung mit absurdem Inhalt	zusammengesetzte Aufforderung	Spiegel Video	kommt ohne Mutter	Kollaboration	Eigenstandard	
11. Gianni	-	-	reagiert nicht auf Aufforderungen	reagiert nicht auf Aufforderungen	reagiert nicht auf Aufforderungen	reagiert nicht auf Aufforderungen	?	-	+/-	-	keine
12. Sara	+	-	wenn sie Gg in der Hand hält +	wenn sie Gg in der Hand hält +	Gg in der Hand funkt. Handlungen	-	erkennt sich schaut zu	-	+/-	-	+ +
13. Sarah	+	15/20	führt Handlung auf sich aus, dann +	führt Handlung auf sich aus, dann +	«no»	-	keine Reaktion	+	+/-	-	+ +
14. Francesco	+	17/20	+	+	funkt. Handlung mit gen. Gg	führt 1. Auff. aus, zeigt auf Gg der 2. Auff.	?	+	+	-	keine
15. Danilo	+	-	macht irgend etwas	macht irgend etwas	macht irgend etwas	-	keine Reaktion	-	+	-	keine
16. Claudio	+	17/20	+	+	funkt. Handlung mit gen. Gg	führt 1 Auff. aus	keine Reaktion	+	+	-	keine
17. Fabio	+	-	nimmt gen. Gg und gibt ihn	nimmt gen. Gg und gibt ihn	nimmt gen. Gg und gibt ihn	-	erkennt sich schämt sich	-	+	-	+ + Ordnung!
18. Giorgio	+	15/20	+	+	«no»	Fusion	erkennt sich schaut zu	+	+	-	+ +
19. Claudia	+	18/20	+	+, weigert sich bei autosymb. Handlungen	«no»	-	will mit Gg	+	+	-	+ + Ordnung!
20. Romina	+	20/20	+	+	Kompromiss	führt 1. Auff. aus	erkennt sich schaut zu	+	+	-	+ +

Tabelle 2: Anzahl beobachteter Handlungs- und Kommunikationsmuster von je 12 Müttern und ihren Kindern

	Merkmale		Spracherwerbsstörung 18-36	Spracherwerbsstörung 36-60	leichte geistige Behinderung 36-60	leichte geistige Behinderung zus. Sprachstörung 36-60	mittlere bis schwere geistige Behinderung 36-70
Handlungsebene	Mutter	spielt mit Kind	3	3	2	1	2
		spielt allein	3	4	3	2	3
		schlägt vor	8	3	4	8	10
		kontrolliert	1	2	4	3	3
		schaut zu	–	2	–	2	–
	Kind	spielt mit Mutter	–	3	1	1	–
		spielt allein	9	9	4	6	2
		führt aus	3	1	4	2	5
	Inhalt	Symbolspiel	–	3	1	1	–
		Konstruktion	5	2	3	3	3
		Manipulation des Gg	5	3	6	3	6
		Auftischen/-reihen der Gg	2	4	2	4	–
		Körperspiele	–	–	–	1	3
Kommunikative Ebene	Mutter — sprachliche Funktion	*spricht*					
		- viel	2	3	6	8	4
		- wenig	1	1	2	3	2
		- schnell	2	3	4	2	1
		- leise	1	3	5	–	1
		- repetitiv	5	5	2	4	3
		- einfach	7	2	7	7	5
		- unverständlich	–	–	–	2	–
	kommunikative Funktion	Kommentare	6	4	2	2	–
		Fragen	1	2	2	1	–
		Aufforderung zur Benennung	4	6	4	5	1
		Direktive	2	2	5	8	9
	nonverbale Mittel	*Blickkontakt*					
		- triangulär	5	4	2	2	1
		- direkt	4	2	3	1	6
		- kontrollierend	2	3	3	3	4

Tabelle 2: Fortsetzung

		Behinderungsgruppe/ Alter in Monaten	Sprach-erwerbs-störung 18-36	Sprach-erwerbs-störung 36-60	leichte geistige Behinderung 36-60	leichte geistige Behinderung zus. Sprach-störung 36-60	mittlere bis schwere geistige Behinderung 36-70
	Merkmale						
Kommu-nikative Ebene	sprachliche Form	Handlung begleitende *Vokalisation*	9	–	4	7	3
		Kommentare zum anderen	–	5	3	–	–
		Fragen	–	2	–	–	–
		Handlung begleitende Kommentare	6	10	3	3	–
		Antwort auf Fragen	2	6	5	3	1
	Einsatz non-verbaler Mittel	*Blickkontakt*					
		– triangulär	1	3	2	–	1
		– direkt	5	4	3	1	5
		Gestik					
		– indikativ	3	1	4	2	1
		– deskriptiv	–	1	–	–	–
Zusam-men-fassung	Koordination Kind	zusammen	2	3	2	1	1
		parallel	2	4	2	1	1
		unkoord.	1	3	4	6	2
		Mutter spricht, Kind handelt koord.	7	1	2	1	6
		Mutter spricht und handelt für Kind	–	1	1	3	2
	inhaltlich formal	*Stimulation* (Vermittlung von Informationen) («pädagogisch-didaktisch»)	3	2	3	2	–
			5	6	1	1	5
		Sequenzen					
		2–3	11	7	10	4	6
		4+	–	4	–	–	–

Literaturverzeichnis

AINSWORTH, S. M. D., BELL, S. M., STAYTON, D. J.: Infant-mother attachment and social development: socialization as a product of reciprocal responsiveness to signal. In: RICHARDS, M. P. M. (ed.) 1974
ALAJOUANINE, T., LHERMITTE, F.: Acquired aphasia in children. Brain 88 (1965) 653–662
ARNOLD, G. E.: Die Sprache und ihre Störungen. Wien, New York: Springer 1970
ASSAL, G.: Hemisphère droit et langage. Bull. d'Audiophonologie 3 (1973) 5–34
AUSTIN, J. L.: How to do things with words. Oxford: Univ. Press 1962
BATES, E.: Pragmatics and sociolinguistics in child language. In: MOREHEAD, D. M., MOREHEAD, A. E. (eds.) 1976
BATES, E., CAMAIONI, L., VOLTERRA, V.: The acquisition of performatives prior to speech. Merrill-Palmer Quarterly 21 (1975) 205–226
BATES, E., BENIGNI, L., BRETHERTON, J., CAMAIONI, L., VOLTERRA, V.: From gesture to the first word: on cognitive and social prerequisites. In: LEWIS, M., ROSENBLUM, L. (eds.) 1977
BATES, E., BENIGNI, L., BRETHERTON, J., CAMAIONI, L., VOLTERRA, V.: Dal gesto alla prima parola: Lo sviluppo comunicativo e cognitivo tra i 9 e i 13 mesi. Età evolutiva 2 (1979) 55–73
BECKER, K.-P., SOVAK, M.: Lehrbuch der Logopädie. Berlin: VEB 1975 [2]
BELLINGER, D.: Consistency in the pattern of change in mothers' speech: some discrimant analyses. J. Child Language 7 (1980) 469–487
BENEDICT, H.: Language comprehension in 9–15 months old children. In: CAMPBELL, R. N., SMITH, P. T. (eds.) 1978
BENELLI, B., D'ODORICO, L., LEVORATO, M. C., SIMION, F.: Forme di conoscenza prelinguistica e linguistica Firenze: Giunti-Barbèra 1980
BERKO GLEASON, J.: Code switching in children's language. In: MOORE, T. E. (ed.) 1973
BERKO GLEASON, J.: Fathers and other strangers: men's speech to young children. In: DATO, D. P. (ed.) 1975
BERRY, P. (ed.): Language and communication in the mentally handicapped. London: Arnold 1976
BEVER, T. G.: The cognitive basis for linguistic structures. In: HAYES, J. R. (ed.) 1970
BEVERIDGE, M.: Patterns of interaction in the mentally handicapped. In: BERRY, P. (ed.) 1976
BITTNER, G.: Tiefenpsychologie und Kleinkinderziehung. Paderborn: Schöningh, Lurz 1979
BLOOM, L.: One word at a time. The Hague: Mouton 1973
BLOOM, L.: Talking, understanding, thinking. In: SCHIEFELBUSCH, R. L., LLOYD, L. L. (eds.) 1974
BLOOM, L., HOOD, L., LIGHTBOWN, P.: Imitation in language development: if, when, and why. Cognitive Psychology 6 (1974) 380–420
BLOOM, L., LIGHTBOWN, P., HOOD, L.: Structure and variation in child language. Monographs Soc. Res. Child Development 40 (1975) 2nd serial no. 160
BLOOM, L., LAHEY, M.: Language development and language disorders. New York: Wiley 1978
Boerhaeve Committee (ed.): Lateralization of brain functions. Leiden: Univ. van Leiden Press 1975
BOUCKE, G., KLEIN, W. (Hrsg.): Untersuchungen zur Dialogfähigkeit von Kindern. Tübingen: Narr 1983
BOWERMAN, M.: Semantic and syntactic development. In: SCHIEFELBUSCH, R. L. (ed.) 1978
BRACK, U. B.: Spracherwerb und Imitationslernen. Weinheim, Basel: Beltz 1977
BRAZELTON, T., KOSLOWSKI, B., MAIN, M.: The origins of reciprocity: the early mother-infant interaction. In: LEWIS, M., ROSENBLUM, L. (eds.) 1974

Bresson, F. (ed.): Current problems in psycholinguistics. Paris: CNRS 1975
Bridges, A.: SVO comprehension strategies reconsidered: the evidence of individual patterns of response. J. Child Language 7 (1980) 89–104
Bridges, A., Sinha, C., Walkerdine, V.: The development of comprehension. In: Gordon, A., Wells, G. (eds.) 1982
Bronckart, J. P.: Théories du langage. Une introduction critique. Bruxelles: Mardaga 1977
Brown, R.: Introduction. In: Snow, C. E., Ferguson, C. A. (eds.) 1977
Bruner, J. S.: Von der Kommunikation zur Sprache. Überlegungen aus psychologischer Sicht. In: Martens, K. (Hrsg.) 1979 (Orig. 1974/75)
Bruner, J. S.: Early social interaction and language acquisition. In: Schaffer, H. R. (ed.) 1977
Bruner, J. S.: Prelinguistic prerequisites of speech. In: Campbell, R. N., Smith, P. T. (eds.) 1978
Buckhalt, J. A., Rutherford, R. B., Goldberg, K. E.: Verbal and nonverbal interaction of mothers with their Down's syndrome and nonretarded infants. In: Am. J. Mental Deficiency 82 (1978) 337–343
Buium, N., Rynders, J., Turnure, J.: Early maternal linguistic environment of normal and Down's syndrome language-learning children. Am. J. Mental Deficiency 79 (1974) 52–58
Campbell, R. N., Smith, P. T. (eds.): Recent advances in the psychology of language. Language development and mother-child-interaction. New York, London: Plenum Press 1978
Carpenter, G.: Mother's face and the newborn. New Scientist 21 (1974)
Carter, A. L.: The development of systematic vocalization prior to words: a case study. In: Waterson, N., Snow, C. E. (eds.) 1978
Casby, N. H., Ruder, K. F.: Symbolic play and early language development in normal and mentally retarded children. J. Speech Hear. Res. 26 (1983) 404–411
Chapman, R.: Comprehension strategies in children. In: Kavanagh, J. F., Strange, W. (eds.) 1978
Chapman, R., Miller, J. F.: Word order in early two and three word utterances: does production preceede comprehension? J. Speech Hear. Res. 18 (1975) 355–371
Chapman, R., Kohn, N.: Comprehension strategies in two and three year olds: animate agents or probable events? J. Speech Hear. Res. 21 (1978) 746–761
Cheseldine, S., Mc Conckey, R.: Parental speech to young Down's syndrome children: an intervention study. In: Am. J. Mental Deficiency 83 (1979) 612–620
Chomsky, N.: Syntactic structures. La Haye: Mouton 1957
Chomsky, N.: Aspekte der Syntax-Theorie. Frankfurt a. M.: Suhrkamp 1973 (Orig. 1965)
Clark, H., Clark, E. V.: Psychology and language. Harcourt: Brace Jovanich 1977
Clark, R.: Performing without competence. J. Child Language 1 (1974) 1–10
Claussen, S. H., Kroehnert, O., Prillwitz, S., Schulmeister, R., Windisch, A.: Psycholinguistik in der Sonderschule. Berlin: Marhold 1975
Cordero, S., De Stefano, G.: Allattamento e prime interazioni comunicative. Età evolutiva 16 (1983) 52–61
Corrigan, R.: Cognitive correlates of language: differential criteria yield to differential results. In: Child Development 50 (1979) 617–631
Cramblit, N. S., Siegel, G. M.: Verbal environment of a language impaired child. J. Speech Hear. Dis. 42 (1977) 474–482
Crawley, S., Spiker, D.: Mother-child interactions involving two-year-olds with Down-syndrome: a look at individual differences. Child Development 54 (1983) 1312–1323
Cross, T. G.: Mothers' speech adjustements: the contributions of selected child listener variables. In: Snow, C. E., Ferguson, C. A. (eds.) 1977
Cunningham, C. E., Reuler, E., Blackwell, J., Deck, J.: Behavioral and linguistic developments in the interactions of normal and retarded children with their mothers. Child Development 52 (1981) 62–70
Curtiss, S.: Dissociations between language and cognition: cases and implications. J. Autism Dev. Dis. 11 (1981) 15–30

DANNENBAUER, F. M.: Der Entwicklungsdysgrammatismus als spezifische Ausprägungsform der Entwicklungsdysphasie. Historische, sprachheilkundliche und sprachpsychologische Perspektiven. Birkach, Berlin, München: Ladewig 1983

DATO, D. P. (ed.): Developmental psycholinguistics: theory and applications. Washington: Academic Press 1975

Deutscher Bildungsrat (Hrsg.): Gutachten und Studien der Bildungskommission 35. Stuttgart: Klett 1974

DE VILLIERS, J., DE VILLIERS, P.: Development of the use of word order in comprehension. J. Psycholing. Res. 2 (1973) 331–342

DE VILLIERS, J., DE VILLIERS, P.: Language acquisition. Cambridge, Mass.: Harvard Univ. Press 1978

DONALDSON, M., LLOYD, P.: Sentences and situations: children's judgements about match and mismatch. In: BRESSON, F. (ed.) 1975

DORE, J., FRANKLIN, M. B., MILLER, R. T., RAMER, A. L.: Transitional Phenomena in early language acquisition. J. Child Language 3 (1976) 13–28

DUNN, J. B.: Patterns of early interaction: continuities and consequences. In: SCHAFFER, H. R. (ed.) 1977

DUNN, J. B., RICHARDS, M. P. M.: Observations on the developing relationship between mother and baby in the neonatal period. In: SCHAFFER, H. R. (ed.) 1977

EDGCUMBE, R. M.: Toward a developmental line for the acquisition of language. Psychoanal. Study Child 36 (1981) 71–103

EISENSON, J., INGRAM, D.: Childhood aphasia – an updated concept based on recent research. Acta Symbolica 3 (1972) 108–116

ENGELKAMP, J.: Psycholinguistik. München: Fink 1974

FANTZ, R. L.: Pattern vision in newborn infants. Science 140 (1963) 296–297

FEIN, G.: A transformational analysis of pretending. Developm. Psychol. 11 (1975) 291–296

FEIN, G.: Pretend play in childhood: an integrative review. Child Development 52 (1981) 1095–1118

FENSON, L., KAGAN, J., KEARSLEY, R. B., ZELAZO, P. R.: The developmental progression of manipulative play in the first two years. Child Development 47 (1976) 232–236

FENSON, L., RAMSAY, D.: Decentration and integration of play in the second year of life. Child Development 51 (1980) 171–178

FERGUSON, C. A., SLOBIN, D. J. (eds.): Studies of child language development. New York: Holt, Reinehart & Winston 1973

FLITNER, A.: Spielen – Lernen. Praxis und Deutung des Kinderspiels. München: Piper 1972

FLITNER, A. (Hrsg.): Das Kinderspiel. Texte. München: Piper 1973

FOGEL, A.: Temporal organization in mother-infant face-to-face interaction. In: SCHAFFER, H. R. (ed.) 1977

FOLGER, M., LEONARD, L.: Language and sensorimotor development during the early period of referential speech. J. Speech Hear. Res. 21 (1978) 519–527

FRANKLIN, M., SMITH, N. (eds.): Early symbolization. Hillsdale N. Y.: Erlbaum 1979

FREEDLE, R., LEWIS, M.: Mother-infant dyad: the cradle of meaning. In: PLINER, P., KRAMES, L., ALLOWAY, T. (eds.) 1973

FREEDE, R., LEWIS, M.: Prelinguistic conversation. In: LEWIS, M., ROSENBLUM, L. (eds.) 1977

FREEDMAN, D.: Behavioral assessment in infancy. In: STALLINGER, G. D., BASH, L. (eds.) 1971

FRIEDERICI, A. D.: Neuropsychologie der Sprache. Stuttgart, Berlin, Köln, Mainz: Kohlhammer 1984

GARDNER, H., WALTER, D. O.: Evidence of hemispheric specialization from infant EEG. In: HORNACK, S., DOTY, R. W., GOLDSTEIN, L., JAYNES, J., KRAUTHAMMER, G. (eds.) 1976

GARNICA, O. K.: Some prosodic and paralinguistic features of speech to young children. In: SNOW, C. E., FERGUSON, C. A. (eds.) 1977

GERARD, J. (ed.): Savoir parler, savoir dire, savoir communiquer. Neuchâtel: Delachaux & Niestle 1987.

GOLINKOFF, R. M., AMES, G. J.: A comparison of fathers and mothers speech with their young children. Child Development 50 (1979) 28–32
GORDON, A., WELLS, G. (eds.): Learning through interaction. Cambridge: Univ. Press 1982
GRIMM, H.: Psychologie der Sprachentwicklung. Stuttgart, Berlin, Köln, Mainz: Kohlhammer 1977
GRIMM, H.: Vergleichende kategoriale Analyse sprachlicher Handlungsmuster in Mutter-Kind-Dyaden. In: BOUCKE, G., KLEIN, W. (Hrsg.) 1983
GRIMM, H., KALTENBACHER, E.: Die Dysphasie als noch wenig verstandene Entwicklungsstörung: Sprach- und kognitionspsychologische Überlegungen und erste empirische Ergebnisse. Frühförderung interdisziplinär 1 (1982) 97–112
GROHNFELDT, M.: Störungen der Sprachentwicklung. Berlin: Marhold 1982
GUTMANN, A. J., RONDAL, J. A.: Verbal operants in mothers' speech to nonretarded and Down's syndrome children matched for linguistic level. Am. J. Mental Deficiency 83 (1979) 446–452
HALLIDAY, M. A. K.: Learning how to mean. Explorations in the development of language. London: Arnold 1975
HARDING, C. G., GOLINKOFF, R. M.: The origin of intentional vocalization in prelinguistic infants. Child Development 50 (1979) 33–40
HARMON, R. J., DUHL GLICKEN, A., GAENSBAUER, T.: The relationship between infant play with inanimate objects and social interest in mother. J. Am. Acad. Child Psych. 21 (1982) 549–554
HAYES, J. R. (ed.): Cognition and the development of language. New York: Wiley 1970
HEESCHEN, C., ROTHENBERGER, A.: Sprachfunktionen der dominanten und der subdominanten Hemisphäre. Sprache Stimme Gehör 3 (1979) 92–99
HELLMUTH, J. (ed.): Exceptional infant. Vol. I: The normal infant. Seattle: Special Child Publ. 1967
HERBERT, M., SLUCKIN, W., SLUCKIN, A.: Mother-to-infant «bonding». J. Child Psychol. Psychiat. 23 (1982) 205–221
HERRON, R. E., SUTTON-SMITH, B.: Child's play. New York, London: Wiley 1971
HOLZMAN, M.: The verbal environment provided by mothers for their very young children. Merrill-Palmer Quarterly 20 (1974) 31–42
HORGAN, D.: How to answer questions when you've got nothing to say. J. Child Language 5 (1978) 159–165
HORNACK, S., DOTY, R. W., GOLDSTEIN, L., JAYNES, J., KRAUTHAMMER, G. (eds.): Lateralization in the nervous system. New York: Academic Press 1976
HUBER, W.: Sprachliche Spezialisierung des menschlichen Gehirns. Schlussfolgerungen für die Therapie von Sprachstörungen. Sprache Stimme Gehör 2 (1978) 69–75
HUTTENLOCHER, J.: The origins of language comprehension. In: SOLSO, R. S. (ed.) 1974
HUXLEY, R., INGRAM, D. (eds.): Language acquisition: models and methods. New York: Academic Press 1971
INHELDER, B., CHIPMAN, H. H. (Hrsg.): Von der Kinderwelt zur Erkenntnis der Welt. Wiesbaden: Akadem. Verlagsges. 1978
JACOBSON, J. L., BOERSMA, D. C., FIELDS, R. B., OLSON, K. L.: Paralinguistic features of adult speech to infants and small children. Child Development 54 (1983) 436–442
JOCHENS, B.: «Fragen» im Mutter-Kind-Dialog: Zur Strategie der Gesprächsorganisation von Müttern. In: MARTENS, K. (Hrsg.) 1979
JOFFE, W. G., SANDLER, J.: Notes on pain, depression, and individuation. Psychoanal. Study Child 20 (1965) 394–424
JONES, O. H.: A comparative study of mother-child communication with Down's syndrome and normal infants. In: SHAFFER, D., DUNN, J. (eds.) 1979
KAESERMANN, M. L.: Spracherwerb und Interaktion. Bern: Huber 1980
KAGAN, J.: The growth of the face schema: theoretical significance and methodological issues. In: HELLMUTH, J. (ed.) 1967
KAGAN, J.: The emergence of self. J. Child Psychol. Psychiat. 23 (1982) 363–381

Kaplan, N. R.: Mother-child-interaction and its relationship to speech disorders. J. Communic. Dis. 3 (1970) 198–206

Kavanagh, J. F., Strange, W. (eds.): Speech and language in laboratory, school and clinic. Cambridge, Mass: MIT Press 1978

Kaye, K.: Toward the origin of dialogue. In: Schaffer, H. R. (ed.) 1977

Kaye, K.: Conversational asymetry between mothers and children. J. Child Language 8 (1981) 35–49

Knura, G.: Sprachbehinderte und ihre sonderpädagogische Rehabilitation. In: Deutscher Bildungsrat (Hrsg.) 1974

Knura, G.: Grundfragen der Sprachbehindertenpädagogik. In: Knura, G., Neumann, B. (Hrsg.) 1980

Knura, G., Neumann, B. (Hrsg.): Handbuch der Sonderpädagogik. Band VII: Pädagogik der Sprachbehinderten. Berlin: Marhold 1980

Krashen, S.: Language and the left hemisphere. UCLA Working Papers in Phonetics 24 (1972) 1–72

Krause Eheart, B.: Mother-child interactions with nonretarded and mentally retarded preschoolers. Am. J. Mental Deficiency 87 (1982) 20–25

Largo, R. H., Howard, J. A.: Developmental progression in play behavior of children between nine and thirty months. I Spontaneous play and imitation. Develop. Med. Child Neurol. 21 (1979) 299–310

Largo, R. H., Howard, J. A.: Developmental progression in play behavior of children between nine and thirty months. II Spontaneous play and language. Develop. Med. Child Neurol. 21 (1979) 492–503

Lenneberg, E. H.: Biologische Grundlagen der Sprache. Frankfurt a. M.: Suhrkamp 1977 (Orig. 1967)

Levi, G.: I disturbi di sviluppo nell'elaborazione psicologica dei genitori. I Care 3 (1982) 66–69

Levi, G.: Funzioni affettive emergenti e disfasie evolutive. Quaderni di psicoterapia infantile 8 (1983) 223–238

Levi, G.: Capozzi, F., Parisi, C., Rizzo, M.C.: Comprensione verbale e integrazioni prattognosiche. Neuropsichiatria Infantile 215 (1979) 489–507

Levi, G., Fabrizi, A., Franco, P.: Sviluppo cognitivo e sviluppo del linguaggio in bambini disfasici con e senza difficoltà intellettive. Neuropsichiatria Infantile 215 (1979) 509–540

Levi, G., Zollinger, B.: Difficultés dans la communication mère-enfant et troubles du langage chez les enfants avec un retard mental. Enfance 4–5 (1981) 289–298

Levi, G., Bernabei, P., Fabrizi, A., Piperno, F.: Difficoltà di individuazione e disturbi di comunicazione in bambini con ritardo specifico di linguaggio. X Congresso della SINPI. Atti (1982) 305–318

Levi, G., Piperno, F., Zollinger, B.: Troubles spécifiques de communication et dysphasie évolutive. Neuropsychiatrie de l'enfance et de l'adolescence 32 (1984) 49–56

Levi, G., Fabrizi, A., Mazzoncini, B., Musatti, L.: Le groupe des enfants et le groupe des parents. Cahiers des Centres Médico-Psycho-Pédagogiques 4 (1984a) 24–30

Levi, G., Bernabei, P., Fabrizi, A., Zollinger, B.: Disturbi precoci di simbolizzazione: un nucleo patogenetico comune per i disturbi di sviluppo e per le disarmonie evolutive. Psichiatria dell'Infanzia e dell'Adolescenza 51 (1984b) 179–187

Levi, G., Fabrizi, A., Diomede, L.: Identificazione e fusionalità nei gruppi terapeutici per bambini con disabilità di sviluppo. Quaderni di Psicoterapia di Gruppo 4 (1985) 27–44

Levi, G., Zollinger, B.: Symbolization and preverbal communication in early phases of specific language disorders. Jerusalem 1984. Erscheint in: Tamir, D., Russell, A., Brazelton, T. B. (eds.)

Lewis, M., Rosenblum, L. (eds.): Interaction, conversation, and the development of language. New York: Wiley 1977

List, G.: Psycholinguistik. Eine Einführung. Stuttgart, Köln, Mainz: Kohlhammer 1972

LORD, C., MERRIN, D. J., VEST, L. O., KELLY, K. M.: Communicative behavior of adults with an autistic four-year-old boy and his nonhandicapped twin brother. J. Autism Developm. Dis. 13 (1983) 1-17

LOVAAS, O. J., SCHREIBMAN, L., KOEGEL, R., REHM, R.: Selective responding by autistic children to multiple sensory input. J. Abnorm. Psychol. 77 (1971) 211-222

LOVELL, K., HOYLE, H. W., SIDDALL, M. Q.: A study of some aspects of the play and language of young children with delayed speech. J. Child Psychol. Psychiat. 9 (1968) 41-50

LOWE, M.: Trends in the development of representional play in infants from one to three years – an observational study. J. Child Psychol. Psychiat. 16 (1975) 33-47

MAHLER, M.: Symbiose und Individuation (unter Mitarbeit von FURER, M.). Band I: Psychosen im frühen Kindesalter. Stuttgart: Klett-Cotta 1979

MARKOVA, I. (ed.): The social context of language. London: Wiley 1976

MARSHALL, N., HEGRENES, J., GOLDSTEIN, S.: Verbal interactions: mothers and their retarded children versus mothers and their nonretarded children. Am J. Mental Deficiency 77 (1973) 415-419

MARTENS, K. (Hrsg.): Kindliche Kommunikation. Frankfurt a. M.: Suhrkamp 1979

MASH, E. J., JOHNSTON, C.: A comparison of the mother-child interactions of younger and older hyperactive and normal children. Child Development 53 (1982) 1371-1381

MC CUNE-NICOLICH, L.: Toward symbolic functioning: structure of early pretend games and potential parallels with language. Child Development 52 (1981) 785-797

MC DONALD, L., PIEN, D.: Mother conversational behaviour as a function of interactional intent. J. Child Language 9 (1982) 337-358

MELTZOFF, A., MOORE, K.: Imitation of facial and manual gestures by human neonates. Science 198 (1977) 75-78

MENYUK, P.: Early development of receptive language. In: SCHIEFELBUSCH, R. L., LLOYD, L. L. (eds.) 1974

MENYUK, P., LOONEY, P. L.: A problem of language disorder: length versus structure. J. Speech Hear. Res. 15 (1972) 264-279

MILLS, M., MELHUISH, E.: Recognition of mother's voice in early infancy. Nature 252 (1974) 123-124

MITCHELL, D.: Parent-child interaction in the mentally handicapped. In: BERRY, P. (ed.) 1976

MOERK, E. L.: Processes of language teaching and training in the interactions of mother-child dyads. Child Development 47 (1976) 1064-1079

MOLFESE, D. L., FREEMAN, R. B., PALERMO, D. S.: The ontogeny of brain lateralization for speech and nonspeech stimuli. Brain and Language 2 (1975) 365-368

MOORE, T. E. (ed.): Cognitive development and the acquisition of language. New York: Academic Press 1973

MOREHEAD, D. M., MOREHEAD, A.: From signal to sign: a Piagetian view of thought and language during the first two years. In: SCHIEFELBUSCH, R. L., LLOYD, L. L. (eds.) 1974

MOREHEAD, D. M., MOREHEAD, A. E. (eds.): Normal and deficient child language. Baltimore: Univ. Park Press 1976

MORSE, P. A.: The discrimination of speech and non-speech stimuli in early infancy. J. Exept. Child Psychol. 14 (1972) 477-492

MOSCOVITCH, M.: The development of lateralization of language functions and its relation to cognitive and linguistic development. In: SEGALOWITZ, S., GRUBER, F. (eds.) 1977

MOTSCH, H. J.: Sprachbehinderte in der Schweiz. Luzern: Verlag der Schweiz. Zentralstelle für Heilpäd. 1981

MRAZEK, D. A., DOWDNEY, L., RUTTER, M. L., QUINTON, D. L.: Mother and preschool child interaction: a sequential approach. J. Am. Acad. Child Psychiat. 21 (1982) 453-464

NELSON, K.: Structure and strategy in learning to talk. Monographs Soc. Res. Child Development 38 (1973) 1-2, Serial no. 149

Nelson, K.: The nominal shift in semantic-syntactic development. Cognitive Psychology 7 (1975) 461–479
Nelson, K (ed.): Children's language. Vol. I. New York: Gardner Press 1978
Nelson, K.: Individual differences in language development: implications for development and language. In: Developmental Psychology 17 (1981) 170–187
Nelson, K. E., Nelson, K.: Cognitive pendulums and their linguistic realization. In: Nelson, K. (ed.) 1978
Newport, E. L., Gleitman, H., Gleitman, L. R.: Mother, I'd rather do it myself: some effects and non-effects of maternal speech style. In: Snow, C. E., Ferguson, C. A. (eds.) 1977
Newson, J.: Towards a theory of infant understanding. Bull. Br. Psychol. Soc. 27 (1974) 251–257
Newson, J.: Intentional behavior in the young infant. In: Shaffer, D., Dunn, J. (eds.) 1977
Oksaar, E.: Spracherwerb im Vorschulalter. Einführung in die Pädolinguistik. Stuttgart, Berlin, Köln, Mainz: Kohlhammer 1977
Olsen-Fulero, L.: Style and stability in mother conversational behavior: a study of individual differences. J. Child Language 9 (1982) 543–564
Oviatt, L. S.: The emerging ability to comprehend language: an experimental approach. Child Development 51 (1980) 97–106
Pakizegi, B.: The interactions of mothers and fathers with their sons. Child Development 49 (1978) 479–483
Papousek, H., Papousek, M.: Mothering and the cognitive head-start: psycho-biological considerations. In: Schaffer, H. R. (ed.) 1977
Peters, A. M.: Language learning strategies: does the whole equal the sum of the parts? Language 53 (1977) 560–573
Petretic, P. A., Tweney, R. D.: Does comprehension precede production? The development of children's responses to telegraphic sentences of varying grammatical adequacy. J. Child Language 4 (1977) 201–209
Phillips, J. R.: Syntax and vocabulary of mothers' speech to young children: age and sex comparisons. Child Development 44 (1973) 182–185
Piaget, J.: Sprechen und Denken des Kindes. Düsseldorf: Schwann 1972 (Orig. 1923)
Piaget, J.: Das Erwachen der Intelligenz beim Kinde. Stuttgart: Klett 1975 (Orig. 1936)
Piaget, J.: Der Aufbau der Wirklichkeit beim Kinde. Stuttgart: Klett 1975 (Orig. 1937)
Piaget, J.: Nachahmung, Spiel und Traum. Stuttgart: Klett 1969 (Orig. 1945)
Piaget, J.: Psychologie der Intelligenz. München: Kindler 1974 (Orig. 1947)
Piaget, J., Inhelder, B.: Die Psychologie des Kindes. Frankfurt a. M.: Fischer 1972 (Orig. 1966)
Pliner, P., Krames, L., Alloway, T. (eds.): Communication and affect. New York: Academic Press 1973
Poeck, K.: Was verstehen wir unter aphasischen Syndromen. In: Schnelle, H. (Hrsg.) 1981
Raffler-Engel, W., Lebrun, Y. (eds.): Baby talk and infant speech. Amsterdam: Swets & Zeitlinger 1976
Ramer, A.: Syntactic styles in emerging language. J. Child Language 3 (1976) 49–62
Remick, H.: Maternal speech to children during language acquisition. In: Raffler-Engel, W., Lebrun, Y. (eds.) 1976
Richards, M. P. M. (ed.): The integration of a child into a social world. London: Cambridge Univ. Press 1974
Richards, M. P. M.: Interaction and the concept of development: the biological and the social revisited. In: Lewis, M., Rosenblum, L. A. (eds.) 1977
Rocissano, L., Yatchmink, Y.: Language skills and interactive patterns in prematuraly born toddlers. Child Development 54 (1983) 1229–1241
Rondal, J. A.: Verbal imitation by Down syndrome and nonretarded children. Am J. Mental Deficiency 85 (1980) 318–321
Rosenblatt, D.: Developmental trends in infant play. In: Tizard, B., Harvey, D. (eds.) 1977

Ruder, K. F., Smith, M. D., Murai, H. M.: Response to commands revisited again. J. Child Language 7 (1980) 197–203
Sachs, J.: The adaptive significance of linguistic input to prelinguistic infants. In: Snow, C. E., Ferguson, C. A. (eds.) 1977
Sachs, J., Devin, J.: Young children's use of age-appropriate speech styles in social interaction and role playing. J. Child Language 3 (1976) 81–98
Sarimski, K., Hoffmann, W., Süss, H.: Entwicklungsdysphasie und Symbolgebrauch im Spiel. In: Z. Kinder- und Jugendpsych. 13 (1985) 3544–361
Scaife, M., Bruner, J. S.: The capacity for joint visual attention in the infant. Nature 253 (1975) 265–266
Schaffer, H. R.: Early social behaviour and the study of reciprocity. Bull. Br. Psychol. Soc. 27 (1974) 209–216
Schaffer, H. R.: Early interactive development. In: Schaffer, H. R. (ed.) 1977
Schaffer, H. R. (ed.): Studies in mother-infant interaction. London: Academic Press 1977
Schaffer, H. R., Collis, G. M., Parsons, G.: Vocal interchange and visual regard in verbal and pre-verbal children. In: Schaffer, H. R. (ed.) 1977
Schiefelbusch, R. L., Lloyd, L. L. (eds.): Language perspectives: acquisition, retardation and intervention. Baltimore: Univ. Park Press 1974
Schnelle, H. (Hrsg.): Sprache und Gehirn. Roman Jakobson zu Ehren. Frankfurt a. M.: Suhrkamp 1981
Schodorf, J. K., Edwards, H. T.: Comparative analysis of parent-child interaction with language-disordered and linguistically normal children. J. Communic. Dis. 16 (1983) 71–83
Seeman, M.: Sprachstörungen bei Kindern. Berlin: VEB 1974[4]
Segalowitz, S., Gruber, F. (eds.): Language development and neurological theory. New York: Acamedic Press 1977
Seitz, S., Marcus, S.: Mother-child interactions: a foundation for language development. Except. Children 42 (1976) 445–449
Shaffer, D., Dunn, J. (eds.): The first year of life. New York: Wiley 1977
Shipley, E. F., Smith, C. S., Gleitman, L. R.: A study in the acquisition of language: free responses to commands. Language 45 (1969) 322–343
Shopper, M.: The role of audition in early psychic development. J. Am. Psychoanal. Ass. 26 (1978) 283–310
Sinclair, H.: Sensorimotor action patterns as a condition for the acquisition of syntax. In: Huxley, R., Ingram, D. (eds.) 1971
Sinclair, H.: Erkenntnislehre und die Untersuchung der Sprache. In: Inhelder, B., Chipman, H. H. (Hrsg.) 1978
Sinclair, H., Ferreiro, E.: Etude génétique de la comprehension et répétition de phrases au mode passif. Arch. Psychol. 40 (1970) 1–42
Sinclair, H., Bronckart, J. P.: S. V. O. A linguistic universal. A study in developmental psycholinguistics. J. Exp. Child Psychol. 14 (1972) 329–348
Slobin, D. J.: Grammatical transformations and sentence comprehension in childhood and adulthood. J. Verb. Learn. Behav. 5 (1966) 219–227
Slobin, D. J.: Cognitive prerequisites for the development of grammar. In: Ferguson, C. E., Slobin, D. J. (eds.) 1973
Snow, C. E.: Mother's speech to children learning language. Child Development 43 (1972) 549–565
Snow, C. E.: Mother's speech. In: Raffler-Engel, W., Lebrun, Y. (eds.) 1976
Snow, C. E.: Mother's speech research: from input to interaction. In: Snow, C. E., Ferguson, C. A. (eds.) 1977
Snow, C. E., Arlman-Rupp, A., Hassing, Y., Jobse, J., Joosten, J., Vorster, J.: Mother's speech in three social classes. J. Psycholing. Res. 5 (1976) 1–20

SNOW, C. E., FERGUSON, C. A. (eds.): Talking to children. Language input and acquisition. Cambridge: Univ. Press 1977

SNYDER, L. S.: Communicative and cognitive abilities and disabilities in the sensorimotor period. Merrill-Palmer Quarterly 24 (1978) 161-180

SOLSO, R. S. (ed.): Theories in cognitive psychology. Hillsdale N. Y.: Erlbaum 1974

SPITZ, R. A.: Die genetische Feldtheorie der Ich-Bildung. Frankfurt a. M.: Fischer 1972 (Orig. 1959)

SPITZ, R. A.: Vom Säugling zum Kleinkind. Naturgeschichte der Mutter-Kind-Beziehungen im ersten Lebensjahr. Stuttgart: Klett 1967 (Orig. 1965)

STALLINGER, G. B., BASH, L. (eds.): Normal and abnormal development of brain and behaviour. Leyden: Univ. Press 1971

STECHLER, G., LATZ, E.: Some observations on attention and arousal in the human infant. J. Am. Acad. Child Psychiat. 5 (1966) 515-525

STERN, D.: A micro-analysis of mother-infant interactions: behavior regulating social contact between mother and her 3½ months old twins. J. Am. Acad. Child Psychiat. 10 (1971) 501-517

STROHNER, H., NELSON, K. E.: The young child's development of sentence comprehension: influence of event probability, nonverbal context, syntactic form and strategies. Child Development 45 (1974) 567-576

SUGARMAN BELL, S.: Some organizational aspects of preverbal communication. In: MARKOVA, I. (ed.) 1976

SUTTON-SMITH, B.: Piaget on play: a critique (1966). In: HERRON, R. E., SUTTON-SMITH, B. 1971

TALLAL, P., PIERCY, M.: Developmental aphasia: rate of auditory processing and selective impairment of consonant perception. Neuropsychologia 12 (1974) 83-93

TALLAL, P., PIERCY, M.: Defects of auditory perception in children with developmental dysphasia. In: WYKE, M. A. (ed.) 1978

TAMIR, D., RUSSELL, A., BRAZELTON, T. B. (eds.): First International Symposium on Intervention and Stimulation in Infant Development, Jerusalem 1984. In press

TERRELL, B. Y., SCHWARTZ, R. G., PRELOCK, P. A., MESSICK, C. L.: Symbolic play in normal and language impaired children. J. Speech Hear. Res. 27 (1984) 424-429

TIZARD, B., HARVEY, D. (eds.): Biology of play. London: Heinemann 1977

TREVARTHEN, C.: Conversations with a two month old. New Scientist 2 (1974) 23-27

UDWIN, O., YULE, W.: Imaginative play in language disordered children. Br. J. Dis. Communic. 18 (1983) 187-205

VAN DER GEEST, T.: Neurolinguistische Reifung in entwicklungspsychologischer Sicht. In: SCHNELLE, H. (Hrsg.) 1981

VAN DER VLUGT, H.: Dichotic listening. In: Boerhaeve Committee (ed.) 1975

VAN KLEECK, A., CARPENTER, R. L.: The effects of children's language comprehension level on adults' child-directed talk. J. Speech Hear. Res. 23 (1980) 546-569

VORSTER, J.: Mommy linguist: the case for motherese. Lingua 37 (1975) 281-312

VYGOTSKY, L. S.: Denken und Sprechen. Frankfurt a. M.: Fischer 1977 (Orig. 1934)

WATERSON, N., SNOW, C. E. (eds.): The development of communication. London: Wiley 1978

WEEKS, T. E.: Speech registers in young children. Child Development 42 (1971) 1119-1131

WILKINSON, L. C., HIEBERT, E., REMBOLD, K.: Parent's and peers' communication to toddlers. J. Speech Hear. Res. 24 (1981) 383-388

WINNICOTT, D. W.: Von der Kinderheilkunde zur Psychoanalyse. Aus den «Collected Papers». Frankfurt a. M.: Fischer 1960

WITELSON, J. E.: Early hemisphere specialization and interhemispheric plasticity. In: SEGALOWITZ, S., GRUBER, F. (eds.) 1977

WOLF, D., GARDNER, H.: Style and sequence in symbolic play. In: FRANKLIN, M., SMITH, N. (eds.) 1979

WYKE, M. A. (ed.): Developmental dysphasia. London: Academic Press 1978

ZAIDEL, E.: Unilateral auditory language comprehension on the Token-Test following cerebral commissurotomy and hemispherectomy. Neuropsychologia 15 (1977) 1-18

ZOLLINGER, B.: Verbale Mutter-Kind-Interaktion. Bedeutung für den normalen und gestörten Spracherwerbsprozess. Lizenziatsarbeit der Philosophischen Fakultät der Univ. Freiburg (CH) 1980

ZOLLINGER, B., D'ANDREA, A.: Les perturbations de la communication: l'enfant dysphasique. In: GERARD, J. (ed.) 1987

Beiträge zur Heil- und Sonderpädagogik

Zuletzt sind erschienen

Band 30
Reto Luder
Neue Medien im heil- und sonderpädagogischen Unterricht
Ein didaktisches Rahmenkonzept zum Einsatz digitaler Informations- und Kommunikationstechnologien
Brauchbare Konzepte für den Einsatz der neuen Informations- und Kommunikationstechnologien im heil- und sonderpädagogischen Unterricht gibt es bisher kaum. Reto Luder hat nun ein didaktisches Rahmenkonzept für deren Einsatz im Unterricht mit lernbehinderten Kindern entwickelt – mit vielen praktischen Anregungen und konkreten Beispielen. Der Autor zeigt, wie mit solchen Technologien Unterricht optimiert und individuelles Lernen gefördert werden kann, wie Schüler und Schülerinnen zum kompetenten Umgang mit den neuen Medien befähigt und Beeinträchtigungen kompensiert werden können.
2003. 221 S., 12 Abb., 14 Tab., kartoniert, € 18.50 / CHF 28.– . ISBN 3-258-06699-X

Band 29
Niedermann, Albin
Heilpädagogische Unterrichtsgestaltung
Ein Studienbuch zur Förderdiagnostik, Basisfunktionsschulung und Klassenführung
Niedermann behandelt drei zentrale Unterrichtsprinzipien, die zugleich wichtige Kompetenzbereiche heilpädagogischer Lehrpersonen bezeichnen.
- Der heilpädagogische Klassenunterricht muss auf die einzelne Schülerin, den einzelnen Schüler hin besonders durchdacht werden. Damit ist der Aspekt der *Förderdiagnostik* angesprochen, wobei die diagnostische Arbeit und die schulisch-praktische Förderung des Individuums stets Hand in Hand gehen.
- Oft zeigt sich im heilpädagogischen Klassen- und Einzelunterricht, dass bei den zu fördernden Kindern wesentliche Voraussetzungen für schulisches Lernen noch ungenügend entwickelt sind. Es liegt auf der Hand, dass diese *Basisqualifikationen* – motorische Fertigkeiten, soziale Kompetenzen, Wahrnehmungs- und Aufnahmefähigkeit – im heilpädagogischen Unterricht mit gefördert und geschult werden sollen.
- *Klassenführung* und der Umgang mit Disziplinproblemen sind im Grunde kein speziell heilpädagogisches, dennoch in vielen heilpädagogischen Klassen ein vordringliches Thema. Im Kapitel, das diesem Komplex gewidmet ist, geht es vor allem um vorbeugende Massnahmen, damit das Auftreten von Disziplinproblemen möglichst verhindert werden kann. Niedermann zeigt aber auch, wie in schwierigen Situationen reagiert werden kann, damit der Prozess der Konfliktbewältigung für alle Beteiligten hilfreich und förderlich ist.
2001. 112 S., 13 Abb., 14 Tab., kart., € 18.– / CHF 28.–. ISBN 3-258-06364-8

Band 28
Wehr, Silke
Was wissen Kinder über Sprache?
Die Bedeutung von Meta-Sprache für den Erwerb der Schrift- und Lautsprache
Was die Entwicklung metasprachlicher Fähigkeiten für den erfolgreichen Erwerb der gesprochenen wie der geschriebenen Sprache bedeutet, ist erst zum geringen Teil erforscht, und die Resultate haben sich auf die Praxis des Erstsprachunterrichts, der Sprachheilpädagogik und Logopädie noch kaum ausgewirkt. – Silke Wehr fasst den Forschungsstand zusammen und zeigt, welche Konsequenzen sich für die sprachheilpädagogische Arbeit aus den bisherigen Erkenntnissen ableiten lassen.
«Ein wissenschaftliches Buch, das sich gut liest, zum Denken anregt und wertvolle Anstösse für die logopädische Arbeit gibt.» (VBLB-Bulletin/Verein Berner Logopädinnen und Logopäden)
2001. 193 S., 9 Abb., 2 Tab., kart., € 18.– / CHF 28.–. ISBN 3-258-06312-5

Band 27
Moser Opitz, Elisabeth
Zählen – Zahlbegriff – Rechnen
Theoretische Grundlagen und eine empirische Untersuchung zum mathematischen Erstunterricht in Sonderklassen
Die Bedeutung dieser Studie liegt darin, dass die Autorin sonderpädagogische Anliegen mit fachdidaktischen Erkenntnissen verbindet und so letzteren für den Mathematik-Erstunterricht in Sonderklassen nutzbar macht. Moser Opitz setzt sich zunächst mit dem Zahlbegriff bei Jean Piaget auseinander und stellt dann die neueren Theorien zur Zählentwicklung dar. Aus den Ergebnissen einer empirischen Studie und unter Einbezug aktueller Literatur zur Mathematikdidaktik entwickelt sie konkrete Empfehlungen zur Gestaltung des mathematischen Erstunterrichts in Sonderklassen.
«Gelungene Synthese von Theorie und Praxis.» *(ZDM, MATHDI, Fachinformationszentrum Karlsruhe)*
2000. 185 S., 22 Abb., 28 Tab., kart., € 18.– / CHF 28.–. ISBN 3-258-06265-X

 Haupt Verlag Bern · Stuttgart · Wien
verlag@haupt.ch · www.haupt.ch

Beiträge zur Heil- und Sonderpädagogik

Band 26
Winfried Kronig, Urs Haeberlin und Michael Eckhart
Immigrantenkinder und schulische Selektion
Pädagogische Visionen, theoretische Erklärungen und empirische Untersuchungen zur Wirkung integrierender und separierender Schulformen in den Grundschuljahren
Diese Studie der Uni Freiburg ist auf ein grosses Echo gestossen: In der Tat sind ihre Ergebnisse bildungspolitisch brisant: «Ausländerkinder werden in der Schule oft unterschätzt. Dabei lernen sie in normalen Klassen besser, und auf Schweizer Schüler wirkt sich ihre Präsenz nicht negativ aus (...). Schweizer Kinder zeigen in Schulklassen mit bis zu acht leistungsschwachen Immigrantenkindern die gleichen Lernfortschritte wie in Klassen ohne schwache Ausländerkinder.» *(NZZ)*
2000. 229 S., 26 Abb., 35 Tab., kart., € 18.– / CHF 29.–. ISBN 3-258-06155-6

Band 25
Urs Haeberlin (Hrsg.)
Paul Moor als Herausforderung
Anfragen an die Aktualität seiner Schriften zur Heilpädagogik und Erinnerungen von Zeitzeugen an seine Person
Ein Klassiker der Heilpädagogik wird neu entdeckt. Entwicklungslinien in der Heilpädagogik von Hanselmann zu Moor; Moors Aktualität als Vorkämpfer für die Dekategorisierung in der Sonderpädagogik; der Stellenwert des Gefühlslebens in Moors Heilpädagogik; Moors Theorie des Kinderspiels – so lauten einige der Themen, die im wissenschaftlichen Teil des Bandes behandelt werden. Ein zweiter Teil gilt Moors Biographie. Erinnerungen des Sohnes Hans Jakob Moor an seinen Vater, der weltberühmten Heilpädagogin Maria Egg-Benes an den Kollegen und des ehemaligen Rektors des Heilpädagogischen Seminars Zürich an den Vorgänger füllen das Gerüst der Fakten mit Leben und Farbe.
2000. 130 S., 4 Abb., 2 Tab., 15 Fotos, kart., € 14.90 / CHF 24.–. ISBN 3-258-06154-8

Band 24
Ralf Reissel
Leiden, Erziehung und Behinderung
Eine phänomenologische Untersuchung und eine pädagogische Auseinandersetzung mit Heinrich Hanselmann
Systematische Analysen der Beziehung zwischen Leiden, Behinderung und Erziehung hat es in der Heilpädagogik bisher noch kaum gegeben. Entsprechend fragmentarisch und kontrovers bleiben ihre Antworten auf zentrale Fragen – etwa nach dem Verhältnis von Glück, Leiden und Behinderung. Ralf Reissel untersucht, wo Erziehung bzw. (Heil-)Pädagogik und Leiden sich berühren. Daran schliesst er eine phänomenologische Beschreibung des Leidens an und die Erörterung von deren onto-anthropologischen Implikationen. Mit dem Zürcher Heinrich Hanselmann (1885–1960) wird jener Heilpädagoge gewürdigt, dem die bisher wohl tiefsinnigste Verknüpfung von Leidensverständnis und Erziehungstheorie geglückt ist.
«Die Lektüre mag anspruchsvoll sein, aber sie kann bereichern und zum vertieften Nachdenken über Behindertsein führen. Es ist kein Buch zum raschen Diagonallesen. Aber wer sich darauf einlässt, wird die Gedankengänge zu schätzen wissen, zur positiven Wertschätzung von Leiden vordringen können und die ethische Haltung des Autors bewundern müssen.» *(TPS Theorie und Praxis der Sozialpädagogik)*
2000. 299 S., kart., € 22.– / CHF 34.–. ISBN 3-258-06186-6

Band 23
Dominicq Riedo
«Ich war früher ein sehr schlechter Schüler...»
Schule, Beruf und Ausbildungswege aus der Sicht ehemals schulleistungsschwacher junger Erwachsener. Analyse von Langzeitwirkungen schulischer Integration oder Separation
Riedo untersucht die bisher kaum erforschten Langzeitwirkungen integrativer oder separierender Schulmodelle auf Biographie und Berufslaufbahnen von Jugendlichen, die am Ende der Primarschulzeit als «schulleistungsschwach» erfasst worden waren.
«Riedo leistet einen ebenso fundierten wie interessanten Beitrag zur Diskussion über Bedeutung und Notwendigkeit sonderpädagogischer Massnahme).» *(Prof. Dr. Johannes Gruntz-Stoll, Basler Schulblatt)*
2000. 222 S., 4 Abb., 13 Tab., kart., € 18.– / CHF 28.–. ISBN 3-258-06149-1

Haupt Haupt Verlag Bern · Stuttgart · Wien
verlag@haupt.ch · www.haupt.ch